作者简介

周艳敏，北京印刷学院教授，研究生导师，学术领域为文化传媒法、知识产权法。主持国家社科基金项目、北京市哲学社会科学规划项目、教育部人文社科基金项目等多项；出版专著《知识产权法教程》，发表学术论文数十篇。

宋慧献，河北大学政法学院教授，研究生导师，学术领域为知识产权法、文化传媒法。主持国家社科基金项目、新闻出版广电总局课题研究项目、河北省社科基金项目等多项。出版学术专著《版权保护与表达自由》、译著《美国知识产权法原理》，发表学术论文数十篇。

本书系教育部人文社会科学研究规划基金项目"文化（产业）法的基本理论问题研究"（编号：13YJA820077）成果、北京印刷学院社科重点项目资助成果。

21世纪法学系列教材

特色课系列

文化法学导论

周艳敏　宋慧献　著

图书在版编目(CIP)数据

文化法学导论/周艳敏,宋慧献著. —北京:北京大学出版社,2017.8
(21世纪法学系列教材)
ISBN 978-7-301-28598-5

Ⅰ.①文… Ⅱ.①周… ②宋… Ⅲ.①文化产业—法律—中国—高等学校—教材 Ⅳ.①D922.16

中国版本图书馆 CIP 数据核字(2017)第 197644 号

书　　　名	文化法学导论 WENHUA FAXUE DAOLUN
著作责任者	周艳敏　宋慧献　著
责 任 编 辑	孙战营
标 准 书 号	ISBN 978-7-301-28598-5
出 版 发 行	北京大学出版社
地　　　址	北京市海淀区成府路 205 号　100871
网　　　址	http://www.pup.cn
电 子 信 箱	law@pup.pku.edu.cn
新 浪 微 博	@北京大学出版社　@北大出版社法律图书
电　　　话	邮购部 62752015　发行部 62750672　编辑部 62752027
印 　刷　 者	北京宏伟双华印刷有限公司
经 　销　 者	新华书店
	730 毫米×980 毫米　16 开本　16.25 印张　309 千字 2017 年 8 月第 1 版　2017 年 8 月第 1 次印刷
定　　　价	39.00 元

未经许可,不得以任何方式复制或抄袭本书之部分或全部内容。
版权所有,侵权必究
举报电话: 010-62752024　电子信箱: fd@pup.pku.edu.cn
图书如有印装质量问题,请与出版部联系,电话: 010-62756370

前　言

本书是教育部2013年人文社科资助项目"文化(产业)法的基本理论问题研究"(编号:13YJA820077)的最终成果,并曾获得北京印刷学院的重点项目支持。从课题设计到最终交稿,对于将近五年的研究与写作过程,我们很想把它比喻为一次"探险":好奇与探求、担心与懊丧、激动与兴奋,可以说,五味杂陈。

很明显,课题缘于法律实践之需要。

进入21世纪以来,我国经历着一个文化大发展的历史时期,而且,这种局面还将继续。与此形成对比的是,我国文化领域的法律实践却难如人意:文化发展急需依法治理,而我国相关立法却严重不足。我国只在少数文化领域颁行了成文法,大多数领域的治理是依靠行政法规、部门规章甚至文件。已有的法规零星散乱,缺乏相互衔接的体系性。

相应地,我国文化法学术研究也难免显得比较薄弱。著述不丰,研究深度与系统性都有待加强。而高等院校相关专业又急需强化文化法的教学与研究。很多高校设置了文化产业与管理方面的专业学科,开设了有关文化法律法规的课程。但就市面可见的相关教材来看,大多是对我国相关法律法规进行支离破碎的介绍,完全不能满足一个学科的需要。

当然,对于文化法治与学术研究的缺乏,人们没有无动于衷。我国立法机构、行政部门、文化从业者,当然还有众多的学者,已经在为改变现状而努力。在课题研究过程中,我们就欣喜地发现:十余年来,除了越来越多的论文问世,中央有关部门曾多次组织有关文化法的课题研究,超过几十个政府部门、高校与科研机构参与其中,完成了高达几百万字的科研成果,涉及文化法治的方方面面。

所以,当我们就此申报课题资助时,心中充满信心;当申请相继获得学校和教育部的批准时,更是难抑心中的兴奋。

但是,我们之所以充满兴奋,然后却又忧虑不断,是因为我们开启了一次探险:通过文化法律的基本理论研究,为文化法学科建设,也为文化法律实践做一些基础工作。而学术界都知道,基本理论研究往往吃力不讨好。

我们一直怀抱着一个美好的目标——通过全面论证,让一个体系性的文化法学科矗立起来;同时,在整体性的体系框架背后,我们要力争透视文化法的法理逻辑——至少,一部关于文化法学基础理论与体系的论著应该避免被写成各类法律、法规、法条的分门别类的罗列和汇编。那么，如何解构我们想象中的文化法体系，又如何寻求文化法背后的学理逻辑，成了贯穿于整个写作过程的纠结和迷惑。

几经修改，我们最终形成了一个宏大且貌似完美的研究方案——计划中的研究内容包括两大部分：总论和分论。文化法总论包括文化法的基本概念、基本原则、调整对象、体系构成以及简要的历史回顾等；分论（一）的展开以文化法的基本逻辑为线索，包括文化权利保护法、文化管制法以及文化促进法；分论（二）包括各个文化领域或机构法：出版法、广播电视法、电影法、图书馆与博物馆法、演出法、网络法以及文化遗产法等。

而现在，我们只能说，期待中的目标最终只是大致实现了；而与此同时，更多的问题也只能留待将来了。

面对现在这个与理想目标尚有不小差距的"半成品"，回顾写作中反复思量的重点与难点，我们想作一些简要说明和解释，希望读者诸君借以理解作者的若干感受，也期待各路方家不吝指教。

首先值得一说的是，研究中，我们曾面对一个根本性的质疑："文化法"这一个概念，作为一个法律部门或学科，是否真的存在？比如，向某些核心期刊的投稿石沉大海，有些杂志的编辑善意地提出质疑：这样的研究选题，要么是一个开拓，要么就根本不成立——我们不知道这是不是其退稿的托词。而且我们也发现，国内外以"文化法"为题的文献非常少。但我们自己一直坚信这一选题的合理与必要。资料虽少，却不等于完全没有，也正表明其存在值得研究的空间。国内已经有人在论述文化法律问题、并呼吁文化立法。我国台湾地区已有高校成立了文化法研究机构。国外文献中不乏 cultural law 这一词语，也早已有不少人撰写所谓艺术法/art law 的论著，美国已出版过厚厚的有关艺术法的教材。尤其是，有关文化诸领域的法学文献更是丰富的，如出版法、广播法、电影法以及文化遗产法等。我们相信，这些零碎而丰富的资料，为进一步的系统性整合提供了必要的基础。

课题本身的第一个难点是，如果就纯粹概念化的角度来说，文化法所调整的对象是文化活动中所形成的权利义务关系。问题是，什么是文化？尤其是，什么是文化法意义上的文化？本书对此进行了多方面的辨析，最终采纳的是一种外延范围最为狭义的文化，也就是我们通常所谓文化事业、文化产业。而这也正是一段时间以来各界关注的文化法意义上的文化。

文化与媒体、传媒之间，继而，文化法与传媒法之间是何种关系？就此我们尝试对几个相关概念进行了辨析。实际上，文化与传媒两个术语虽有区别，但这种区别可能微乎其微，甚至只是一种使用习惯的差异，如行政管理领域对文化与新闻出版广电的区分。比如，多数人可能将图书馆、艺术作品归入文化范畴，但它们也都无非是信息传递的渠道,因而属于传播媒介。所以,说它们紧密相连也好、交叉重叠也罢,其实,在法律规范的视野下,文化法与传媒法可以被视为拥有相同的规范领域。

面对任何一个法律领域,法学者绝对不可回避的,是属性之问。这就是说,文化法是公法,还是私法?其实这样的问题早已存在于其他领域,如科技法、环境法等。经简要论述,本书采纳的研究路径是将文化法作为公法——狭义的文化法。

在具体的文化部门法的专论部分,本书仅仅涉及了三个领域,即广播电视法、电影法和文化遗产法,这似乎显然不够:本书没有论及最为古老而又面临发展新机遇的出版行业,未涉及正当走红的互联网络,也未涉及图书馆与博物馆法、演出等。理由何在?我们的确对这些领域的法律问题和现有制度有过思考,但最后没有纳入。其主要原因是,综观世界文化法律实践,广播电视、电影和文化遗产三个领域都有相当多的问题需要法律规制,各国也确实在这些领域形成了比较发达的规范体系(我国亦然)。并且,国际、国内还在这三个领域形成了相当的学术积累。所以,此三者不可或缺。与之形成对比的是,出版法虽然古老,但至今并未形成、也不可能产生自成体系的法律规范。网络法治固然必要,但传统的文化法治原则完全可以适用于网络环境(如对于有害信息、淫秽品的管制等),而特殊的网络文化法是不存在的。图书馆与博物馆属于公共文化设施,应适用文化促进法、公共文化保障法的一般法律规范,有关特殊问题多属政策调整。另外,关于演出法(甚至还有图书馆与博物馆法等),法律实践与文献资料的不足是我们研究缺乏的重要原因,希望以后有机会再作弥补。

比较所搜集的文献资料,不难发现,我国有关研究文化法的论者大多来自各文化领域,如广播、出版、电影以及文化遗产等领域,不少优秀的论述出自文化领域的官员之手,而法学界关注文化法研究的人偏少。并且,与我国法学整体上已经达到的研究水平相比,文化法的研究深度有一定的差距。这给人的感受是,法学学者们的学术步伐远远落后于文化行业的发展,无法满足文化法治的需要。

2016年,我国文化领域的两部重要立法——《电影产业促进法》和《公共文化服务保障法》先后获得通过,文化界上下普遍表达着其道喜致贺之情。此时此刻,我们的感受却是复杂的。一方面,我们体会着比普通人更为强烈的喜悦,因为这让我们感受到这部书稿因时应事的意义;另一方面,我们的心头难免添加一份沉重的压力感:在我国法律实践已经迈上一个新台阶之后,我们的研究又该如何作进一步深化和完善?当然,这只能留待以后了。

我们的研究与写作曾得到来自不少人士各种形式的支持与帮助。在此尤应铭记的是,我们愿把深深的感谢献给如下诸君:全国人大教科文卫委员会文化室朱兵主任，中国新闻出版研究院魏玉山院长、张凤杰主任，新闻出版广电总局法规司许炜处长，文化部法规司王鹤云处长，北京印刷学院教授张志林女士、张书勤女士，河北大学政法学院教授孟庆瑜先生，河北廊坊师范学院教授向淑君女士，《北方法学》杂志社赵立程先生，《新闻爱好者》杂志社施宇先生等。当然，文责自负！

是为序。

周艳敏　宋慧献
2017 年 3 月

目　　录

第一章　文化法的调整对象 ……………………………………………… (1)
　　一、文化：范围广泛的社会现象 ………………………………… (2)
　　二、规范性文件中的文化 ………………………………………… (4)
　　三、文化活动及其利益关系：以表达为载体和基础 …………… (13)

第二章　文化法的体系构成与规范属性 ……………………………… (19)
　　一、文化法律的体系构成 ………………………………………… (19)
　　二、文化法律体系的属性 ………………………………………… (23)

第三章　文化法的基本原则 …………………………………………… (26)
　　导语：以文化权利为逻辑起点 …………………………………… (26)
　　一、文化自由：文化法第一原则 ………………………………… (27)
　　二、切实、公平享用原则 ………………………………………… (31)
　　三、文化产业促进原则 …………………………………………… (35)
　　四、文化多样性原则 ……………………………………………… (38)
　　五、精神价值优先原则 …………………………………………… (42)
　　结语：为精神自由筑起符号家园 ………………………………… (44)

第四章　文化法、传媒法：相关术语辨析 …………………………… (46)
　　一、从出版法到传媒法 …………………………………………… (46)
　　二、传媒法与文化法 ……………………………………………… (50)
　　三、版权法与娱乐法 ……………………………………………… (54)

第五章　文化权利论 …………………………………………………… (56)
　　一、享受文化利益的法律资格 …………………………………… (56)
　　二、规范性文件中的文化权利 …………………………………… (58)
　　三、文化权利：广义与狭义之别 ………………………………… (66)
　　四、文化权利的构成 ……………………………………………… (69)
　　五、文化权利的属性 ……………………………………………… (75)

第六章　文化管制：为文化权利设界 ………………………………… (81)
　　一、文化管制的涵义 ……………………………………………… (81)
　　二、文化管制分类 ………………………………………………… (83)

三、现代文化管制的合理性与基本原则 …………………………（93）

第七章　淫秽品管制……………………………………………………（100）
　　一、概述 …………………………………………………………（100）
　　二、我国《刑法》上的淫秽物品犯罪 …………………………（102）
　　三、美国的判例法经验 …………………………………………（104）
　　四、淫秽性判断之难 ……………………………………………（109）
　　五、道德判断的相对性与必然性 ………………………………（112）
　　六、性描写与淫秽品区分原则 …………………………………（114）
　　七、整体性判断与价值衡量 ……………………………………（115）

第八章　文化促进：落实公民文化权利……………………………（117）
　　一、历史上的文化促进 …………………………………………（117）
　　二、界定文化促进 ………………………………………………（125）
　　三、现代文化促进法的正当性与基本原则 ……………………（130）
　　四、文化促进法的主要构成 ……………………………………（134）
　　五、我国文化促进依法治理的现状与未来 ……………………（141）

第九章　电影法…………………………………………………………（145）
　　一、电影的特性与电影法的构成 ………………………………（145）
　　二、电影审查与分级制 …………………………………………（150）
　　三、电影促进制度 ………………………………………………（161）
　　四、中国的电影制度 ……………………………………………（170）

第十章　广播电视法……………………………………………………（179）
　　一、概述 …………………………………………………………（179）
　　二、广播电视运营主体制度 ……………………………………（191）
　　三、节目制度 ……………………………………………………（197）
　　四、广告制度 ……………………………………………………（203）
　　五、监管与治理机制 ……………………………………………（205）

第十一章　文化遗产法…………………………………………………（211）
　　一、文化遗产法制简要回顾 ……………………………………（211）
　　二、界定文化遗产 ………………………………………………（217）
　　三、文化遗产的属性与文化遗产法的基本原则 ………………（220）
　　四、文化遗产法的主要内容 ……………………………………（232）

附录　我国文化领域主要法律法规……………………………………（244）

第一章　文化法的调整对象

近年来,文化市场之活跃与文化产业之繁荣为实施文化法治提出了迫切的需求,从而促使政府部门与学术界开始密切关注有关问题。而实施文化法治,或从事有关学术研究必须明确的首要问题是:文化法所要调整的对象领域是什么。

截至目前,我国学界尚缺乏有关文化法调整对象的系统研究。曾有相关论述涉及这一问题,如一些论者有关"文化法"或"文化立法"的定义表达出了其所理解的调整对象的内容:"文化立法应是调整文化领域以文化行为、文化管理等为载体的社会关系的各种法律原则和规范的总称"[①],"文化法是以宪法确立的文化政策与文化权利作为基础,是国家和地方制定的调控文化行为、调整文化关系和保障文化权利的规范体系"[②]等。从中大致可以看出,文化法的调整对象包括与文化行为、文化权利和文化管理相关的社会关系。但是,这些解释毕竟只是涉及文化法之调整对象之内涵的抽象概括,而缺乏全面而准确的外延界定。

对于文化法的调整对象这样一个基本问题,我们试从法理学的基础逻辑作简要的归纳和推论。法律的功能与作用是对社会生活进行规范或调整,法律的调整对象也即规范对象,是法律规范所直接适用、发生预定法律效力的社会生活。但社会生活是一个混沌体,法律对其发挥功用的,只能是社会生活的某一方面。由于法律的规范是在人与人即法律主体之间规定权利、义务的准则,所以,法律规范发生作用的直接对象应该是人们在社会生活中形成的权利义务关系。由此,文化是社会生活的一个局部领域,文化法就只是适用于社会生活的文化领域,其调整对象就是人们在文化生活、文化活动中形成的权利义务关系;权利义务关系是法律对利益关系的抽象表达,因而,文化法的调整对象又可以理解为人们在文化活动中产生的各种利益关系。

但是,上述抽象性界定却没有确定其中涉及的外延问题:即什么是文化以及文化活动?文化法调整的文化活动中的利益关系有何自身属性?这一问题的回答将直接决定着文化法适用对象的范围,以及文化法的体系构成等。

[①] 石东坡:《文化立法基本原则的反思、评价与重构》,载《浙江工业大学学报》(社会科学版)2009年第2期。

[②] 肖金明:《文化法的定位、原则与体系》,载《法学论坛》2012年第1期。

鉴于文化是一个宽泛而复杂的概念，与其相关的文化现象与活动也纷繁多样，本章将从"文化"概念这个元点入手，进而从现有的各类规范性文件中寻找体现文化的各种现象，努力廓清可能进入法律视野的文化现象、文化活动的范围，从而为以法律逻辑和法学范畴厘定文化领域之特殊利益关系奠定基础。

一、文化：范围广泛的社会现象

何为文化？这既是一个语义学问题，也是一个文化学、社会学等学科上的专业问题。

在"文化"一词中，"文"的本义是指各色交错的纹理，引申为包括语言文字在内的各种象征性符号，进而还将其范围扩展及于文物典籍、礼乐制度，还引申为彩画装饰、修饰、人为加工和经纬天地之义。"化"之本义为变化、改变、生成和化育，指事物形态或性质的改变。"文"与"化"联系在一起，较早见于《易·贲卦·象传》："刚柔交错，天文也。文明以止，人文也。观乎天文，以察时变；观乎人文，以化成天下"。在这里，"人文"与"化成天下"紧密联系，表达了以文实施教化的观念。汉代刘向《说苑·指武》开始把文与化合为一词："凡武之兴，为不服也；文化不改，然后加诛。"意思是说，动武是为了征服不服从者；文则用以教化，如不改正，则予以诛灭。在这里，"文"与"武"并立，"化"与"灭"相对。以礼乐典章制度实施文治、教化臣民，与当今文化之所指十分接近。所以，中国传统意义上的文化，就是指"以文化之"，即从精神、道德层面陶冶、改变、培育人。

在西语中，与文化对应的词语是英语、法语中的 culture，德语中的 Kultur，其共同的拉丁语源是 cultus，本意为耕耘。按照我国学者陈序经的考察，cultus 的意思还有居住、练习、留心或注意以及敬神等。[①] 其中虽有诸多微妙之处，该词的本义包含了既对自然（耕种）、也对人自身（培养）进行改造的语义。

根据文化研究学者的归纳概括，文化概念涉及多个学科，包括哲学、艺术、教育、心理学、历史、人类学、社会学、生态学以及生物学等，这足以表明文化的多角度与多层面性。尤为突出的是，文化一词虽未形成统一的语义界定，其在现代社会学、人类学中的地位却是核心性的，比如，流行的社会学教材大都将文化置于最为重要的地位。[②] 1952 年，美国人类学家克鲁伯和克拉克洪合著的《文化：一个概念定义的考评》一书列举了 1871 年至 1951 年间有关文化的定义，竟有 166

---

① 参见陈序经：《文化学概观》，岳麓书社 2010 年版，第 18 页及以下。
② 例如，美国教材《社会学入门》（汉林斯著，林聚仁等译，北京大学出版社 2007 年版）、《社会学》（波普诺著，李强等译，中国人民大学出版社 2007 年版）均在总论之后专论文化，将"什么是文化？"设为其开篇第一问。另外，现代学术是否形成了一个完全独立的"文化学"门类，可以讨论，但我们可以说，文化研究在现代学术多学科中的突出地位表明，一个宽泛意义上的文化学科确实是不容忽视的。

条之多。至今,世界上出现的文化定义大约有 300 种之多。对于本书而言,大量列举这些定义并无十分必要,但我们有必要认识到的是,社会学、人类学视野下的文化涉及范围十分宽泛的人类现象。英国文化人类学家泰勒有关文化的解释被视为经典,他解释称,文化是"包括知识、信仰、艺术、道德、法律、习惯以及其他人类作为社会成员而获得的种种能力、习性在内的一种复合整体"①。此后,学者们有关文化的解释均未超出这一路径。依此,文化被视为一种复杂性整体,包含了精神、物质乃至制度规范的各个层面。

显然,社会学界普遍秉持的是一种宽泛意义上的文化观,即文化被视为人类的非本能行为及其创造物。"社会学家与人类学家对文化的共同定义是,文化是人类群体或社会的共享成果,这些共有产物不仅仅包括价值观、语言、知识,而且包括物质对象。"②文化是"世代相传的语言、信仰、价值观、规范、行为、甚至物质对象",其外延包括两个方面,"物质文化包括物质对象(艺术品、建筑、穿着、工具)。非物质(或象征符号)文化是指一个群体的思维方式与做法"③。

我国文化学者综合各类有关文化的解释,以一种总体性观念,将文化定义为:"人类社会具有独立特性的综合体系,它主要包括社会生产与生活方式、社会组织形态和精神意识形态三个大的层次"。进而,文化体系被分解为五个方面:(1)社会生活及其风俗习惯;(2)社会生产类型;(3)国家政治机制;(4)语言文字、科学技术等;(5)精神取向,如宗教、道德等。④

而学术界有关文化的观点最终也被现代辞书所吸收。查阅中外词典,文化/culture 一词有着多角度的界定。《现代汉语词典》对"文化"一词的解释包括三项语义,我们可将其简述为:(1)人类物质与精神财富,尤其是后者;(2)考古学上对某一时期历史遗迹、遗物的统称;(3)运用文字的能力及一般知识。⑤ 综述《牛津当代英语高阶词典》、美国《韦氏高级英语词典》,名词 culture 的语义包括:(1)文学艺术的统称,艺术活动、艺术修养等;(2)社会智力发展状况;(3)一个社会或民族的信念、习惯、惯例等;(4)思维与行为方式;(5)训练、修养;(6)栽培、培育等。

总之,文化作为一种社会现象,其在广泛的意义上关涉人类生活的几乎所有方面。也可以说,文化几乎就是自然、本能的反义词,即文化意味着非自然、非本能。

那么,本书要论述的文化法中的文化是不是要包含上述所有意义上的文化现象呢?

---

① 〔英〕泰勒:《文化之定义》,顾晓鸣译,载《多维视野中的文化理论》,浙江人民出版社 1987 年版,第 98 页。
② 〔美〕波普诺:《社会学》,李强等译,中国人民大学出版社 2007 年版,第 72 页。
③ 〔美〕汉林斯:《社会学入门》,林聚仁等译,北京大学出版社 2007 年版,第 59 页。
④ 方汉文:《西方文化概论》,中国人民大学出版社 2010 年版,第 8—9 页。
⑤ 《现代汉语词典》(第七版),商务印书馆 2016 年,第 1427 页。

二、规范性文件中的文化

接上问,我们没法想象由一个法律门类来统一调整上述各类文化现象。而事实上,作为文化法之调控对象的文化,只能是上述所有文化现象中的一小部分。

为了确定作为文化法之规范对象的文化现象,我们可以对上述文化现象进行逐一检视,并做出取舍。但是,这种逐一检视并取舍的方法既不可行,也无必要。在这里,我们将清理有关文化的已有规范性文件,以归纳的方式确认文化法所调整的文化现象。这样的规范性文件既包括国内具有法律效力的法律文件,也包括国际性公约、协议等。

(一) 国际性规范文件中的文化

20世纪初期以来,随着国际社会对文化领域重视程度的增加,该领域的国际规范文件也不断得以颁布、实施。在联合国教科文组织(UNESCO)提供的法律文件(legal instruments)清单上,有30余件涉及文化事务[①],主题包括文化遗产保护、国际文化交流、大众传媒、艺术家地位、著作权等。另外,除了教科文组织,其他国际组织也颁布了多项国际公约或协议。这些国际文件虽然只以某一种文化现象为主题,仍然为我们准确把握文化法的调整范围提供了重要参照。

1. 最早试图为调整文化活动提供规范的国际性文件,当推1948年《世界人权宣言》。其第27条将文化权利(cultural right)规定为基本人权,即"人人有权自由参加社会的文化生活,享受艺术,并分享科学进步及其产生的福利",对文化活动做出了实质性规范。《世界人权宣言》虽未界定作为名词的文化,但通过对其第27条以及承继该条款的1966年《经济、社会和文化权利国际公约》第15条进行综合理解,其所规范的文化现象包括文学、艺术和科学以及有关的各种人类活动,包括创作、欣赏、保存、发展和传播,以及对各种相关利益的分享等。显然,这两部人权文件采纳的是窄范围的文化。

人权公约为国家介入社会文化生活提供了规范依据,成员国因此有义务采取必要的文化政策与措施,确保公民获取文化、参与文化生活的权利。对于文化获取、文化生活参与这两种权能以及政府的作为,1976年的《人民普遍参与文化生活及其文化贡献建议书》进行了具体规定。依据其第1条,文化获取(access

---

① http://portal.unesco.org/en/ev.php-URL_ID=13649&URL_DO=DO_TOPIC&URL_SECTION=-471.html, last visited Mar 1, 2017.

to culture)意味着人人拥有实实在在的机会,特别是通过创造充分的社会经济条件,自由获得信息、培训、知识和理解,享受文化价值和文化财产;而文化生活参与(participation in cultural life)意味着保障所有的团体与个人拥有实实在在的机会,自由表达自我,交流、行动并从事创造性活动,以全面发展其个性,享受和谐生活与社会文化进步。

2. 保障并促进文化多样性,已经成为当今各国政府的一项重要义务和权力。按照联合国教科文组织 2001 年《世界文化多样性宣言》(以下简称《多样性宣言》)和 2005 年《保护和促进文化表达多样性公约》(以下简称《多样性公约》),文化多样性保护涉及宽泛的文化现象,也具有较为普遍的法律效力。

依据《多样性宣言》,文化多样性是一个涉及范围广泛的概念。《多样性宣言》序言为文化下了一个范围广泛的定义:"应把文化视为某个社会或某个社会群体特有的精神与物质,智力与情感方面的不同特点之总和;除了文学和艺术外,它还包括生活方式、共处的方式、价值观体系、传统和信仰。"[①]通过国际性规范文件对文化进行明确界定,这应该是首次。依此界定,文化的外延相当广泛,几乎可以涵盖最广义的文化现象:语言、文学艺术、科学、教育、传媒、文化政策、文化交流、文化物品与服务、生活方式等。虽然说,《多样性宣言》并非要为范围广泛的文化现象提供全面的法律规制,但它无疑表明了一个重要立场,即各国与国际社会应当在范围相当广泛的意义上尊重文化多样性;而要达到这一目标,国内与国际层面都有必要采取积极的法律措施。

作为《多样性宣言》的行动纲领,UNESCO 于 2005 年通过《多样性公约》。值得注意的是,尽管《多样性宣言》所提供的文化现象非常宽泛,而《多样性公约》所要调整的对象范围显然受到了限缩。其中最为显著的是文件名称的变化:即规范对象从抽象的文化多样性改变为文化表达多样性。依公约释义,"文化表达(cultural expression)"[②]是指人类创造的、具有文化内容的表达,而表达属于可为人类感知的具体的外部显现。这表明,国际公约以及国内法律所要调整的,应该是外在的、具体的文化表达,而不是所有意义上的人类文化现象。

同时,《多样性公约》虽没有为文化这个最核心的术语提供定义,其第 4 条界

[①] 《多样性宣言》注 2 还指出:"这一定义与世界文化政策会议(1982 年,墨西哥城)、世界文化与发展委员会(我们的创造性多样化,1995 年)和文化政策促进发展政府间会议(1998 年,斯德哥尔摩)的结论是一致的。"

[②] 对于 cultural expression,官方的或常见的中文翻译是"文化表现方式",公约名称因此也被译为《保护和促进文化表现方式多样性公约》。我们认为这是不甚妥当的。expression 的通常翻译是"表达",包括表达的整体,而不只是表达的方式。可作为旁证的是,按照该《多样性公约》第 4 条解释,文化措施的影响对象是个人或社会团体的文化表达(cultural expression),其中包括创作、生产、传播和享用,这里的 expression 显然不能被理解为表达方式。

定了多个由文化修饰的下位概念——包括文化内容、文化表达、文化活动、产品与服务、文化产业和文化政策与措施等，由此表明，《多样性公约》所欲调整的对象应被限定于与表达直接相关的外在的具体现象。

按照《多样性公约》的解释，文化表达是指人类创造的、具有文化内容的表达，而"文化内容（cultural content）"是源于或表现文化特征的象征意义、艺术特色和文化价值。这即是说，公约调整的对象是具有象征意义、艺术特色和文化价值的外在表达，而不是抽象的文化内容。继而，"文化活动、产品与服务（cultural activities, goods and services）"被界定为"体现或传递文化表达的活动、产品与服务"，这将文化引向了客观性文化现象，包括具有商业价值的文化生产与商品。而生产和传播这些文化产品或服务的产业属于"文化产业（cultural industries）"。"文化政策和措施"是指由权力机构采取的、针对文化本身以及直接影响文化表达活动（包括创作、生产、传播、销售以及享有文化活动、产品与服务）的政策和措施。另外，按照《多样性公约》第 6—8 条，就国内可以或应该采取的文化措施来看，其所达到的目标、影响所及的活动范围都表明，《多样性公约》所调整的对象以文化表达为核心，涵盖了静态的文学艺术、文化遗产以及其他信息载体，动态的创作、生产、服务、传播和享受，它们的重要性在于它们体现、传承着人类的价值观、思考、情感和其他意义。

3. 在 UNESCO 通过的众多有关文化问题的国际文件中，文化遗产（cultural heritage）的出现频率表明其地位特别重要。1972 年《保护世界文化和自然遗产公约》（以下简称 1972 年《遗产公约》）最早明确了文化遗产保护，2003 年《保护非物质文化遗产公约》则将其范围从物质性遗产扩展至非物质性文化遗产。依此，各国政府有权力，也有义务采取各种措施，保护文化遗产，并禁止任何破坏文化遗产的行为。

何为文化遗产？1972 年《遗产公约》对文化遗产进行了外延列举式界定：包括纪念性物品、建筑群和遗址；同时，公约对文化遗产保护缘由的宣示揭示了文化遗产的属性所在，即它们"从历史、艺术或科学角度看具有突出的普遍价值"。1999 年国际古迹遗址理事会《国际文化旅游宪章（重要文化古迹遗址旅游管理原则和指南）》解释称，"文化遗产是由一个社群发展起来，并经世代相传的生活方式的表达（an expression of the ways of living），它包括习惯、惯例、场所、物品、艺术表达和价值。文化遗产常常表现为物质性或非物质性文化遗产"，表明文化遗产的本体是一种外在表达——具体如习惯、场所、物品、艺术表现和价值，其内在属性与价值则在于它承载着一个社群世代流传的生活方式。

另外，UNESCO 的规范文件也曾以文化财产（cultural property）一词指称文化遗产。① 按照1976年《文化财产国际交流建议书》第1条,文化财产"应该被理解为人类创造与自然进化的表达与证明……具有或可能具有历史、艺术、科学或技术上的价值和重要性",其中所包括的考古文物、具有人类学意义的物品和资料、档案和文件等,显然属于文化遗产的范畴。

经过多年讨论,2003年《保护非物质文化遗产公约》将遗产范围延及非物质的文化遗产,即"被各社区、群体,有时是个人,视为其文化遗产组成部分的各种社会实践、观念表述、表现形式、知识、技能以及相关的工具、实物、手工艺品和文化场所",具体包括口头传统与表达,表演艺术,社会惯例、仪式、节庆活动,有关自然和宇宙的知识和习惯,传统手工艺等(2003年《遗产公约》第2条)。与1972年《遗产公约》上的基本原则相同,保护非物质文化遗产的原因也在于其具有突出的普遍性文化价值。

综合来看,2003年《遗产公约》所规范的文化遗产有着宽泛的范围;同时也必须注意到,文化遗产虽然与社区或族群的生活方式、习俗、惯例等分不开,但2003年《遗产公约》所提供的保护,旨意并非使这些抽象的、主观性的生活方式、习俗与惯例本身在人类生活中存留、发扬,而毋宁是为了保存作为文化遗产的客观存在,一种文化见证。所以说,2003年《遗产公约》保护的文化遗产是具有抽象性文化、精神价值的物或抽象物(即非物质性遗产)。

4. UNESCO和其他国际组织还颁布了多项调整文化特别领域的规范性文件,显示了文化法更具体的调整对象。这些文化领域主要包括:

(1) 传播媒介,包括出版物、广播、视听媒体等。这类国际文件主要有1958年的《出版物国际交流公约》、1972年的《关于信息自由传递、教育普及以及大文化交流使用卫星广播指导原则宣言》、1978年的《有关大众传媒推动强化和平与国际理解,促进人权和反对种族主义、种族隔离和煽动战争的基本原则宣言》及1980年的《电影保护与保存建议书》。

(2) 文化设施。比如,为促进博物馆的开放与普及,促进文化获取与文化生活参与权的全面实现,1960年UNESCO通过了《关于向公众开放博物馆最有效方法的建议书》。

(3) 艺术家权利与利益。这表明将艺术家的活动与创作视为具有关键性地位的文化现象。按照1980年的《有关艺术家地位的建议书》,成员国应该承认艺术家所应享有的地位,并采取措施确保艺术家各种权利和利益的实现。依据第1条界定,艺术家(artist)是指创作艺术作品或对艺术作品做出创造性表达或再创作的人,他们将其创作活动视为生活中必要的一部分,为艺术发展做出贡献,

---

① UNESCO最早规范文化财产的文件是1954年的《武装冲突情况下保护文化财产公约》(即《海牙公约》)。

而无论他们是否具有特定的职业或社团关系。实际上,这里的艺术家是广义的,包括各类作家、表演者、翻译人员等。艺术家的地位(status)包括两方面,一方面是指艺术家基于其社会角色和重要性而获得的社会尊重,另一方面是其自由和权利得到的承认,具体包括以其享有的收入和安全为衡量标准的精神、经济与社会权利。

同类文件还有1976年的《关于译者与译文法律保护以及提高译者地位实际手段的建议书》。

(4) 著作权,即文学艺术成果权。1886年缔结的第一部著作权公约《伯尔尼公约》将著作权制度推向国际化。该领域的国际文件还有1952年《世界著作权公约》以及世界贸易组织通过的《知识产权协定》部分条款、世界知识产权组织通过的多项国际公约。如今,著作权的保护与交易等已经成为国际社会文化交流活动的重要事务。

著作权与文化的关联性在于,作为一种文学艺术成果权,它是文学艺术作者、传播者就文学艺术作品之创作、传播所享有的排他性使用与受益权。所以说,著作权制度的规范对象属于狭义的文化现象,即核心是文学、艺术表达即作品,相关现象包括文学艺术作品的创作、传播、表演及有关的产品生产、服务等。

(二) 外国规范文件中的文化

绝大多数国家没有制定统一的文化法典,几乎没有任何一部法律能够从内涵到外延对文化现象做出准确的界定。就像上述国际文件,各国各地区有关文化领域的规范性文件及其所调整的文化现象也显得很散乱。但是,通过简要检视某些国家和地区的规范性文件,我们可以从中找寻文化法上的文化。

1. 依据不少国家的宪法,公民文化活动和政府文化行政行为等被纳入宪法和法律的调整范围。

比如,按照世界最早的宪法文件即1789年《美国宪法》第1条第8款,为了促进文化(18世纪《美国宪法》使用的 science 一词相当于现代所谓知识与文化)发展,国会有权依法保护作者就其著作(writings)享有的专有权。不少当代宪法则更加明确地规定了文化条款,《葡萄牙宪法》尤为突出,其第9条规定的国家任务包括"通过经济与社会结构的改造与现代化……有效实现经济、社会、文化与环境权利";它设立专门"文化方面的权利与义务"一节,规定"媒体、文化协会与基金会、文化娱乐机构、文化遗产组织、居民组织和其他文化机构合作,促进文化民主化,鼓励并确保全体公民享用文化娱乐与创造成果"(第73条)。依此规定,文化被具体化为媒体、文化遗产、文化娱乐与创造成果,以及相关的机构、组织等。

2. 文化活动及文化产业的管制与促进一直是国内法律规制的重点领域。

历史地看,文化领域的法律实践经历了从消极管制向积极促进的演变。鉴于文化领域的意识形态属性,在历史上,各国政府都十分重视文化领域的管制,这就是广泛存在的所谓审查制度(censorship)。尤其是近代早期,随着传媒技术的普及,几乎所有国家都曾相继对印刷出版、广播电视、电影以及互联网等产业实施管制。如英国从近代早期就开始实施《许可法》《淫秽出版物法》;法国等国家对电视节目频道使用、节目播出等进行法律规制;较少进行政府干预的美国也一直依法对广播电视实施调整;网络时代,不少国家为了净化网络舆论、尤其是为了保护青少年利益,制定了网络规制法。对于利用文化媒介传播淫秽物品、煽动种族仇恨、颠覆国家以及扰乱治安等严重侵犯公众利益或他人利益的行为,几乎所有国家都曾经或正在利用刑事法律进行严厉制裁。

不过,20世纪中晚期以来,随着表达自由法的普遍实施,文化领域的管制渐趋式微(但并未消失),而积极性的文化促进则开始成为各国文化法实践的主流。

文化促进方面较早、较常见的立法调整方式是,一些国家制定单行的部门法,对某些特殊的文化行业做出调整,以达到依法支持文化发展的目的。这些领域大多是新型的文化行业、或者是该国需要重点发展的领域,如电影、动漫、游戏等。比如,法国、英国等不少欧洲国家曾制定并不断修改其电影法,以扶持本国电影产业的发展。

最近一二十年,基于文化立国、提高文化生活水平的宗旨,也为了促进文化经济发展,不在少数的国家颁布法律,更多地赋予国家促进文化发展的权力和义务。比如,韩国出台了涉及促进文化及其产业发展的多部法律:《文化艺术振兴法》《文化产业振兴基本法》《内容产业振兴法》以及关于振兴音乐、电影与视频、游戏产业等特别产业部门的法律。即使是在发达国家瑞士,虽然各方对于文化的国家支助一直存有争论,最近几年却也开始承认文化产业促进的意义,并于2012年开始实施《联邦文化促进法》(Federal Law of Cultural Promotion)。[①]在罕有文化立法的美国,奥巴马政府于2011年推出《对艺术教育的再投资——通过创造性学校》,欲通过实施艺术教育计划,培养创新人才,激励创新精神。

3. 与上述国际公约基本一致,文化遗产、著作权都已普遍纳入世界各国成文法的规范领域。对于这两个领域所涉及的各种文化现象,已如上述。

4. 公共文化设施的提供、资助与管理。

公共文化设施的建设和利用是文化事业发展与公民参与文化生活的基础保

[①] See Council of Europe/ERICarts: Compendium of Cultural Policies and Trends in Europe, 14th edition 2013, available from World Wide Web: ⟨http://www.culturalpolicies.net⟩. ISSN: 2222—7334, last visited Oct 10, 2016.

障。基于此,不少国家和地区进行专门立法,支持、促进公共文化设施的建设和利用。其主要表现是,不少国家都出台专门立法,以保障、推动、管理图书馆、博物馆、档案馆以及剧院的建设与利用。

英美等国虽然很少立法介入文化,却很早就开始依法保障公共文化设施的提供。以英国为例,英格兰1850年曾通过《公共图书馆法》,赋予地方政府权力,提供免费的图书馆服务。1964年英格兰又颁布了《公共图书馆与博物馆法》。2003年,英格兰文化、媒体与体育部(DCMS)发表一份推动文化发展的《未来框架》,首次为公共图书馆发展提出国家战略。北爱尔兰有其单独的《图书馆法》(2008)。英国还制定了《法定缴存图书馆法》,专门规制印刷类作品(包括图书、小册子、报纸、期刊、音乐、地图等)的样本缴存。在美国,1996年通过的《博物馆与图书馆事业法》是其为数不多的调整文化事业的成文法之一。

5. 文化基金与税收。

为了切实支持文化事业与产业发展,几乎每个国家都在为文化发展提供经济支持。除了政府直接资助,当前各国采取的主要方式是文化基金设立、税收优惠以及博彩业等。

值得注意的是美国,虽然其文化政治观念不支持其过多地介入文化领域,相关成文法非常罕见,却专门制定了《国家艺术与人文事业基金法》,以专门基金资助文化艺术发展,其联邦税法以税收优惠的政策扶持文化事业发展。

没有哪个国家制定专门的文化税法,但有利于文化的税收规则散见于专门的税法或其他法律中。在法国,文化税法主要涉及艺术与文化创作,文化遗产保护,文化促进,电影、广播和音乐产业以及出版业等。①

可以说,文化税收、文化基金等已经成为各国法律调整的重点领域(也许可以称之为文化经济法)。

6. 范围广泛的"大文化"开始进入少数国家的综合性文化法。

至今,俄罗斯、乌克兰、亚美尼亚等国制定了文化基本法,其调整对象涉及多方面的文化现象,可称之为一种"大文化"观。阿根廷等国也在酝酿出台综合性的文化法。俄罗斯于1992年颁布《俄联邦文化基本法》,在一种大文化观的统辖下,对范围相对广泛的文化现象进行调整。但是,该法在界定文化活动、文化价值、文化物品、文化遗产与资产、文化政策以及创作者等概念的同时,并未定义何为"文化"。其第4条表明,该法所调整的文化活动、文化现象虽然林林总总,却也是以各类艺术、文学、语言、民俗和遗产等各种形式的文化表达为核心,涉及创作、传播、生产、交流、博物馆收藏、教育等活动。另外,俄罗斯还制定了《大众传

---

① See Council of Europe/ERICarts: Compendium of Cultural Policies and Trends in Europe, 14th edition 2013, last visited Dec 1, 2016.

播媒体法》,单独对报刊、广播电视以及其他形式信息媒介等做出法律规制。这表明,包括《俄联邦文化基本法》在内,即使大文化观的法律调整对象已经相当全面,其覆盖范围仍然是一种部门性的文化。

另外,俄罗斯还于2010年公布了《俄罗斯联邦文化法》草案,其试图采纳的"文化"一词的外延范围接近UNESCO采用的大文化观,即人类学意义上的文化。但该法未获通过。①

(三) 我国规范性文件中的文化

在我国,除了《宪法》以及其他法律包含对文化领域的调整外,目前已经纳入专门法律调整的文化领域为数不多。与此同时,我国国务院、文化行政部门出台了大量的行政法规与规章,形式上零零碎碎,涉及文化领域可谓方方面面。据官方出版物提供的统计,我国国务院制定的文化类法规约30多件、文化部等部级机关出台的部门规章超过100多件。② 另外,我国有关中央机关还出台了10多件各类文化发展规划。那么,我国规范文件所调整的文化领域都有哪些呢?

1. 依据《宪法》的原则性规定,对公民的文化活动实施行政行为,是中国政府的权力和责任。其第47条规定,公民享有进行各类文化活动的自由;对于从事文学、艺术等各类文化事业的公民的有益于人民的创造性工作,国家给以鼓励和帮助。

2. 立法层面,我国虽然只有少数几部专门的文化法,但其涵盖面非常广泛,足可说明文化法所调整的对象范围。

我国于2016年底通过了《公共文化服务保障法》,其调整对象是一个范围广泛的领域,但也有其相对确定的范围,涵盖了几乎所有的文化领域。依据该法第2条,作为其直接指向的规范对象,公共文化服务是"由政府主导、社会力量参与,以满足公民基本文化需求为主要目的而提供的公共文化设施、文化产品、文化活动以及其他相关服务"。由此可见,文化法上的文化领域包括"文化设施、文化产品、文化活动以及其他相关服务"。更具体而言,文化设施包括图书馆、博物馆、文化馆(站)、美术馆、科技馆、纪念馆、体育场馆以及各类综合性文化服务中心、书屋、公共阅报栏(屏)、广播电视播出传输覆盖设施、公共数字文化服务点等(该法第14条);文化服务项目涉及"文艺演出、陈列展览、电影放映、广播电视节目收听收看、阅读服务、艺术培训等"(第29条);进而,文化产品是指"图书、报刊、戏曲、电影、广播电视节目、网络信息内容、节庆活动、体育健身活动等"(第

---

① See Council of Europe/ERICarts: Compendium of Cultural Policies and Trends in Europe, 14th edition 2013, last visited Oct 10, 2016.
② 参见中共中央宣传部政策法规研究室编:《宣传文化法规汇编》,学习出版社2012年版。

35条);文化活动则是指公民利用文化设施与文化产品的活动,如阅读、收看、欣赏等。

其他法律及其所规范的文化领域包括:《文物保护法》《非物质文化遗产法》调整下的文化遗产领域,包括文化遗产的保护、修理、交易、使用等;《著作权法》所调整的著作权领域,具体指向文学艺术领域,主要是作品的市场使用、传播等;以《电影产业促进法》规制的电影领域,涉及电影的创作、拍摄、发行等。

3.《刑法》有关文化领域的刑事规范。制作传播淫秽品、倒卖和损坏国家文物等行为,因严重损害文化秩序和公共利益,被纳入刑法规制的范围。

具体而言,《刑法》所规制的文化主要是指文艺作品和产品的制作和传播,对物质性文化遗产的损坏、倒卖和走私等。

4. 国务院制定系列法规,对各类大众传播媒介领域实施规范,这些领域包括出版(包括报刊与图书出版等)、印刷、电影、音像制品、广播电视、有线电视、卫星电视、电信、互联网等。具体法规如《出版管理条例》《广播电视管理条例》《互联网上网服务营业场所管理条例》等。

比较而言,《公共文化服务保障法》所调整的文化领域是"以满足公民基本文化需求为主要目的而提供的公共文化设施、文化产品、文化活动以及其他相关服务",而这些法规所调整的对象主要是各类文化生产机构的活动,即图书、电影、音像、广播电视节目和互联网等领域的机构成立、作品创作、产品生产与传播,也包括产品内容管制等。

5. 国务院法规对营业性演出、娱乐场所等实行了规制。这方面的法规主要包括《营业性演出管理条例》《娱乐场所管理条例》《大型群众性活动安全管理条例》等。

6. 在某种意义上,国家统计局《文化及相关产业分类(2012)》虽非法律法规,但其对文化产业的界定是我们理解文化法调整对象的重要参考。

这一分类标准对文化产业的内涵与外延进行了详尽规定。"本分类规定的文化及相关产业是指为社会公众提供文化产品和文化相关产品的生产活动的集合"。而下列有关文化及相关产业范围的概括更具有明确的指导意义:

(1)"以文化为核心内容,为直接满足人们的精神需要而进行的创作、制造、传播、展示等文化产品(包括货物和服务)的生产活动",这是最核心的文化生产与服务活动,图书出版、影视制作、文艺演出都可归入此类。该规定的意义在于,它试图从内在本质属性上定义文化产业:即文化活动具有文化属性、满足精神需要。而后面三类产业显然是以第一类为核心的边缘性文化产业,它们是(2)"为实现文化产品生产所必需的辅助生产活动",如印刷复制业等;(3)"作为文化产品实物载体或制作(使用、传播、展示)工具的文化用品的生产活动(包括制造和销售)";以及(4)"为实现文化产品生产所需专用设备的生产活动(包括制造和销售)"。后两类包括各类文具、播放器具等。

依据统计局分类标准对文化产业具体类型的列举,我国文化产业甚至还包含了景区、动物园等旅游、文具、电器等,文化的触角延伸得可谓长远。它们能否都被归入本书所述文化法的范围内,不无疑问。

小结

通过检视国际与国内规范文件,我们可以肯定,(1)其中不存在任何一部文件对文化法意义上的文化现象进行全面界定,这为我们理解文化现象的范围造成不小的麻烦;(2)但这些规范文件所要调整的文化现象只是社会学、文化人类学视野下的文化现象中的一部分,而且只是其中的小部分;(3)综合上述所有文件所规范的各种文化现象,我们可以分析、归纳出作为文化法调整对象的系统的文化现象;(4)比较而言,我国《公共文化服务保障法》、国家统计局《文化及相关产业分类(2012)》中有关文化现象的界定与解释为我们提供了最有价值的参考,我们可以以此为基础,对文化法意义上的文化做准确理解和分析。

三、文化活动及其利益关系:以表达为载体和基础

文化是难以定义的,要对文化法所规制的文化进行严密的逻辑性、体系性确定也面对许多困难。在文化法律实践,尤其是初期阶段,立法者可以回避这些困难,仅以单行部门法的路径,逐渐划定一块块属于文化法的对象领域。但是,在学科理论建设上,在较大规模地实施文化法治的背景下,准确厘清文化法的对象范围,就显得十分必要。所以,我们甚至应怀着知其不可为而为之的精神,对文化法的调整对象做出逻辑性、体系性概括。

上述考察已经启示我们,人类文化现象的范围如一道宽而长的光谱,在广义与狭义之间逐渐过渡。其中,文化人类学为文化提供了范围最广泛的界定,只要是非基于自然本能的人类行为与现象都属于文化。而规范性文件显示,已经且能够受到法律规范的文化现象的范围不可能过分宽泛:文化法只是法律体系中的一个部门,它不可能全面触及广泛的社会、经济等领域。

参照前述规范性文件,我们认为,可纳入文化法调整对象的,只是人类社会现象与社会生活中的一个特殊领域:(1)文化领域的人类活动都以文艺作品及其他信息载体——一种抽象物为对象和载体;(2)以这种抽象物为对象的人的主体活动是多层次、多类型的文化活动,其核心层是一种感知活动、精神活动,审美活动是其代表,也包括其他获取、处理信息的思想活动;(3)以审美和各类信息感知为核心和参照点,文化活动的外层属于诸多社会性行为,它们以作品、产品等各类信息载体为核心,表现为生产、供应、交易、传播以及政府干预等。基于

此，在宽而长的文化光谱上，文化法调整对象的确定，应该以外延范围最窄的一端即文学艺术活动为起点，本着某种同质性标准，逐渐向另一端延伸，将文化法的领地扩大到合适的广度。其终止点无法划定一条界线分明的红线，但大致范围却可以厘定。

可以说，文化法调整对象的确定是有一定的原则可资遵循的。

1. 文化活动的本质属性在于其精神价值性

一切人类活动都基于某种需要，其对象与过程都表现出某种特殊性。为了满足其生存、生产、求真、致善、审美的追求，人类从事着物质性经营、政治与教化、认知与科学、信息处理和审美、娱乐等活动。在法律的视野下，这些人类活动可分别归入不同的法律部门，而归入文化法调整范围的文化活动与信息处理和审美、娱乐等精神性活动有关的社会活动。比较而言，法律虽然不便干预纯粹个人性的信息获取与审美、娱乐等活动，但有些社会性活动影响着这些个人性的信息获取与审美、娱乐活动，同时也影响着相关自然人或组织的相关利益，如作品与其他信息载体的生产、传播，对信息与娱乐活动实行干预等，就需要必要的法律规制，这便是文化法。

我们强调文化活动的精神价值性，是因为核心层的文化活动只是一种精神活动，满足主体的精神需求——我们可称之为文化精神活动。精神活动是心理、思想和情感活动，它往往表现为对外部信息的感知，并产生内在心理上的情感体验与思想感受；同时，精神活动也包括对信息的创造，如文艺创作等。显然，这些获取或创造信息的活动属于自然人的个体活动。这种活动给主体带来的直接价值是一种精神价值，其本身不是物质性价值。

但是，在核心层之外，文化活动还包括其他非精神性的社会性文化活动，它们以个体的文化精神性活动为核心，从外部对核心层文化活动产生积极或消极的影响，并影响人与人之间的利益关系，因而也应被归入文化活动的范围；但这些活动的主体行为毕竟不是精神行为，并因其社会性意义而被称为文化社会性活动。在各类文化社会性活动中，直接为文化精神性活动提供条件、创造环境的第一层活动主要是文化产品的制造、提供、交易以及有关服务，属于文化事业活动（包括产业活动）；外部第二层活动是对上述两类文化活动进行干预的政府管理性活动，即文化管理活动，主要是文化行政行为。

借用《多样性公约》，文化与文化活动应该是包含文化内容的人类活动。所谓文化内容，依据《多样性公约》第4条，是"源于或表现文化特征的符号意义、艺术特色和文化价值"。人类的文化活动就是对含有文化内容的信息进行创造、传递、获取并感受的活动，以及由此衍生的其他活动。

现实中，人们通常会把新闻出版广播电视归入文化界，而不会把动物园或电视机产销归入文化领域。原因在于，新闻出版社、广播电视台直接处理信息和内容,并提供含有信息和内容的产品或服务,并直接满足人们的精神性文化需要;而动物园虽然也给观众带来精神愉悦,但其并未提供含有信息内容的产品或服务;电视机固然是人们接受电视信息与内容的必备工具,但电视机产销商所提供的商品却不包含任何信息内容。有意思的比较是,空白磁带光盘产销不属于文化活动,而预录有内容的磁带光盘即音像制品,其产销行为就属于文化活动,因为后者是信息内容的提供行为。

2. 文化活动以表达为载体和基础

人类行为都是一种对象性行为,即以特定的客观存在物为对象的行为。作为对象性行为的文化活动,也需要以特定物为对象和载体,这种特定物就是承载、传递信息和内容的表达(expression)——表达是一种抽象物;同时,它又必须附着于一定的客观物上,如作品附着于书籍、音乐附着于录制品、播放器等。总之,文化活动往往以表达及其承载物为对象。

汉语词典将"表达"解释为"表示(思想感情)"[①]。有英语词典的解释更详细、准确:动词 express 被解释为"通过词语、表情和行动等,显示或让人了解某种感情、观点等"[②],其中具体指明了表达手段、途径和对象、内容。就字面而言,"表"意味着"外表、表面","达"的基本意是"通、到",所以,表达的最基本内涵应该是把内在的东西外显出来,让他人获悉。更抽象地说,表达是人类主体由内及外的主观外化活动;这种行为的产物即表达物,即作为名词的表达,英语 expression。

人类表达的媒介、方式、途径,及其表达结果等各方面均表现出多样化形态和类型,大致可做自然性表达和社会性表达、身体性表达(含口语表达)和物化媒介性表达。在人类自身发展的过程中,人类表达逐渐超越自然性表达,首先创造了语言,出现了口语与书面的语言表达;然后,人类开始利用外界物质媒介来传达内在的感受和思维,形成物质媒介性表达——主要是借助非人体的声音和形象进行的表达。而人类文明的发展规律决定了表达媒介的进化性与发展性,从而产生了内涵丰富、形式复杂的创造性表达,即**创作**,其表达物通常被称为**作品**,包括文学、音乐、绘画、雕塑等各类作品。随着表达之物化技术、媒介形式的演进与发展,人类表达开始利用多种多样的表达方式,从而产生了大众**传媒**,包括出版、广播电视、互联网等机构,以及被大规模生产传播的报纸、图书、音像、广播节目等。与此同时,人类社会还一直延续并发展着身体性表达,即利用身体的表演,如舞蹈、歌唱;同时还有融合了各种形式与媒介的表达,影视剧即属此类。所

---

① 《现代汉语词典》(第七版),商务印书馆 2016 年版,第 90 页。
② 参见《牛津高阶英汉双解词典》(第四版),商务印书馆、牛津大学出版社 1997 年版,第 508 页。

有这些表达,或称创作、表演等,共同形成了呈泱泱之大观的人类文化现象。①

基于现代传播学与法学理论,表达包括三个层面:(1)由内及外的行为、活动,即信息的生成、发布与传递,可称为创造性表达。文艺创作、媒体活动都属此类;(2)表达活动成果即表达物,如图书、节目等;(3)后来,表达的范围延伸至信息的寻求、接收、享用活动,包括图书的获得与阅读、传媒的利用等,可称为继受性表达。在多个侧面的表达中,作为文化活动之核心的,是客观存在的表达物以及表达媒介,它是所有表达活动或曰文化活动的对象和载体。

无论是个体性的作品创作与欣赏,还是文化事业机构对表达产品和服务的制作、提供和传播,其活动都以表达物为对象和基础。即使是文化行政行为也必须如此。文化行政管理表面是对从事文化活动的个人与组织的行为实施规范,但其所指向、从而受其影响的,肯定也是表达;因为文化管理活动通常是以表达物的传播状况为基础,最终也是为了影响文艺作品、信息载体的社会提供、传播与获得、使用。

新闻出版、广播电视等提供的作品和其他信息产品是人们常见的表达;同时,文化活动也还面对着另一种表达:文化遗产。它们是人造物品(包括抽象物),其原初的核心功能与价值不是表达,即不是为了记录信息,或表达思想感情,而是为了发挥各种不同的实用功能,如房屋用于居住。但是,历经世代流传之后,被后人赋予不同于原物的特殊意义和属性,成为了历史的见证、历史信息的载体,如我国的万里长城等。当然,很多文化遗产原本就是原创性表达,如绘画、音乐、故事等古代文艺作品等,但作为文化遗产,它们也成为历史的见证。比较而言,当代的作品与信息产品是新创性表达,而历经沧桑之后的遗产因为被想象为历史的见证,就成为一种特殊的信息载体,可被称为转化性、追认性表达。正因如此,将人类遗产纳入文化的范围、并置于文化法调整的对象范围。

如上文所述,多个国际性规范文件都明确以表达作为其调整的对象,如《多样性公约》等。UNESCO曾以文化财产一词概指文化活动的载体与对象。按照1976年《文化财产国际交流建议书》,文化财产的外延范围广泛,既包含文学艺术作品,也包括历史传承的物质与非物质性文化遗产,甚至还包括了被人类赋予文化价值的自然物②,但其内涵却明确得单纯,即"人类创造与自然进化的表达与见证(expression and testimony)"。③

---

① 参见宋慧献:《版权保护与表达自由》,知识产权出版社2011年版,第25—26页。
② 《文化财产国际交流建议书》第1条解释:"'文化财产'应该被理解为人类创造与自然进化的表达与证明,按照某些国家的主管机构的观点,它具有或可能具有历史、艺术、科学或技术上的价值和重要性,其中包括下列类型:(a)动物、植物和地质标本;(b)考古文物;(c)具有人类学意义的物品和资料;(d)美术作品和实用艺术作品;(e)文学、音乐、摄影和电影作品;(f)档案和文件。"
③ 其实,见证(testimony)也是传递信息和意义的表达。

3. 文化法调整对象的核心是文化利益关系

泛泛而言,法律的调整对象是社会生活,而其核心是人们在社会生活中形成的利益关系——即法律上的权利与义务关系。同理,文化法的调整对象则是人类在文化活动中形成的文化利益关系。法律上的文化利益关系是指,文化活动参与者就文化利益分配而建立起来的法律关系,具体而言,是在作品、信息与相关产品、服务之生产、提供、传播与获取过程中依法形成的公民、法人与管理者之间的权利/权力与义务关系。

由于文化活动以表达为对象和基础,文化活动参与者的作为或不作为必然影响表达的提供或使用,并对相关他人享有的文化利益产生积极或消极影响。为增进社会公众的文化利益,国家依法赋予公民、组织和政府以作为或不作为的权利/权力和义务,在他们中间形成可影响个人或公众文化利益分配与享用的权利/权力与义务关系。由此,在文化法所确立的文化法律关系中,权利/权力的享有、行使以及义务或责任的履行,可能增益或限制个人享有以及社会共享的文化利益。

既然文化活动的本质属性在于精神价值性,文化利益的实质就在于这种利益是一种精神利益和价值,文化法对这种利益的分配做出调整。文化活动可能包含多方面的利益关系,但它们并非都属于文化性的利益关系。有些作为或不作为直接影响着当事人或公众的文化利益,从而具有文化属性,需要以专门的文化法做出调整;有的利益关系则只是普通的人身或财产关系,应该由其他相关法律进行调整。比如,文化机构聘用员工可以适用劳动法、购买设备可以适用合同法;在消费者个人购买图书的过程中,买卖双方须遵守普通的合同法、税法等;艺术家财产保护适用民法、家庭关系适用家庭法——这些都不是文化法的调整对象。比较而言,为促进文化发展而设立、授予文化基金,为扶持文化机构而确立特别的税收比例,都将有助于促进文化事业发展;国家为鼓励文化消费而在文化服务行业实施低税率;新闻报道对他人名誉的侵害涉及特殊的责任规则;文化遗产的跨国境买卖等,这些领域都需要以特别的规则加以调整,属于文化法的调整范围。

值得特别注意的问题是,教育与科学活动包含着文化价值与利益,并与各类媒介不可分离;旅游活动给旅游者带来非物质的精神利益;电视机等电器是人们从事文化活动不可缺少的工具,其生产与提供影响着文化价值与利益的实现——所有这些领域是不是文化法的调整对象?我们的答案是否定的。

文化活动必须能够促进文化价值和利益,但并非所有促进文化价值的活动都是文化活动;文化活动需以信息表达物为媒介和对象,但并非所有以信息表达物为媒介的活动都属于文化活动。判断一项活动是否具有文化属性,需要综合考虑各种因素。教育与科学活动虽然借助于信息媒体,但其主要活动与实质功能不是信息的表达、传递与获得;旅游虽可带来非物质的精神利益,但旅游本质上是一种身体活动,而不是以信息传递与表达为内容的精神活动;电视机生产与销售等经营行为不涉及信息生产与提供,只有通过电视机的信息获取、文艺欣赏才是文化活动。

结语

综上,在文化人类学的视域内,"文化"一词泛指一切人类社会性现象,具有外延宽泛的特点,文化法的调整范围仅仅是其中的一部分。具体而言,文化法的规范对象只能限于文化事业、文化产业意义上的文化现象,这种现象是一个系统:所有文化现象的核心是一种抽象的"文化物""表达物",是具有认知功能、内容指向的人造符号(即作品);同时,文化也表现为以该符号为载体、对象和基础的各种文化活动、相关工具、设施和机构等。另外,通常所谓文化事业与文化产业相当于"内容产业",而不包括旅游、体育等;它与所谓创意产业也非同义,不包括软件产业等。由此,文化法所调整的文化现象的外延范围大致应包括:(1)文学艺术作品或产品,以及其他类似于作品的信息载体;(2)作品、制品或产品的创作、制作、生产与传播;(3)文学艺术作品的表演;(4)各类从事上述活动的机构、组织等;(5)从事各类文化活动的物质性设施等。[①]

作为文化法规范功能的直接对象,人类文化活动以上述所谓文化物为核心和载体,是为实现人类精神性需求,公开提供、传播、获取、利用作品或其他表达与信息,以及对其实施管理的活动。文化活动包括多个层次,(1)其核心层是自然人创造、欣赏和传递文艺作品或其他信息的文化精神活动;(2)外部层则包括文化机构生产、提供或传播文化产品、设施或服务的文化事业活动;(3)和政府干预社会文化活动、尤其是文化事业活动的文化管理活动。在参与多层次文化活动的过程中,个人、机构和政府相互之间形成了影响文化利益分配与享用的权利/权力与义务关系,它们是文化法所调整的文化法律关系。

---

① 有关论述可参见拙文《论文化法的调整对象》,载《新闻爱好者》2015 年第 7 期。本书已对该文的观点和表述做较大修改。

第二章 文化法的体系构成与规范属性

法律调整的对象领域及其法律关系即法律的客体决定着法律规范体系的构成以及规范属性。在厘清文化法的客体之后,我们可以进一步厘定文化法的本体,也即文化法律规范体系的构成,并讨论文化法律规范的属性。

一、文化法律的体系构成

法律体系是全部法律规范按照特定逻辑构成的系统整体。依据各类法律规范相互组合的逻辑关系,法律体系可以分解为不同的构成部分。法律体系最为常见的分解方式,是以法律规范的对象即权利义务关系为依据。文化法的规范对象是文化活动中围绕文化利益形成的权利/权力与义务关系,其法律体系就是由确认、限定以及实现文化利益即文化权利,并调整由此产生的权利义务规范所构成。

依据上文所述,文化法所调整的利益关系,是参与文化活动的个人、组织和政府相互之间发生的权利/权力与义务关系。其间,不同的主体占据不同的法律地位、享有不同的权利/权力,并承担着相应的义务与责任。由此,不同文化活动主体及其行为规范体系便构成了文化法中的不同门类。

进而,沿着从客体到本体,也即从利益关系到规范体系的逻辑轴线,我们将文化法的规范体系的构成分解为:文化权利法、文化管制法与文化促进法;在现实的法律实践中,基于文化法律调整对象的领域划分,文化法又常常被划分为:各类文化机构法即媒体法、文化遗产法、文化财政法、文化交易法、文化侵权法以及文化产权(著作权)法等。当然,各部门的规范之间又往往呈现相互交叉的关系。

(一)文化利益享有者的地位与行为:文化权利法

一切法律的宗旨都是为了协调利益,并最终实现各方三体之利益的最大化。如前文所述,广义的文化活动包括文化精神活动、文化事业活动和文化管理活动。但是,文化活动的核心是自然人的文化精神活动,其他文化活动都是为了实现自然人参与文化精神活动的利益,即文化利益。鉴于文化利益对于人生的重要性,为了保障并促进文化利益的实现,法律认可并保护自然人享有一种基本权利,即文化权利。

基于文化权利法,任何个人,应该享有参与文化生活、获取文化产品与服务、利用文化设施的权利——包括自由权和受益权,他人不得干预,而政府则负有保护、保障与促进这些权利的义务。

为了更大程度地实现公民个人参与文化活动的利益,他们可以成立文化机构。这些机构作为个人群体参与文化活动、享用文化权利的代理人,也被法律拟定为文化活动主体,间接享有公民个人所享有的文化权利。

鉴于文化权利的基本性,它被置于宪法基本权即人权的地位,文化权利法便属于宪法的范畴,文化法的整个制度都要以此为基础。我国《宪法》第47条对文化权利做出了明确规定:"中华人民共和国公民有进行科学研究、文学艺术创作和其他文化活动的自由。国家对于从事教育、科学、技术、文学、艺术和其他文化事业的公民的有益于人民的创造性工作,给以鼓励和帮助。"此外还有多个条款为文化权利的实现做出了相关规定。

文化权利包括文化自由权和文化受益权。前者是指公民享有参与文化活动的自由,他人不得干预;后者是指公民应该能够现实地参与文化生活、接触作品、产品及文化各种设施和服务,国家有义务为此提供保障。在宪法承认文化权利的基础上,政府需要为保障公民文化权利的实现采取立法等措施。在我国,《公共文化服务保障法》的立法宗旨就是为了保障公民文化权利能够得到切实实现。

(二) 文化活动中的政府介入:文化管制法与文化促进法

自然人的文化权利需要得到保障和落实,文化机构的设立与行为应该受到规制,全社会的文化事业需要得到促进,为此,政府对于文化活动的介入就成为必要。政府的介入属于管理行为——包括管制与促进,其具体实施需要得到宪法与法律授权,并受到必要的法律规制,这就有了文化管理法或称文化规制法,具体可分为文化管制法与文化促进法。

政府对文化的介入是从外部对文化现象发挥影响,具体可区分为两个方面:文化管制与文化促进,二者分别从相反的方向、以不同的方式影响文化,产生两种不同的法律效果。具体而言,文化管制是对文化活动实施约束、限制,目的在于使文化活动与发展遵循社会认可的秩序;而文化促进是对文化活动与文化事业进行扶助、支持、推动,即政府以积极措施促进全社会文化利益最大化,包括保障公民的文化获取与参与,推动文化活动、发展文化事业。

当然,无论是文化管制法还是文化促进法,在文化法治的环境下,其最终目标终究具有一致性:促进文化事业在法治轨道上获得良性发展,保障、落实公民文化权利,实现文化正义。

在我国法律制度上,《公共文化服务保障法》以"加强公共文化服务体系建设,丰富人民群众精神文化生活"(第1条)为目的,属于文化促进法的范畴;《电影产业促进法》宣称其宗旨在于"规范电影市场秩序,丰富人民群众精神文化生活",内容上包含了管制与促进两类规范,属于综合性的文化规制法。另外,我国更多的文化法规大都具有综合性,但以管制性规范为主,如《出版管理条例》《广播电视管理条例》等。

一般来说,根据各个文化领域自身的特点,政府要为其实施不同的促进措施。但是,某些领域的文化促进极其重要,需要政府予以特别重视,法律也需要为此实行特殊的法律规制,如文化财政与文化遗产保护。

1. 政府资助活动:文化基金法、文化税法。在政府实施的文化促进活动中,财政和其他形式的资助占据重要地位,甚至处于文化促进的核心地位。政府的文化资助活动通过各种类型的财政措施,为公共文化服务提供经济支持,并引导文化产业沿着利益最大化的方向发展。这种财政活动主要包括:直接的政府资金资助、设立文化基金、采取特殊的税率以及相关的融资手段等。国家为文化资助活动进行法律规制,就形成文化财政法、基金法、税法。

2. 文化遗产的保护与交易规制:文化遗产法。如今,文化遗产法已经成为当代文化法中的一个相对完整、成熟的领域。文化遗产保护领域通常被划分为两个小部门:物质性文化遗产保护和非物质性文化遗产保护,在我国,其对应的部门法分别是《文物保护法》和《非物质文化遗产保护法》。

(三)文化机构的成立与行为规制:文化机构法(传媒法)

如上述,文化机构是自然人的延伸和代理。但是,文化机构毕竟属于人的组织,而不能被等同于自然人,不能完全拥有自然人的法律地位;与此同时,文化机构一旦成立便成为独立的实体,并独立从事媒体活动;媒体甚至还会发展成为被代理人的异己,反过来损害被代理人的利益。所以,文化机构的设立与行为都应该受到特别的法律规制,即依法为其设定权利界限和行为准则。这就产生了一个独特的法律规范门类:文化机构法或称文化传媒法。

文化机构法的核心内容主要是文化机构的设立、组织和行为等方面的法律规范,就其属性而言,这些规范大都可以被分别归入文化管制法或促进法的范畴。

纵观现代各国的立法实践,没有哪个国家制定专门的"文化管制法",少数国家制定了文化促进法(如瑞士、韩国),还有少数国家颁行了统一的大众传媒法(如俄罗斯)。而更多的立法体例是就某些具体的文化与媒体部门制定专门的单行法,较多见的是广播电视法、电影法、图书馆法等。这种做法与文化媒介领域的特点直接相关,即文化与传媒机构因文化载体与运营方式的不同而形成各个部门和行业,它们包括印刷出版、广播电视、电影、网络、艺术表演、图书馆与博物馆等,由此便产生了与此对应的部门法。而成文法形式的大众传播法、文化促进法等,只是最近时期才出现于个别国家。

(四) 文化市场利益调控法:著作权法

在文化的产品化与市场化的过程中,文化活动参与者之间的利益需要协调,而其间利益秩序的平衡也将有利于文化事业的繁荣。为此,政府实施了著作权法,向文化创作者以及其他为文化事业做出贡献的人赋予著作权(包括有关的权利)。

著作权法直接的功能是保护文化贡献者的利益,主要包括作者权、表演者权、录音录像制作者权、广播电视制作者权等。但著作权法所内含的最终目标是促进文化繁荣。所以,著作权法可谓文化促进法之延伸。

立法形式上,现代国家几乎都已颁行了著作权法。

(五) 文化活动中的民事侵权行为:文化媒体侵权法

文化活动属于一种表达和传播行为,其中常常包含对事实信息的传递、对他人或机构的评价,其间很有可能使用或影响到他人的个人信息、私隐生活、商业秘密、名誉和荣誉评价等。因而,文化活动常常发生民事侵权,即侵犯其他自然人或机构组织的人格或商誉、商业秘密等。

文化媒体侵权法属于侵权行为法的范畴,因而要适用一般侵权法规范;但是,这种侵权又与新闻报道、文艺创作等密不可分,其法律救济往往可能需要适用特殊规则。为此,法学理论与法律实务中,媒体侵权法具有一定的特殊性,也常常被视为传媒法的重要组成部分。

立法形式上,媒体侵权行为往往是一般侵权法的一部分;在实行欧陆法律模式的背景下,它们都被规定于民法典的侵权法部分。

(六) 特殊文化物品交易活动:文化交易法

普通文化物品交易,如图书等与其他普通物品无异,适用一般法律即可。但有些文化商品具有特殊属性和特征,尤其是文物、书画原稿等,其交易活动可能需要适用特殊的法律规制,而且还可能涉及特殊的担保、拍卖、融资、真伪鉴定以及保险与安全保障等。这就需要发展特殊文化物品的交易法规范。[①]

---

① 比如,美国高校的文化与艺术类法学教材一般都涉及相关议题,参见 Patty Gerstenblith, Art, Cultural Heritage, and the Law: Cases and Materials, Carolina Academic Press, 3th edition (2012); Robert C. Lind etc., Art and Museum Law: Cases and Materials Carolina Academic Press。

综上,一个逻辑清晰、结构严整的文化法律体系展现在我们面前:围绕文化活动及其中存在的利益关系,基于依法协调各方利益并实现其最大化、维护文化正义之基本宗旨,(1) 文化法应该以保障、实现文化权利为元点和终点(文化权利法),允许并规制文化领域的管制与促进行为;(2) 以文化管制维持良性的文化秩序(文化管制法);(3) 促进文化事业发展(文化促进法);(4) 在市场经济背景下,各类文化活动主要通过文化机构/媒体来展开,于是产生了对这类机构实施专门规制的领域法即文化机构法(传媒法),法律实践与学术研究中,文化机构法又常常被区分为广播电视法、电影法、图书馆法等;(5) 比较突出的是,政府资助在文化促进中占据特别重要的地位,并成为很多国家促进文化事业的主要措施。政府资助需要特别的法律规制,这就产生了文化财政或基金法、税法;(6) 在现代社会,一个特殊的文化领域越来越重要——即文化遗产,它要求政府实施特殊的积极干预措施,尤其是保护文化遗产,由此产生了文化遗产法——即文物保护法和非物质文化遗产法;(7) 作为国家协调文化市场利益、推动文化繁荣的重要手段,现代社会为文化创作与传播者提供著作权保护,这就有了著作权法;(8) 文化表达与传播活动往往引发侵犯他人人格权益(如名誉权、隐私权等)的行为,有关法律规范是一般侵权法在文化领域的适用;(9) 特殊类型的文化物品交易需要适用特殊的法律规则,于是就有了文化交易法(如艺术品交易法、文物交易法),它们主要是普通契约法在文化艺术领域的延伸,既要遵循契约法的一般规则,也具有自身的特殊性。不过,著作权法等三类法律规范属于普通民商法的组成部分,能否被纳入文化法的框架下,值得进一步讨论。

二、文化法律体系的属性

这里所谓法律体系的属性,或称法律的体系属性,具体是指某部门法所调整的法律关系的性质。法律关系可以区分为纵向和横向两种法律关系。纵向法律关系是不平等的法律主体之间发生的权力服从关系,行政法律关系是其代表;横向法律关系是平等的法律主体之间存在的权利义务关系,即民事法律关系。基于法律与法学体系性的需要,以纵向法律关系为调整对象的规范体系被称为公法,因为它关乎公权力;以横向法律关系为调整对象的规范体系则被称为私法,因为它仅仅处理私人关系;囊括纵向和横向两种法律关系,既涉及公权力、又处理私人利益关系的规范体系可称为综合法。

那么,理解文化法的体系属性,就需要考察该法律体系所调整的法律关系的性质:文化活动中围绕文化利益的法律关系是发生在平等主体之间、还是涉及不平等的两类法律主体?

(一) 广义文化法:公法与私法的综合

上文分析显示,文化法律客体包含了纵向与横向两种法律关系。

一方面,文化权利作为公民的基本权利得到宪法的明确确认和保护;政府应为保护和实现文化权利采取积极措施;而为了维护文化正义,政府还在必要时对文化权利和文化活动实行约束和限制。由此,在公民、法人广泛参与的文化活动中,政府实施必要的行政管理行为,从而在公民、法人与政府之间形成了纵向法律关系。

另一方面,公民或法人具有从事文化活动的权利和自由,任何他人不得干预;否则,妨碍他人从事文化活动、损害他人相关利益如著作权、人格权的行为构成侵权,可以得到民法救济;公民或媒体之间可以进行各类交易,如著作权许可与转让、文物交易等,此种交易行为属于民法调整的范围。这些侵权与交易行为所形成的法律关系都属于平等主体之间的权利与义务关系。

由此可见,文化法既调整政府干预文化活动的纵向法律关系、也面对着公民或法人之间的横向法律关系,同时包括了公法与私法两类法律规范。因此说,文化法具有综合法的属性。

(二) 狭义文化法:公法意义上的文化法

虽然我们承认,文化法的规范对象包含文化活动中形成的一切法律关系,属于综合性法律体系,但在文化法的学科建设上,我们更主张一种狭义的文化法学科:不包含文化私法规范的文化公法,即文化宪法与文化行政法。

坚持狭义文化法,有利于实现文化法学研究的体系自足性与学科独立性。

法律实践中,法律部门的划分以法律规范体系的逻辑关联性为依据。在现行法律体系中,著作权法调整作品或有关制品的市场利用所产生的法律关系,作为知识产权法的一部分,已经是民法体系下的独立门类。媒体侵权法还不足以构成独立的学科,因为它是民事侵权责任法律规则在文化传媒领域的延伸;文化交易行为应该适用契约法以及有关商事法的一般规范,二者都属于民法或商法的一部分。因而,任何专门的文化立法没有必要也不可能就这些文化法律事项做特别规定。否则,只能造成立法、乃至法律适用的混乱。

文化领域的私法规范既是私法体系的一部分,其学术研究也属于独立的民法学科体系的一部分。将文化公法与私法纳入同一个法学科学,难免会干扰文化法学科的逻辑一贯和体系性。

总之,在我国现行法律与法学体系中,公法与私法的划分既是法律实践的基本框架,也是法学研究基本思维模式,试图将两种法律规范并入一体的做法必然造成体系性混乱。为此,本书采纳狭义文化法的视野,仅将文化领域的公法规范纳入文化法的范畴,具体包括文化的宪法与行政法规范。继而,从法律规范的属性上来看,公法意义上的文化法规范体系可以被分解为三大领域:文化权利法、文化管制法和文化促进法。

文化宪法是指文化领域的宪法规范,或者说是宪法上的文化规范。现代国家的成文《宪法》大都承认文化权利属于所有公民平等享有的基本权利。文化权利首先属于文化自由权,同时也被逐渐扩展及于范围广泛的文化受益权。

宪法虽被称为国家的母法、基本法,但在公法与私法的框架下,宪法被视为公法。这是因为,宪法是关于国家构成及其各部分之关系的规范体系,尤其是,宪法具体规定了政府部门的权力、义务和责任范围。宪法中的文化条款也是公法性质的规定,因为宪法要求政府承担起尊重并保护公民文化权利的责任;同时,为促进文化受益权的实现,宪法又赋予政府以权力和义务。

文化行政法是政府对文化活动实施行政干预时遵守的法律规范。为履行宪法义务,政府必须干预社会文化活动,甚至要对文化权利进行必要的限制,由此就在政府与公民或法人之间形成纵向的行政法律关系,其有关的法律规范就构成文化行政法。文化行政行为主要包括文化管制与促进,前者限制公民权利,后者则保障、促进文化事业,并确保公民文化受益权的实现。

现实中,我国已经颁布的《文物保护法》《非物质文化遗产法》《电影产业促进法》和《公共文化服务保障法》就属于文化行政法。

本书研究框架以文化公法的体系构成为基础,其研究内容也仅及于文化宪法与行政法律规范。

第三章 文化法的基本原则

导语:以文化权利为逻辑起点

法律是体系性的规则总和,而法律的基本原则是法律价值和目的的集中体现,是制定并实施法律规则的指导性准则。麦考密克说:"法律原则正是规则与价值的交汇点。"① 按照德沃金的"整体性法律观"(law as integrity)②,法律是由明示的法律规则和暗含的原则、政策所构成的统一整体,也就是说,法律的要素包括规则、原则和政策。所以,基本原则的确定与遵守对于任何法律的制定与执行,都是至关重要的。作为对文化活动——尤其是文化市场行为和文化行政行为实施调控的法律规范,文化法律实践——尤其是立法与执法,也必须遵守一定的原则。

截至目前,我国文化领域立法偏少,存在大量盲区,这与我国大力推进文化发展的实践不相适应。近年来,随着我国文化事业与产业的活跃与发展,在国家有关部门以及学术界开始重视文化立法、开展相关研究的时候,文化立法的基本原则问题引发不小的意见分歧。③ 但是,文化立法只是文化法治之一部分,后者作为一个法律部门或领域的法律实践,其整体上所应遵循的基本原则尚未受到我国学界的充分重视。我们以为,截至目前的研究远未深入文化法律精神的实质性内核。比如,肖金明教授曾将文化法的原则概括为"文化权利保障、政府主导与社会参与结合、市场化与政府规制协调和综合效益等原则"④,但是,政府如何主导并规制、政府主导与社会参与如何结合、市场化与政府规制如何协调、如何理解综合效益等,仍需遵循更内在的、体现文化事业实质的法律原则。

作为贯穿于文化法之规则制定与实施的根本准则,文化法基本原则的确立

---

① 转引自〔英〕彼得·斯坦、约翰·香德:《西方社会的法律价值》,王献平译,中国法制出版社2004年版,第365页。
② 参见〔美〕罗纳德·德沃金:《法律帝国》,李常青译,中国大百科全书出版社1996年版,第201页。
③ 相关意见参见石东坡:《文化立法基本原则的反思、评价与重构》,载《浙江工业大学学报(社会科学版)》2009年第2期;陈柳裕:《文化立法研究:共识、争议、进展及其评判》,载《浙江工商大学学报》2012年第5期。
④ 肖金明:《文化法的定位、原则与体系》,载《法学论坛》2012年第1期。

首先要以该法的法律宗旨为基础,同时要尊重文化现象的自身规律、合乎公共管理的原则、遵守产业与市场准则,并需要体现特定时期的文化政策及其背后的价值目标。所有法律均以保护权利为直接或间接目的,即使是以市场调控、行为管制、产业促进等为直接目的的法律,其最终的法益目标也必定归结于公众权利与利益的保护。文化法的基本宗旨是保护文化权利,文化法基本原则的确立也需要以此为基础。依照一般法理,文化权利可区分为消极的文化自由权和积极的文化实现权(或称文化受益权),而文化自由权属于最基本的权利。进而,文化法的逻辑原点应该是文化权利,尤其是文化自由权。所以,文化法的第一原则就应该是尊重和保护文化自由;自由之后则是文化利益的切实实现即受益,故其第二原则便是文化利益切实、公平享用的原则。现实中,文化权利和利益的切实、公平享用需要国家参与,且国家参与越来越重要,甚至成为必须,于是就需要确立文化产业促进原则、文化多样性原则。文化领域毕竟不同于产业经济,在就各种文化现象进行价值判断与利益选择时,文化法必须尊重并保障文化的精神利益、道德价值,即必须坚持精神价值优先的原则,即使对于营利性导向的文化产业,法律也需要以精神优先原则予以规制。这便是本章所要论述的文化法的五项基本原则:文化自由原则、切实公平享用原则、产业促进原则、文化多样性原则和精神价值优先原则。① 另外,在文化全球化进程中,国际文化交流背景下的文化主权论也影响到国内文化法律实践,作为文化多样性的辅助原则,文化主权原则也已得到了国际社会的肯认。

文化法是国家保护文化权利、规范文化现象的一切法律规范之总和。文化法广泛涉及宪法、行政法以及私法规则,从而表现出明显的综合性特征,也被某些学者归入社会法的范畴。② 同时,作为文化法的规范对象,"文化"是一个外延范围广泛、甚至难以厘定的综合性现象,世界上没有哪个国家或地区制定统一的文化法典,而大都针对具体的文化部门进行单独立法,如文化遗产法、文化促进法、博物馆与图书馆法、电影法以及著作权法等。可以肯定,统一的文化法典的制定既是不可能的、也是不必要的。而本书所谓"文化法",所指也是各种相关规范的总和,文化法基本原则就体现在所有这些规范的制定与实施过程中。

一、文化自由:文化法第一原则

文化自由(freedom of culture)是公民从事一切文化活动的前提、基础,它的实现还影响着文化产业的发展,所以,文化法最基本的法益目标就是要确保公民

---

① 有关论述参见宋慧献、周艳敏:《论文化法的基本原则》,载《北方法学》2015 年第 6 期。
② 参见肖金明:《文化法的定位、原则与体系》,载《法学论坛》2012 年第 1 期。

不受妨碍地从事一切文化活动。这就是文化自由原则,它是文化法律实践的第一原则。保护文化自由权的深层法理基础是尊重人,尤其是"文化人"全面发展的需要以及文化活动的自身规律;其规范依据则是基本法以及国际人权公约的规定。

不少学者对文化权利进行了深入探讨,但鲜有人明确讨论文化自由。其实,就学者们所广泛展开的论述而言,文化自由已被默示为文化权利最基础的部分,文化法的首要目的即是保护这种自由。比如,我国学者称:"公民所享有的文化权利内容极其广泛","通常包括公民个人的表现自由、创作自由、发表意见的自由、追求美感和精神愉悦的自由、从事科学研究的自由、充分发挥个人精神人格力量的自由、宗教信仰自由、语言文字自由、文化娱乐的自由,等等。"[①]笔者以为,该论者所列举的这些权利内容应该被称为文化自由,而不宜使用宽泛的文化权利概念。对于不同的权利,国家往往要承担不同的法律或道义责任,并采取不同的法律措施,或消极的尊重、被动救济、或积极促进等。而文化权利是一个范围庞杂的权利集束,无论就法理抑或法律实践而言,区分文化自由与文化权利,尤其是在消极与积极的意义区分两种不同的文化权利,有着至关重要的理论与实践意义。相反的,将文化领域的一切权利融入一炉,甚至将知识产权包含其中,其理论与实践意义并不太大。对此可参见本书其他有关章节的论述。

按照一般权利哲学,自由权包括消极自由和积极自由,与之对应,文化自由权可分为两个方面:第一,法律应承认并保护公民的文化自由,并明定救济措施,使其免遭来自他人,包括公权力的干预;第二,政府应该采取积极措施,甚至提供各种物质条件,使公民的文化自由权得到现实的、充分的实现。而本章所谓文化自由原则,仅就前者即消极性自由而论。对于积极意义上的文化自由与权利在文化法上的地位,则另作讨论。

在规范对象上,文化自由权的客体范围与公民文化活动的内容等同,也就是说,公民在事实上可以从事的一切文化活动都属于文化自由权的法律范围,应受保护。这样,参照有关论述以及文化实践,消极意义上的文化自由权大致包括:创作自由、表演自由、传播自由、文化信息与成果获取自由、文化结社自由等。

就主体而言,文化自由首先,并在根本上属于自然人享有的权利;同时,为了充分保障、实现自然人的文化自由,法律也将该自由权赋予法人或其他组织。也就是说,承认各类组织享有文化自由,以确保、促进自然人文化自由利益的实现。

我们视文化自由为文化法的第一原则,显示出文化自由在文化法益中所占

[①] 莫纪宏:《论文化权利的宪法保护》,载《法学论坛》2012年第1期。

据的至上地位。因为文化自由属于基本人权[①]，无论文化法要确保、促进的权利和利益有多少类型、多么重要，而文化自由始终是其中最为核心的权利。对于文化领域其他权利、利益的实现，文化自由发挥着基础性门槛的作用，比如，文化产业的繁荣、文化多样性的实现，乃至著作权利益的实现等，都需要以文化自由为前提。在文化大发展、文化全球化的今天，国家以及国际社会虽有必要对文化产业和市场做出规制，进行倾向性引导，也有必要对公共文化事业提供资助、扶持，但一切消极或积极性的干预或给付行为均不得违反文化自由的基本原则。

国际规范性文件为此提供了注脚。2001年联合国通过的《世界文化多样性宣言》（下文简称《文化多样性宣言》）第5条明确规定，文化权利（cultural rights）"是人权的组成部分，它是普遍的、不可分割的和相互依存的"，"所有人都有权以其选择的语言，特别是用其母语来表达自己、创作并传播自己的作品"，"在尊重人权和基本自由的情况下，所有人都有权参与他们选择的文化生活，从事其文化实践"。可以看出，这里所谓文化权利正是文化自由的权利，即一种免于妨碍的消极性自由权。然后，2005年《保护和促进文化表现形式多样性公约》（下文简称《文化多样性公约》）将文化自由权视为保护和促进多样性的前提，并将"尊重人权和基本自由的原则"规定为公约的第一指导原则，凸显了文化自由的基础性地位。《文化多样性公约》序言指出，"文化多样性因思想的自由传递而加强，并因文化间的不断交流与互动而得到滋养"，"思想、表达与信息自由，以及媒体多样性，使文化表达得以在社会上繁荣发展"；其第2条规定，"只有确保人权，以及表达、信息和交流等基本自由，并确保个人可以选择文化表现形式，才能保护和促进文化多样性。任何人都不得援引本公约的规定侵犯《世界人权宣言》规定的或受到国际法保障的人权和基本自由或限制其适用范围"。

而《世界人权宣言》是最早要求将文化自由作为一项基本人权加以确认的。其第27条第1款规定："人人有权自由参与社会的文化生活，享受艺术，并分享科学进步及其所生利益。"其后，更具规范效力的《经济、社会和文化权利国际公约》第15条第1款做出相同规定："缔约各国承认，人人有权（1）参与文化生活；（2）享受科学进步及其应用所产生的利益"；该条第3款又规定，"缔约各国保证，尊重科研和创造活动所不可缺少的自由"。可以说，以《世界人权宣言》为基础的国际人权约法已将文化自由权的保护作为一项人人普遍享有、平等保护的基本人权，受到世界范围的普遍认可。

文化自由也已经成为大多数国家宪法上的基本权利。在国内法上，通常认

[①] 《经济、社会和文化权利国际公约》已将文化权利规定为人权类型之一，但国际人权学界对此意见不一。我们以为，就每个自然人都享有的文化自由，以及与之紧密相关的表达自由、宗教自由等而言，文化自由权理当属于基本人权。

为,1919 年德国《魏玛宪法》最先确认了文化自由权的保护,其第 142 条规定,人民享有"艺术、科学及其学理的自由",国家应予保护并培植。同时,第 118 条规定,公民有用语言、文字、印刷、图书或其他方法,自由发表其意见的权利。晚近时期的宪法规定可见 1982 年的《葡萄牙共和国宪法》,它全面而系统地肯定了文化权利作为基本权利的地位。其第 42 条规定了"文化创造的自由",即"思想、艺术与科学创作自由",其中包括进行科学研究和发明的权利,创作和发表文学艺术作品的权利。

我国现行《宪法》第 47 条规定:"中华人民共和国公民有进行科学研究、文学艺术创作和其他文化活动的自由。"

另外,文化自由还可以通过其他自由权得到保护,这就是所谓文化自由与其他自由权的交叉与竞合。各国宪法以及国际人权约法规定的表达自由为文化自由的实现提供了保障。如《世界人权宣言》第 19 条规定:"人人有权享有主张和发表意见的自由;此项权利包括持有主张而不受干涉的自由,和通过任何媒介和不论国界寻求、接受和传递消息和思想的自由。"《公民权利和政治权利国际公约》第 19 条第 2 款有关表达自由的表述更能凸显文化自由的特征:"……包括寻求、接受和传递各种消息和思想的自由,而不论国界,也不论口头的、书写的、印刷的、采取艺术形式的、或通过他所选择的任何其他媒介。"此处,"书写的、印刷的、采取艺术形式的、或通过他所选择的任何其他媒介"本身即是文化的构成方式。

文化自由与表达自由的关系不难理解。表达可以采取任何方式,从口头到外在物质性媒介;而以"书写的、印刷的、采取艺术形式的、或通过他所选择的任何其他媒介"进行表达,其结果往往形成文化成果,即各类文艺作品及其表演。所以说,文化是表达的外在方式或产物,表达自由意味着文化自由,反之亦然。可以说,在一定意义上,文化是表达的下位概念,而文化自由亦即表达自由的重要部分。在实践中,如没有表达自由,就无从达到文化自由;如反对文化自由,也等于不要表达自由。

同样的,各国内宪法和国际公约有关思想、良心和宗教以及教育自由的规定,也都可以作为文化自由的辅助性保障。

"非歧视原则"(non-discrimination)是文化自由原则的一种表现形式。该原则禁止一切意义上的文化歧视(包括来自政府的歧视性待遇),如歧视少数族群文化、在政治或经济上对某些文化内容或形式采取不公平立场等。

"依法规制原则"(governance by law)是文化自由原则的另一种形式。在现代法治国家,国家不得任意限制公民的文化自由,所以,前现代时期习见的文化控制已经罕见于现代法治社会。《德国基本法》第 5 条在规定"出版自由及广播与电影之报导自由应保障之"的同时,规定"检查制度不得设置"。但是,现代国家并非不能对文化活动实施任何规制行为,只是须严格依法进行,并符合必要性条件,包括为了保护他人权益如人格权、保护公共利益如国家安全与社会公德等。《公民与政治权利公约》第19条第3款是这方面的代表性规范,其中规定,对于表达自由的限制,"只应由法律规定并为下列条件所必需:(1)尊重他人的权利或名誉;(2)保障国家安全或公共秩序,或公共卫生或道德"。

二、切实、公平享用原则

国家要保证,并在必要情况下促进全体公民切实并公平地参与文化生活、享用文化利益,这就是文化法上的切实公平享用(actual and equitable access)原则,其中包括两个层面:切实享用即享用文化的权利和自由不只是法律上的可能,而且也是现实中的事实;所谓公平享用是指,包括所有地区与阶层、所有经济与生理状态的所有公民,都能够平等地、无差别地参与文化生活、享用文化利益。而切实与公平的文化享用都需要政府承担起积极作为的义务。

上文所述文化自由属于一种消极性权利,他人和政府不得妨碍、政府必须依法保护公民自由参与文化活动;而人人切实并公平享用文化则具有积极权利(positive right)的意味,因为政府应该为此负有积极义务(positive duty),采取积极的法律和措施,促使每个公民能够实际地享有文化利益;对于文化活动中的弱势群体,政府还需采取必要的差别措施,帮助其平等地、无差异地享用文化利益。①

传统政治哲学与法学理论对消极自由和积极权利做出区分,目的在于强调消极自由的重要性,避免公权力的积极作为损害到公民的基本自由。依据此种法理,消极意义上的文化自由以及相关的表达自由保护等被奉为至上,国家不得采取任何措施干预公民的文化活动自由,同时,国家也没有义务促进文化活动。所以,较早时期的国内宪法很少为国家规定积极实现文化权利的义务,更没有规定促进文化产业发展的国家责任,如美国、法国宪法等。

但在现代社会,由于社会与经济发展的复杂性,人们逐渐认识到,为了让所有人能够切实而公平地享受其基本权利,在防止政府干预公民自由的同时,应该让政府承担起积极作为的义务,满足公民实现其基本权利的需要。这正是第二代人权即经济、社会与文化权利得到广泛认可的社会背景。1966年通过的《经济、社会和文化权利国际公约》第15条第1款规定了文化自由权之后,第2款规

---

① 西方人权学者们认为,"对公民权利来说,主要强调的是免受国家干预的自由;对经济、社会和文化权利来说,考虑的主要因素是诉请国家对有关权利的保护和帮助"。我们认为,两种意义上的文化权利都是存在的,或者说,文化权利包含这两方面的法律效力。参见国际人权法教程项目组编写:《国际人权法教程》,中国政法大学出版社2002年版,第8页。

定,"缔约各国为充分实现这一权利而采取的步骤应包括为保存、发展和传播科学和文化所必需的步骤",第 4 款又规定,"缔约各国认识到鼓励和发展科学与文化方面的国际接触和合作的好处",就体现了国家积极义务原则。

按照人权学者提出的人权实现方式,国家承担着多层面的人权义务,即尊重(respect)、保护(protect)、满足(fulfill)或确保(ensure)、促进(promote)。如果说上述文化自由原则要求国家承担起尊重并保护公民自由从事文化活动的义务,切实公平享用原则就对国家课以确保和促进的义务,即要求国家采取必要措施,促进文化权利的充分实现。① 由此,随着文化权利被国际社会接受为一项基本人权,在当代法律实践与文化政策背景下,为了确保和促进公众文化权利的实现,国家被赋予了积极的文化义务,从而为文化法律实践提出原则性要求,即遵循文化产业促进原则、文化多样性原则等。

一般认为,《魏玛宪法》已经涉及文化事业发展中的国家义务,其第 142 条规定,"国家应保障对学术研究的保护与支持",为国家承担文化义务奠定了基础。德国联邦宪政法院的解释认为,《德国基本法》第 5 条为科学和艺术自由规定了正面客观权利,德国政府因此有责任保证并维持科学和艺术繁荣的环境。② 到了晚近时期,受世界人权运动的影响,新诞生的宪法大都规定了促进文化发展的条款。比如,1978 年《西班牙宪法》序言规定,"推动文化和经济的进步以保证所有人良好的生活质量",其"公民权利与义务"标题下的第 44 条规定,"公共权力推动并监督所有人有接触文化的权利""公共权力为总体利益促进科学和科学技术研究"。1982 年《葡萄牙宪法》尤为突出,其第 9 条规定的国家任务包括"通过经济与社会结构的改造与现代化……有效实现经济、社会、文化与环境权利",它还专门设立一节"文化方面的权利与义务",规定"与媒体、文化协会与基金会、文化娱乐机构、文化遗产组织、居民组织和其他文化机构合作,促进文化民主化,鼓励并确保全体公民享用文化娱乐与创造成果"(第 73 条)。

我国《宪法》在文化方面着墨颇多,以多个条款表明国家负有确保、促进公民切实、公平地享用文化利益的义务。比如,"国家……逐步改善人民的物质生活和文化生活"(第 14 条第 3 款);"国家发展社会主义的教育事业,提高全国人民的科学文化水平"(第 19 条第 1 款);"国家发展为人民服务、为社会主义服务的文学艺术事业、新闻广播电视事业、出版发行事业、图书馆博物馆文化馆和其他文化事业,开展群众性的文化活动。"(第 22 条第 1 款);"……国家对于从事教育、科学、技术、文学、艺术和其他文化事业的公民的有益于人民的创造性工作,

---

① 政府"实现"积极权利的义务表现为两种方式,即协助和直接提供。参见国际人权法教程项目组编写:《国际人权法教程》,中国政法大学出版社 2002 年版,第 6 页。
② 张千帆:《西方宪政体系》(下册),中国政法大学出版社 2005 年版,第 421 页。

给以鼓励和帮助"(第 47 条)。

在实践中,无论宪法是否包含明确的义务规定,各国经常采取各类积极措施,以切实保障公民文化权利的实现。这些措施大致包括两大类,即提供文化服务和促进文化产业,其中,政府直接创办或资助、具有非营利性的公共文化机构与设施常被我们称为文化事业;而营利性文化机构、文化的市场供应则多被我们称为文化产业(参见有关部分的阐述)。无论是对文化事业还是文化产业,各国为了依法进行常态化提供或支持,大都制定了相关法律以作为保障。

"公共文化服务是实现公民基本文化权益的主要途径","被视为政府公共服务的一部分,是政府主导、社会参与形成的满足公众文化需求、保障公众文化权益的各种公益性文化机构及服务的总和"。[①] 作为公共文化服务的核心载体,各国均通过政府创办或出资,设立了各种各样的文化设施,由广大民众免费或低价享用。这些设施主要包括公共图书馆、博物馆、各类文化馆、科技馆、剧院以及公共电台电视台等。不少国家专门制定公共图书馆法、博物馆法或文化基金法等。

在西方,法国是采取政府直接资助公共文化事业的代表,它所采取的政策模式被称为政府主导、文化政策中心型。[②] 近代法国之所以被称为西方文化的中心,得益于法国政府对文化事业的全面支助。比如,1660—1680 年间,路易十四相继创立舞蹈学院、挂毯制作坊、铭文经石学院、绘画和雕塑学院、科学院、巴黎天文台、音乐学院、建筑学院、巴黎喜剧院等国家资助和管理的文化机构。[③] 1959 年,现代法国成立文化事务部,职责是"使最大多数法国人能够获得人类、尤其是法国的文化杰作,确保他们对我国文化遗产的兴趣,支助精神创造以及使之丰富充实的艺术作品"[④]。为此,法国政府制定了一系列促进文化成果享用的政策。比如,在"文化遗产日",博物馆等文化设施免费向公众开放;法国各地都建有公共图书馆,居民可免费借阅,临时居住的外国人也可办证借阅馆内藏品。[⑤]

而在文化领域贯彻自由主义的美国政府主要以间接方式支助非营利性的文化事业。1965 年,美国通过《艺术与人文基金法》(National Foundation on the

---

① 夏洁秋:《文化政策与公共文化服务建构》,载《同济大学学报(社会科学版)》2013 年第 1 期。
② 根据日本学者的研究,国际上促进文化产业发展的典型模式有三种:第一种是以美国为代表的民间主导和产业政策中心型;第二种是以法国为代表的政府主导和文化政策中心型;第三种是以韩国为代表的政府主导和产业政策中心型。参见中国社科院文化研究中心文化产业促进法立法研究课题组:《"促进法"视角中的文化产业概念》,载《中国社会科学院院报》2008 年 5 月 8 日第 7 版。
③ 参见田珊珊:《法国的文化政策:一个基于民族文化视角的研究》,载《法国研究》2010 年第 2 期。
④ 1959 年 7 月法国政府令(Decree n° 59-889, of 24 July 1959),该法令被称为"(文化部)创建令(founding decree)"。
⑤ 刘志华、刘慧:《基于效率的文化软实力研究:国外经验及借鉴》,载《理论与现代化》2008 年第 2 期。

Arts and the Humanities Act),创立国家艺术基金会与国家人文基金会,成为美国政府资助文化艺术的主要渠道;同时,美国较多地依靠对非营利性文化机构的税收政策来间接支持文化事业。

公平享用原则是平等权在文化领域的体现,它要求国家在提供公共文化服务时要做到人人平等。然而,由于客观存在的主体差异,如不同公民因地区、种族、贫富以及知识状况等差别,导致某些公民参与文化活动、享用文化利益的主观能力与客观条件不足,使其无法像其他公民那样切实享用文化利益,国家便有责任以法律或政策手段予以帮助。20世纪60年代,法国文化部建立之后,便采取了所谓文化民主化(cultural democratisation)政策:使法国公民广泛获取优秀文化与文艺杰作。[1] 针对法国重要文化设施多集中于巴黎的现状,当代法国政府实施文化分散(cultural decentralisation)政策,将文化资金、设施等分散到各地,20世纪90年代中期以来尤其如此。希拉克1995年上任总统后不久即宣布,在他任职期间,不再在巴黎开工大型文化工程,文化部也宣布,此后10年政府文化投资的2/3用于外省,重要文化设施大部分建于外省。分散政策的目标是要实现三个平衡:巴黎与外省的平衡、城市与农村的平衡、市区和郊区的平衡。[2] 德国政策要求政府平等保护各类艺术,禁止区别对待;宪政法院指出,"艺术与科学的园林之树,必须具备同样机会以开花结果"[3]。

在我国,《宪法》规定,"国家根据各少数民族的特点和需要,帮助各少数民族地区加速经济和文化的发展"(第4条第2款)。我国台湾地区"文化创意产业促进法"专门为特殊群体的文化享用创造了特殊法律机制,这包括:"政府应于高级中等以下学校提供美学及文化创意欣赏课程,并办理相关教学活动"(第13条),"'中央'主管机关得编列预算补助学生观赏艺文展演,并得发放艺文体验券"(第14条),营利性单位为弱势团体捐赠者、为偏远地区文化创意活动而捐赠者,可享受税收优惠(第26条)。

为了实现文化事业大发展,我国于2012年颁布的《国家"十二五"时期文化改革发展规划纲要》正是本着切实、公平享用这一原则,提出了构建公共文化服务体系的目标,即"按照公益性、基本性、均等性、便利性的要求,以公共财政为支撑,以公益性文化单位为骨干,以全体人民为服务对象,以保障人民群众看电视、听广播、读书看报、进行公共文化鉴赏、参与公共文化活动等基本文化权益为主要内容,完善覆盖城乡、结构合理、功能健全、实用高效的公共文化服务体系";其

---

[1] 参见 Council of Europe/ERICarts:"Compendium of Cultural Policies and Trends in Europe",14th edition 2013,available from World Wide Web:〈http://www.culturalpolicies.net〉. ISSN:2222—7334,最后访问时间:2016年10月10日。
[2] 王海冬:《法国的文化政策及对中国的历史启示》,载《上海财经大学学报》2011年第5期。
[3] 张千帆:《西方宪政体系》(下册),中国政法大学出版社2005年版,第421页。

实现方式包括,"加强文化馆……等公共文化服务设施……建设并完善向社会免费开放服务"。我国于2016年底通过的《公共文化服务保障法》充分体现了保障公民切实公平享用文化利益的基本原则。该法本着政府责任、政府主导、政府支持的原则,以满足公民基本文化需求为主要目的,要求加强公共文化服务体系建设,确保向全社会提供公共文化设施、文化产品、文化活动以及其他相关服务;同时,鉴于现实中存在的地区、民族、人群等各方面的实际差异,该法采取差异对待的措施。

另外,作为特殊法律领域,著作权制度的设计也体现了公平享用原则。其主要表现是,各国法律和国际公约都为特殊群体的文化享用规定了著作权限制制度。比如,为确保残疾人士的文化享用,《欧盟信息社会著作权指令》序言要求,"在任何情况下都很重要的是,成员国要采取必要措施,为遭遇残疾的人士提供享用作品的便利"。依照《美国著作权法》,复制或发行已经出版的非戏剧性文字作品,如果是以特殊格式复制或录制,专门为盲人或其他残疾人所使用,则不构成侵权。[①] 这一例外规定只适用于"其首要任务是为盲人或其他残疾人提供涉及培训、教育或适应性阅读或信息获取特殊服务的非营利机构或政府部门"[②]。我国《信息网络传播权保护条例》也规定,以盲人能够感知的独特方式向盲人提供已经发表的文字作品,只要非以营利为目的,就属于合理使用,无需经过授权或支付费用。

一些国家的著作权法还就少数族群规定了必要的文化差异政策。如我国《著作权法》第22条第1款第(11)项规定,将中国公民、法人或者其他组织已经发表的以汉语创作的作品翻译成我国少数民族语言文字作品,在国内出版发行的,属于合理使用,无需经过授权、不必支付费用。

三、文化产业促进原则

为了切实而公平地实现公民的文化权利,在提供公共文化服务的同时,现代国家也采取积极的法律与政策措施,促进文化产业的繁荣发展。这便是文化产业促进原则(promotion of culture industries),即国家通过法律或政策措施,积极推动文化产业的发展和文化市场繁荣。显然,促进文化产业原则属于切实而公平享用原则的衍生性原则、工具性原则。[③]

文化发展与繁荣既包括文化表现形式的多样性,也包括全面提高文化成果、

---

① 《美国法典》第17编第121条。
② 《美国法典》第17编第121条(d)。
③ 需要说明的是,文化产业是文化事业之一部分,或可称其为文化事业的实现方式。

文化设施质量与数量,公民参与文化生活的人数、次数与积极性以及文化产业规模与产值等。由于国家直接提供公共文化服务的能力有限,文化产品与服务的市场供应便成为满足公众文化需求的重要源头。"'文化产业'是指生产和发行……文化产品或服务的产业"①,具有投资性、营利性。政府固然不得任意干预文化产业的市场运行,但是,为了达到文化产品与服务的市场供应最大与最优化,在必要且合法的情况下,国家可以对文化产业采取多种多样的辅助性促进措施,尤以财政资助措施为普遍采用的方式。其中,财政收入阶段的资助形式包括优惠税制、豁免国有资产收益、免除部分行政费用等,包括所得税、营业税和增值税在内的税收优惠是最主要的;财政支出领域主要通过专项资金来实现资助,比如在欧洲国家,专项资金主要包括文化产业投资基金、融资担保基金、奖励基金以及海外市场拓展基金等。②

按照法国 2012 年 2012—776 号政府令第 1 条,文化部职责之一,就是要"为了文化遗产的创造和传播,促进文化产业、新技术发展,推动文化数字内容与服务"。法国在促进文化产业方面采取的直接性措施包括:税收激励——对媒体、图书、广播电影和录音业减少增值税;电影和视频游戏的课税减免;建立国家图书中心、国家电影中心和国家流行音乐中心,通过税额再分配机制支持相关产业;对小微企业进行特别资助;1981 年实施图书定价制度,并推广至数字图书(2011)。③ 进入数字化时代,法国政府的举动令世界文化界瞩目。2010 年 9 月,法国文化部宣布,法国将正式启动"文化、科学和教育内容数字化"工程,总预算为 7.5 亿欧元,75% 用于项目投资,25% 用于资助部分科研计划。④ 为促进电影产业,德国专门制定《联邦电影促进法》(Federal Film Promotion Act),并设立电影促进中心(Film Promotion Agency),任务是"为促进德国电影,也为完善德国电影经济结构"提供措施,全面支持德国电影的利益。该中心 2005 年用于电影制作等活动的经费达 7.74 千万欧元。同时,德国电影还受到联邦文化与媒体事务委员的支持,后者每年为德国电影奖以及电影制作等投入 1.3 亿欧元。即使是在发达国家瑞士,虽然各方对于文化的国家支助一直存有争论,最近几年却也日益认识到文化产业促进的意义,并于 2012 年开始实施《联邦文化促进法》

---

① 《文化多样性公约》第 4 条。
② 参见郭玉军、李华成:《国际文化产业财政资助法律制度及其对中国的启示》,载《河南财经政法大学学报》2013 年第 1 期。
③ 参见 Council of Europe/ERICarts: "Compendium of Cultural Policies and Trends in Europe", 14th edition 2013, available from World Wide Web: ⟨http://www.culturalpolicies.net⟩. ISSN: 2222—7334,最后访问时间:2016 年 10 月 10 日。
④ 朱晓云:《法国文化数字化有大动作以 7.5 亿欧元投资未来》,载《中国文化报》2010 年 9 月 30 日。

(Federal Law of Cultural Promotion)。[①]

与法国等大陆法系国家的文化政策不同,美国在文化产业支助方面采取了民间主导、产业政策中心型模式。对于营利性文化产业,美国政府并不采取特殊政策;但对于非营利性文化生产与服务机构如艺术表演团体、博物馆与图书馆等,除了少量的引导性资助外,主要借助税收政策达到间接资助。比如,按照美国《联邦税法》,非营利性文艺团体和公共电台电视台等免征所得税;同时,为非营利性文化机构提供赞助的纳税人可享受税收减免优惠。[②]

近年来,在国际社会日益注重文化产业发展、强调文化软实力的潮流中,一些国家和地区制定专门的政策或法律,授权政府采取一定的措施和手段,促进文化产业发展。其中尤为突出的是,韩国于1999年通过《文化内容产业振兴基本法》,2002年又通过了《网络数字内容产业发展法》,显示了其促进文化产业的决心。

我国台湾地区于2010年通过"文化创意产业促进法",其明确的宗旨是促进文化创意产业之发展,建构具有丰富文化及创意内涵之社会环境,积极开发市场(第1条)。为此,该法规定了促进文化产业的政府责任:政府应致力于发展文化创意产业,保障其发展所需经费;台湾发展基金应拨付一定比例投资文化创意产业。该法还创设了一系列"协助及奖补助机制",如奖励或补助民间提供空间,设置文化展演设施(第16条);主管机关应协调相关机构,建立文化企业投融资与信用保证机制,并提供优惠措施引导民间资金投入;鼓励企业投资文化产业,促成跨领域经营策略与管理经验之交流(第19条);协助文化企业塑造国际品牌形象、开拓国际市场(第20条);以出租、授权或其他方式,提供公有文化资产如其管理的图书、史料、典藏文物或影音资料等(第21条)。

按照一般法理以及各国法律政策,著作权法的价值目标虽然具有多元性,如尊重作者的人格与财产利益等,但从宏观上看,促进文化发展是其中至为突出的部分。著作权制度的基本逻辑在于,通过鼓励作者创作与产业投入,达到文化产品与服务的社会最大化,即文化市场繁荣。这一理念一直得到各国法律的贯彻,成为人类已实行300多年的著作权法律实践的基础。比如,世界第一部现代著作权法即1710年英国安妮女王令的实际名称就是《知识促进法》。[③] 1787年诞

[①] See Council of Europe/ERICarts: "Compendium of Cultural Policies and Trends in Europe", 14th edition 2013, available from World Wide Web: ⟨http://www.culturalpolicies.net⟩. ISSN: 2222—7334, last visited Oct 10, 2016.
[②] 参见张慧娟:《美国文化产业政策及其对中国文化建设的启示》,中共中央党校2012年博士学位论文。
[③] 这部法令更为冗长的全称是《通过授予作者及购买者就其已印刷成册的图书在一定时期内之权利以促进知识的法》(A Bill for the Encouragement of Learning by Vesting the Copies of Printed Books in the Authors, or Purchasers, of such Copies, during the Times therein Mentioned)。

生的《美国宪法》包含一个著作权条款(copyright clause),依其规定,著作权保护的目的是"促进知识和实用性技术之进步"[①]。如今,我国《著作权法》开宗明义地指出,著作权立法的目的在于鼓励作品的创作和传播,促进文化和科学事业的发展与繁荣(第1条)。基于此,知识产权法学者往往将著作权法视为国家文化产业促进政策的法律实现方式之一。[②]

不过,促进文化产业只是文化法上的一种工具性原则,即以此达到其他原则的实现。由于文化产业化本质上被认为具有反文化的倾向,故必须注意该原则与其他原则之关系。

四、文化多样性原则

文化多样性原则就是要求文化表达领域的价值多元、思想自由得到尊重、保护甚至鼓励,防止因任何原因或力量(包括商业、政治势力)造成的文化表达领域的单一化、趋同化。随着2001年《文化多样性宣言》和2005年《文化多样性公约》的通过,文化多样性(diversity of culture)已经成为国际社会之共识。如今,无论国际与国内层面,文化多样性都已经成为文化规范与政策活动的重要原则。在这里,我们主要从国内文化法律实践的角度论及文化多样性的意义及其适应中需要注意的问题。

按照国际公约,文化多样性是"指各个群体和社会用以表达其文化的多种不同的形式",它"不仅体现于人类文化遗产通过多种文化表现形式得以表达、弘扬和传承的多样方法,也体现于用各种手段和技术进行艺术创作、生产、传播、销售和消费的多种方式"。[③] 就文化法律实践的角度言之,文化多样性应该是以文学艺术作品或产品、表演或其他行为为基础载体的各种文化现象之表现形式、思想观念等所具有的差异性、个性化的群体特征。基于此,保护文化多样性,就是要承认、尊重每个人、每个群体有权以任何方式、尤其是以其所属传统的语言文字与艺术形式、风格表达他们的思想、情感与价值观;同时,国家有义务以法律措施保护并促进这种权利的实现。这样,在对文化事业和文化产业进行法律规范的领域,范围广泛的文化多样性可以通过文学艺术现象与活动方式的多样性得到实现。但无论如何,文化多样性原则所适用的对象范围虽然以作品、产品等表达为核心,却也辐射到了更大的范围,及于文化人类学、社会学意义上的文化。在文化多样性宣言中,文化是一个外延宽泛的概念,其序言指出,"应把文化视为某

---

① 原文是"*The Congress shall have Power …… To promote the Progress of Science and useful Arts*",美国宪法第1条第8款第八项。
② 参见吴汉东:《利弊之间:知识产权制度的政策科学分析》,载《法商研究》2006年第5期。
③ 《文化多样性公约》第4条第1项。

个社会或某个社会群体特有的精神与物质,智力与情感方面的不同特点之总和;除了文学和艺术外,文化还包括生活方式、共处的方式、价值观体系、传统和信仰"。同样,《文化多样性公约》的宗旨也是要在范围更大的文化、价值观等方面达成相互尊重、宽容和共识。

关于文化多样性的意义,人类学者指出,"文化的歧义多端是一项极其重要的人类资源。一旦去除了文化的差异,出现了一个一致的世界文化——虽然若干政治整合的问题得以解决——就可能会剥夺人类一切智慧和理想的源泉"[①]。国际规范文件有着相同的认识。《文化多样性公约》序言指出,文化多样性"是人类的规定性特征",它"构成了人类的共同遗产,应该为全人类的利益而受到珍爱和保存",它"创造了丰富多彩的世界,增加选择之范围、滋养人类之能力和价值观,因而成为各社区、民族和国家持续发展的主要源泉",它"系地方、国家和国际层面之和平与安全所不可或缺",它"对于充分实现《世界人权宣言》和其他公认的文书所主张的人权和基本自由"具有重要的意义,也"是让个人和民族得以表达并与他人分享思想和价值观的重要因素"。

自有人类以来,全球文化的本来面目就是丰富多彩的,文化多样性也不存在任何问题,也不曾指望法律保护。但是,随着文化产业的全球化扩张,人类文化面临着趋同化、单一化的危险,原本如此的文化多样性便成为了一个紧迫的问题。这便是文化多样性原则最直接的现实出发点。"文化的多样性确认了各种文化之间是平等的,没有占统治地位的文化。"[②]联合国教科文组织助理总干事汉斯·道维勒称:"自1945年成立至今,联合国教科文组织始终拥护我们所谓的'具有成效的文化多样性',并且提供激发文化多样性的方法和途径。"[③]2001年和2005年先后通过的《文化多样性宣言》和《文化多样性公约》最具标志性意义。

在国际上,为推进文化多样性最着力的国家当属处于特殊文化背景下的法国。除了贸易利益上的考虑,法国的重要动机是阻止美国文化产业的国际扩张及其带来的文化趋同甚至"文化侵略"。因为即使在曾经的西方文化之都法国,来自美国的电影、音乐和电视节目已经占据了大半江山。早在1993年乌拉圭回合多边贸易谈判时,针对美国提出的开放文化市场的要求,法国提出文化例外(cultural exception)政策,反对将文化产品与一般商品等同,允许自由流通。2001年联合国教科文组织大会上,法国进一步提出了文化多样性原则。2003年第32届联合国教科文组织大会上,法国建议制定一项有关文化多样性的国际公约。很快,法国的倡议逐渐获得大多数国家的支持,直接推动了《文化多样性公

[①] 〔美〕罗杰·M.基辛:《当代文化人类学概要》,北晨译,浙江人民出版社1986年版,第283页。
[②] 肖云上:《法国为什么要实行文化保护主义》,载《法国研究》2000年第1期。
[③] 〔德〕汉斯·道维勒:《文化多样性与新人文主义》,载《联合时报》2012年10月26日第5版。另参见吴汉东:《文化多样性的主权、人权与私权分析》,载《法学研究》2007年第6期。

约》的诞生。

维护文化多样性可依靠国家化的政策保护、本土化的自我意识、个体化的自由选择等途径[①]，而最为有力、奏效的，还是由国家制定法律和政策。这也是《文化多样性公约》得以出台的旨归所在。

保护文化多样性，首要的是在各个文化体之间实现文化上的对等交流，并给予必要的政策支助。按照《文化多样性宣言》第 6 条，要促进所有人享受到文化多样性，因而，"务必使所有的文化都能表现自己、宣传自己"；同时，像表达自由、传媒多元化、语言多元化一样，"艺术、科技知识（包括数字形式）的平等享有，以及所有文化都有利用表达和传播手段的机会"，均是对文化多样性的保证。在具体措施上，不同社会群体，包括少数民族和原住民的特殊情况和需求应该得到国家应有的重视；保护、促进创作者能够从境内外获取各种不同的文化形式；国家应确定国内面临消亡、受到严重威胁、或需要紧急保护的文化表现形式，并给予保护以使之保留。[②]

《文化多样性公约》第 1 条在阐述文化多样性指导原则时明确提出并界定了公平享有原则（Principle of equitable access），即"平等享有全世界丰富多样的文化表现形式……是增进文化多样性、促进相互理解的要素"。同时，该条第 3 项规定的所有文化同等尊严和尊重原则则是公平原则的另一种体现："保护与促进文化表达多样性的前提是，承认包括少数民族和原住民的文化在内的所有文化，都具有同等尊严、受到同等尊重"。这样，文化多样性原则也内含着文化无歧视原则，即所有族群的所有文化形式与内容都应得到国家的同等尊重、保护和促进，不应有差别对待。

另一方面，文化遗产是历史流传的、具有灭失危险的人类文化成果，是人类文化多样性的重要体现。早在有关《文化多样性宣言》与《文化多样性公约》出台之前，人类已经为文化遗产保护进行了努力。按照《保护世界文化和自然遗产公约》，那些罕见且无法替代的文化遗产对全世界人民都是很重要的（序言）；有关国家有责任竭尽全力，最大限度地利用其资源，保存其国内文化遗产，并遗传后代，必要时还须利用所能获得的国际援助和合作（第 4 条）。可以说，文化遗产是文化多样性的历史之维，它旨在防止传统文化边缘化，并拯救某些面临灭绝风险的文化形式。

如今，很多国家和地区的宪法和法律都明确规定了有关文化多样性以及文化遗产保护的国家义务。我国《宪法》规定，"国家保护名胜古迹、珍贵文物和其他重要历史文化遗产"（第 22 条第 2 款）。我国为此先后制定了《文物保护法》和

---

① 单世联：《全球化时代的文化多样性》，载《天津社会科学》2005 年第 2 期。
② 参见《文化多样性公约》第 5~8 条。

《非物质文化遗产法》。我国台湾地区将文化多样性原则明确写入了"宪法",其第 10 条规定,"国家肯定多元文化,并积极维护发展原住民族语言及文化"。法律层面,台湾地区"文化资产保存法"所明定的宗旨即在于"保存及活用文化资产,充实居民精神生活,发扬多元文化"。

广泛的文化多样性还应该包含媒体多元化(media pluralism)和内容多样性(content diversity)。像促进文化产业一样,国家乃至国际社会都应为此有所作为。20 世纪 70 年代,国际社会曾提出并讨论建立信息与传播新秩序,以维护国际信息流通之平衡。[①] 国内层面上,法国政府特别重视全面性的文化多样性建设,法国视听监管委员会(*Conseil supérieur de l'audiovisuel*,CSA)于 2007 年成立了一个负责多样性的工作组和一个多样性观察室,帮助 CSA 负责媒体多样性问题。CSA 每年都要就法国电视领域的多样性问题向国会提出报告。2010 年,法国电视界设立了法国电视多样性奖(France Télévisions Prize for Diversity),奖励三部相关主题的电视片。

值得关注的是,1988 年加拿大通过《多元文化主义法案》(Canadian Multiculturalism Act),是世界上第一部全面贯彻文化多样性的国内立法。该法第 3 条明确宣称加拿大国策是"认可并促进如下观念:文化多元主义反映了加拿大社会的文化与种族多样性,并承认所有社会成员可自由保持、促进和分享其文化遗产。"

另外,人们还在国际法原则的基础上提出了文化主权原则(cultural sovereignty),即各国政府有权对其境内文化事务做出决策、采取措施,其他国家和组织不得干预。在一般意义上,一个国家的政府对其境内一切事务享有主权,包括文化方面的决策与规制,所以说,文化主权原则的提出似乎显得并无必要。其实,文化主权是一个具有特殊语境的概念,这就是,在文化全球化背景下,为了阻止全球文化的趋同与单一化,抵御经济优势国家的"文化霸权""文化侵略",人们在呼吁文化多样性的同时,试图借文化主权论,捍卫主权国家的文化自决,达到维护文化多样性的目的。这样,文化主权原则既赋予主权国家以文化权力,也使其负有文化义务。

国际社会两个多样性文件也为文化主权原则提供了最好的注脚。2001 年《文化多样性宣言》第 10 条间接表达了文化主权原则的基本理念:"面对目前世界上文化物品的流通和交换所存在的失衡现象,必须加强国际合作和国际团结,使所有国家,尤其是发展中国家和转型期国家能够开办一些有活力、在本国和国际上都具有竞争力的文化产业。"到了 2005 年的《文化多样性公约》,主权原则便被明确列为该公约的指导原则之一(第 2 条)。该公约还规定,根据《联合国宪

---

① 参见肖恩·麦克布莱德主编:《多种声音,一个世界》,对外翻译出版公司 1981 年版。

章》国际法原则及国际公认的人权文书,各国拥有"制定和实施其文化政策、采取措施以保护和促进文化表现形式多样性及加强国际合作的主权"(第5条)。

文化主权原则虽然是一个国际法概念,但这一原则的贯彻必然影响到国内的文化决策。其中尤为突出的是,一国政府可以为了维护本国文化多样性生态,尤其是为了延续、弘扬境内民族艺术形式,可以采取各种必要措施,包括经济措施、管制手段以及教育途径等。比如,欧洲国家对电台、电视台的节目播放实行配额机制,以提高本地影视和音乐的播出份额。法国规定,电台播放的歌曲中,法语作品须占40%以上,其中须有50%是新作品或新秀作品,40%的播出还须安排在收视高峰时段。也正是由于欧洲国家以文化主权原则规范、支助其国内文化,才使得全世界观众能在好莱坞之外看到更多的风格迥异的影片。

需要注意的是,文化主权原则的目的是为了促进本国民族艺术形式,进而促进文化多样性。如果一国滥用主权,采取文化强制,就有可能背离文化多样性这一目标原则,甚至违背文化形式无歧视以及文化自由原则。

五、精神价值优先原则

文化属于精神现象,具有超越产业经济利益的精神价值,国家应承担责任,为文化提供经济资助,同时要防止文化产业化损害文化的精神价值;在文化的精神价值与经济利益发生冲突的情况下,应该优先保证前者的实现。这就是文化法上的精神价值优先原则(priority of moral value),它同时也体现了文化特殊性原则。

历史地看,所有国家、所有时期都曾基于文化对人类精神、道德层面的影响而规制文化。在专制时代,这种规制被称为审查、压制。在现代法制时代,出版物审查固然已被取消,但人们都不会罔顾文化的精神与道德影响。只不过,政府为精神价值而进行文化规制的方式、程度有了实质性变化,即更多采取正面引导、并以经济手段激励优秀文化;而对消极性文化现象,则根据情况采取相应的消极性措施。

文化的功能在于,通过信息的传播与接受,让人们获取知识或获得审美愉悦,最终发挥全面的社会功效,从真、美、善三个方面塑造人格、凝聚社会。可是,产业与经济具有物质利益驱动性。而文化被产业化、成为一个经济部门之后,难免被作为获取物质利益的工具,并要服务经济规律、市场规则,使其作为文化的本体功能和作用面临弱化甚至瓦解的危险。对此种现象,20世纪初期的法兰克福学派曾经做出尖锐的批判。

1944年,法兰克福学派思想家霍克海默提出"文化产业(culture industry)"

一词,并进行了淋漓尽致的批判。① 在他们眼里,文化产业最突出的特点是造成文化的商品化、标准化。"商品化的艺术拜伏于交换关系下,被娱乐的光晕所笼罩,而娱乐工业又促使人们进入商品世界。商品拜物教体现为一种无生命的性感,这正是资本主义文化的幻景。"②文化产业将文化纳入商品交换的轨道,受市场规律支配,尊奉消费至上原则,并将娱乐消遣视为文化的主要价值;同时,标准化的文化产业按照一定的标准、程序,进行规模性文化产品复制。这样,在文化产业背景下,文化产物不再是艺术品,而是一种精神快餐。文化所特有的精神价值、人文价值被消解,文化被整体性地推向单调平庸。文化产业煽动人们的低级趣味,瓦解其丰富的想象与独立的思维,最终造成现代人人格的片面化。可以说,依照法兰克福学派主流的文化产业观念,"凭借大众传媒、技术理性肆意横行的大众文化体现了技术的异化、文化艺术的异化和人的自我的异化"③。

也许,文化产业几十年的发展已证明法兰克福学派的指责难免言辞过激;并且,现代社会已然无法否弃文化产业所具有的文化价值与经济价值。但是,法兰克福学派的批判对于文化经济发展无疑是一记警钟:如果完全以产业经济利益为核心,文化产业必将损害文化的本性,即其包括真、美、善在内的精神性价值。为此,我们在促进文化产业化发展的同时,必须时刻牢记法兰克福学派的"危言",对文化产业保持清醒的认识。一切经济性数据,如文化商品之产量、文化产业贸易额等的增加,不等于文化繁荣,更不等于文学艺术质量的提高、文化多样性的实现,不等于民众文化素质、教育水准的普遍提高。如果我们面对的只是一个以市场利润为主要标准的文化界,我们得到更多的难免是千篇一律、刺激感官,甚至粗制滥造的娱乐节目,而具有高度审美价值与教育意义的精神性作品会日益减少。为了维护文化的精神性价值,克服产业化之弊,政府有义务采取积极措施,保持文化与产业之间的平衡。

就文化法的基本原则来看,文化产业促进原则只具有实现其他原则的工具性价值。无论维护文化自由、确保切实公平的文化享用,都是基于文化所具有的精神价值,促进文化产业也是为了以产业化的方式实现文化价值的最大化,而文化多样性正是为了满足人类精神的个体性、多元化需求。相反,如果文化以产业经济利益为核心,上述诸原则也将无法得到贯彻。

其实,在发展文化产业已然成为社会共识的时候,决策者们并没有忘记产业化之弊,也为之采取了必要的措施。1982年的墨西哥城的世界文化部长大会

---

① 参见〔德〕马克斯·霍克海默、西奥多·阿道尔诺:《启蒙辩证法》,渠敬东、曹卫东译,上海人民出版社2006年版。在我国,法兰克福学派所使用的 culture industry 一词通常翻译为"文化工业"。

② 薛民、方晶刚:《法兰克福学派"文化工业"理论述评》,载《复旦学报(社会科学版)》1996年第3期。

③ 陈士部:《法兰克福学派批判理论的历史逻辑》,2008年扬州大学博士学位论文。

上,时任法国文化部长杰克·朗(Jack Lang)的发言既预示了创意经济的理念,也强调了这样一种观点:艺术不能被化简为单纯的经济与财政术语。1993年,在乌拉圭回合多边贸易谈判过程中,法国之所以提出文化例外原则,就是考虑到文化产品与服务具有不同于普通商品和服务的特殊价值,不能完全适用一般性的贸易规则。当时,法国国内展开了关于文化特殊性的讨论,主流舆论予以赞同。① 法国当局还说服欧盟其他国家,以文化例外为由,在与美国的贸易谈判中占据上风。1999年11月16日,法国总统希拉克在接见各国文化名人时说:"文化作品,无论什么表达方式,即使具有经济或工业方面的重要性,现在不是、将来也不是等同于其他置于市场规律下的商品,这是一个信念"②。显然,正是基于文化例外和文化特殊性原则,法国才一直采取国家干预型的文化政策,支持文艺创作、规范文化市场。既保持、促进了法国文艺保持其独特风格与繁荣景象,也极大地促进了世界文化的多样性生态。

国际文件方面,《文化多样性宣言》第8条宣称,文化产品和服务属于不同类型的商品,因为它体现了"个性、价值观和意义"。《文化多样性公约》序言沿袭此种说法,承认"文化活动、产品与服务同时具有经济和文化属性,因为它们传递着个性、价值观和意义,因而不能仅被视为具有商业价值"。为此,基于文化与经济的实质性差异,《文化多样性公约》第2条第5项规定了"经济和文化发展互补原则":"文化是发展的主要推动力之一,所以文化的发展与经济的发展同样重要,且所有个人和民族都有权参与两者的发展并从中获益。"

我国政府与文化界一向强调文化之社会效益,其实质正在于文化所固有的精神价值和社会教育作用。作为我国文化发展的基本方针,"正确处理社会效益和经济效益的关系,始终把社会效益放在首位"③所体现的,正是精神价值优先原则。

举今日文化产业为例。促进数字游戏产业成为很多政府的文化产业政策,但是人们必须注意到,电脑游戏的主要受众是青少年,而青少年沉迷于游戏已经成为一个重大的社会难题。为此,国家在促进游戏产业的同时,必须制定相关规则,对游戏业做出必要的规制,以保护青少年利益的人格与道德成长。这正是对精神价值优先原则的体现。

结语:为精神自由筑起符号家园

文化法的五项基本原则相互间并不孤立。法律原则是对法律目的的概括,

---

① 参见田珊珊:《法国的文化政策:一个基于民族文化视角的研究》,载《法国研究》2010年第2期。
② 转引自肖云上:《法国为什么要实行文化保护主义》,载《法国研究》2000年第1期。
③ 2012年《国家"十二五"时期文化改革发展规划纲要》。

是设计、实施法律规则的指导性准则。法律目的纵然多元,也必定是相互协调的整体,否则必定导致冲突。反映法律目的的法律原则同样如此。本章所述文化法的五项基本原则也以各种方式相互协调,构成一个原则体系,共同服务于文化法治目标的达成。

文化自由原则是文化法律实践的逻辑原点,它意味着,无论国家采取何种文化政策、哪怕是为满足公民的文化权利而采取行动,都必须尊重公民最基本的文化自由。就此而言,文化自由是所有个人享有的消极意义上的文化权利。

切实公平的文化享用则是实施文化法律与政策所追求的最终目标。为此,在尊重文化自由的前提下,国家可以采取各种措施,主要包括提供公共文化服务和促进文化产业发展。这在一味固守消极自由主义的政治背景下可能是违反自由原则、因而难以被接受的,但在重视公共福利的现代社会却越来越重要。为了达成这一目标,促进文化产业已经成为市场经济背景下促进文化整体发展的重要工具,且不可或缺。

文化多样性与精神价值是文化的本性、也是文化之人学意义的核心实质。如果文化产业导致文化多样性、精神价值的失却,文化难免会因产业而被异化为反文化,并成为人类的灾难。由此,文化多样性与精神价值优先原则体现的是文化的规律性以及现代社会必须坚持的人本主义精神,应该成为发展文化、实施文化法制的基本原则。

人类文化,尤其是其中的文学艺术,作为"自由的象征",被视为人类的精神家园。[①] 文化是具有认知功能、内容指向的符号系统,通过诉诸人的认知、情感与想象,让人类获得精神感受,从真、美、善等各方面达到人格境界的提升,实现马克思所谓人的解放。而文化法的全部内容和目标,就是要通过一切经济性和规则性手段,帮助人类构筑这样一个释放自由的符号性精神家园。

---

① 参见高尔泰:《美是自由的象征》,人民文学出版社 1986 年版。

第四章 文化法、传媒法:相关术语辨析

论及文化法,无论是进行学术研究,还是从事法律实践,不管它是否被视为一个独立的学科类别或法律部门,第一个需要直面的问题是:"文化法"这个术语与已经存在的相关法律或法学门类名称之间是何种关系,这些名称主要包括:传媒法或大众传播法、出版法、广播法、网络法、新闻法、电影法、艺术法、博物馆法以及娱乐法等。而这实际上又需要弄清楚所涉各个实践领域之间的关系。此前,我国早有学者已经尝试对相关概念进行了区分和选择。①

一、从出版法到传媒法

现代传播史走过了一个从出版到网络的发展历程,至今形成了一个被称为现代传媒的大家族。同样,法律或法学也面对着从出版法到传媒法的过程。

在汉语语境下,出版一词的外延是指包括书籍在内的纸质印刷品的制作活动。按照中国古代使用最久的刻板印刷工艺,印书之前需将内容雕刻于木板,此即为版;活字印刷同样需要制版。到了近代,报纸、期刊、图书等所有印刷品的制作过程被称为出版;后来,音像制品的制作也有一个与图书出版近似的环节,即制备一种静态的固定物,故也被纳入出版物。这样,出版法就是对报纸、期刊、图书、音像等材料的制作即出版过程进行调整的法律规范。

可以作为例证的是,我国国务院颁布的《出版管理条例》第 2 条第 3 款明确规定:"本条例所称出版物,是指报纸、期刊、图书、音像制品、电子出版物等。"与此基本相同,我国台湾地区从民国时期延续下来的"出版法"(已废止)第 1 条和第 2 条曾规定,作为其调整对象的出版品,是"用机械印版或化学方法所印制而供出售或散布之文书、图画。发音片视为出版品",具体分为三类;其一是新闻纸类,包括新闻纸即报纸和杂志;其二是书籍类;其三是其他出版品类,发音片即音乐唱片当属此类。

---

① 如陈根发:《"文化传媒法"比"传媒法""传播法"更切国情》,载《中国社会科学报》2011 年 6 月 14 日第 11 版。

出版形态之后产生的第二大类传播媒介是电子媒介,即广播,它通过无线电波或导线跨越空间播送声音或图像类节目,包括只传输声音的狭义广播与同时性传播声音与图像的电视广播。广播传输信号的技术特性、受众的使用方式与纸媒有着实质性差异,这尤其表现在无线频道占用、广大公众所受影响等方面,故需要设计专门的法律规范,这就是广播(电视)法。

网络是人类社会最新发展起来的新型传播媒介,自其诞生并广泛应用以后,传播方式的特殊性——如传播的即时性、去中心性、主体之间的交互性等,对人类生活产生新的影响和塑造,于是人们就提出了网络法的概念,试图规范通过因特网以及其他各类信息网络(如移动网)传递信息的行为。[①]

从历史的比较来看,出版是现代世界最早的传播媒介,因而也是最早受到法律规制的领域。1662 年通过的英格兰《印刷许可法》(Licensing of the Press Act)曾产生深远影响,但消极的出版管制很快就被出版自由所取代,后来的出版法便以出版自由法为实质特征,如瑞典 1766 年和法国 1881 年先后出台的《出版自由法》。广播技术虽然诞生于现代表达自由的时代,但基于频率有限等属性,广播从一产生便受到特别的法律规制,所以美国的通讯领域至今一直实施的法律就只有《通讯法》(Communications Act,也可译为《传播法》)。新兴的网络法以其技术上的便捷与自由,对传媒生态构成极大的冲击,其依法治理的规则仍在经历着尝试与探讨。

可以说,出版、广播和网络是人类社会迄今拥有的三大类最主要的传播媒介,其间界分明显。相应地,出版法、广播法和网络法就是分别适用于这三大传媒领域的三个法律部门——至少是三个规范门类,其间虽有相同之处,但区分也是显而易见的。

与上述三个法律门类概念并列存在的,还有一个是新闻法,即规范新闻活动的法律规范。

关于新闻一词,有两个定义经常被引用,也最容易被人们理解并接受:"新近发生事实的报道"[②]和"新近变动的事实的传布"[③],它们言简意赅地揭示了新闻的本质属性:(1)最新发生的;(2)事实消息的;(3)传播。事实本身是客观存在的,无论其新与旧,均不以人的意志为转移。所以,作为调整人类行为(包括自然人和组织机构的行为)的法律规范,新闻法所能规范的对象就应该集中于有关事实消息的传播行为,即报道、传递事实消息的行为。因而,就名称而言,新闻传

[①] 国外较早著作如 J. Rosenoer, *Cyber Law*: *The Law of the Internet* (Springer Verlag 1996),中文译本即〔美〕罗森诺:《网络法——关于因特网的法律》,张皋彤等译,中国政法大学出版社 2003 年版。

[②] 陆定一:《我们对于新闻学的基本观点》(1943 年),载陆定一:《陆定一新闻文选》,新华出版社 1987 年版,第 2 页。

[③] 王中:《论新闻》,载《新闻大学》1981 年第 1 期。

法比新闻法似乎更准确。另外,除了以新闻传播行为为核心,新闻传播法的调整对象同时也及于新闻从业者的资格获取与执业规则,权利与义务,新闻机构的成立、拥有及运作等等。

比较来看,出版法、广播法与网络法是以具体媒介为规范对象并命名的术语,其间的区分比较清晰。而新闻是一个抽象性概念,即以新近事实报道为内涵,外延范围则覆盖了一切传播媒介。因为出版、广播与网络三大类、更多种(报纸、期刊、广播、电视、因特网、移动网等)传播媒介都可以传递新闻,新闻传播法的规范对象因而也可以囊括利用所有这些传媒形式从事的新闻活动。在这种情况下,新闻传播法这一概念与其他三个概念之间,至少是一种交叉关系,如果不是覆盖的话。

新闻法调整新闻传播活动,因而,媒体所从事的非新闻性活动似应排除在新闻法之外;但在另一方面,绝大多数媒体(书籍似可除外)都同时从事着新闻与非新闻性的活动(如报纸有新闻版和副刊,广播电视上有新闻报道和文艺娱乐节目,期刊与互联网更是如此)。并且,在媒体传播的众多内容中,人们其实很难、甚至不可能在新闻与非新闻之间划出一条清楚的界线。所以,以纯粹的新闻法来调整各类媒介上的新闻活动而不规范其他活动,同时再以出版法、广播法等调整非新闻活动,这种区分性做法不仅缺乏可行性、必要性,其法律意义究竟有多大,也值得探讨。从而,在现实的法律实践中,将新闻法与出版法、广播法、网络法分立并存,恐怕是不可能的。

在此我们不妨参照几个相关的英文术语。与新闻对应的英文词语首先是 news,其核心涵义是指新近发生的事实消息,不含报道与传播之意。而英文中并未使用 news law 来对应于新闻法,这是因为该法所规范的对象不是消息/news,而是传递新闻的媒介活动,这就有了 press law。但 press law 的汉译一直莫衷一是。纵观传播史,press 一词的外延颇为繁杂,其初始义应该是挤压,近代被用来指印刷机、印刷所以及印刷这种行为,然后又演变为指与印刷相关的新闻、出版等,包括相关机构、行为乃至整个新闻、出版、印刷业界。这样,press law 便可以翻译为新闻法、印刷法、出版法等。而随着现代技术的不断发展,广播、电视等成为新闻报道与信息传播的新媒介。此时,传统的 press 似乎难以全面涵盖新媒体。于是,press 一词在美国法律实践与学术领域得到了两种方式的处理:其一,是扩大解释,使 press 一词包括传统的与现代的一切传播领域,并可据语境做灵活理解。比如,press conference 即新闻发布会、记者招待会,它不只面向纸媒体,但也不能理解为出版会议;美国宪法第一修正案使用的 press 一词被扩大理解为所有的传播媒介[①];其二,是使用新的术语 media(媒体、传媒)或 mass communication(大众传播),用以指称一切传播媒体。这样,英语中就有了 media law,mass communication law,我国将其翻译为传媒法或媒体法、大众传播法。

那么,在大众传播法与传媒法、媒体法或媒介法几个术语之间又该如何选择呢?

简单而言,传媒是指从事传播活动的媒介或媒体,如报刊及报刊社、广播及广播台等;媒介即媒体,而传播学意义上的媒体或媒介即传媒,所以传媒与媒体或媒介三个术语应被视为同义词,实践中似以传媒的使用频率较高。

就词之内涵而言,传播与传媒自然有异。传播是指传递、播发之活动与过程,传媒则是传播的媒介即活动主体,二者不可分离。一般意义上,传播(英文 communication)还是一个外延广泛的大概念,泛指任何人或机构之间、以任何方式进行的信息交流和传递;而大众传播(mass communication)意指以不特定的社会大众为对象、具有巨大传播效应的传媒系统,其中,大众一词表明其面向、影响大众,英文术语 mass 所用一词既指大众,也含有大规模之意。所以,在法律实践与学术中,传媒与大众传播[②]、传媒法(media law)与大众传播法均被视为同义。

综上再作一下比较,出版法、广播法、网络法是以具体传媒形态为基础的单一性部门法名称;传媒法或媒体法与大众传播法同义,是融合了所有具体媒体形态、以其活动即传播信息为基础的综合性名称;而新闻法一词更突出其调整对象的时效性,即时效性强的新闻活动,具有片面综合性,也属于综合性传媒法之一部分。在现实的法律实践中,鲜见哪个国家或地区就所有传媒领域出台单行立法,也只有很少数的国家或地区制定包罗万象的统一传媒法。较多的做法是就具有立法必要的传媒领域出台单行法。美国作为判例法国家自不必说,一部宪法第一修正案适用于所有传媒问题达 200 多年之久,同时也出台了极为个别的单行法,如以《通讯法》规范信息通讯问题。我国台湾地区曾沿袭民国时期的"出版法",历经修订实施之后,于 1999 年宣布该法废止。如今其有关传媒方面的立法主要集中于广播领域,包括"广播电视法""有线广播电视法""卫星广播电视

[①] 美国颁行于 1791 年的宪法第一修正案称,"国会不得制定……剥夺 the freedom of speech, or of the press 的法律",我国早期一般将其中的 freedom of … the press 译为出版自由、报刊自由,也译为新闻自由。但在今天,美国司法与学界已经将 press 的外延扩展至一切传媒,即理解为传媒自由等。比如,对于一部 1956 年出版的新闻学或传播学著作的书名 Four Theories of the Press,我国早期译本将其翻译为《报刊的四种理论》(新华出版社 1980 年版),后来的译本则名之为《传媒的四种理论》(见中国人民大学出版社 2008 年版),其中展示了我国学界对 press 一词理解的变化。

[②] 可以为证的著作有很多,如被媒体宣称为美国权威传播学教材的《今日传媒:大众传播学导论》(第三版)([美]约瑟夫·塔洛著,于海生译,华夏出版社 2011 年版。英文书名 Today Media: An Introduction to Mass Communication),其书名就彰显了大众传播学即传媒学。

法"以及"公共电视法",另有与广播电视有关的条例,同时还有"通讯传播基本法"。

我们认为,上述几个术语——仅作为术语而言——均有其存在的合理性,不同研究者可以在各术语名下研究各有关领域。同时我们也应该注意到,今日大众传播的格局已经迥异于19世纪甚或20世纪前期。在各类传播媒介以及传播行为的融合已是传媒发展大趋势的背景下,一个统一的概念也将成为法律实践与学术研究必要的选择。而新闻法、出版法、广播法与网络法这些术语的适用空间因此也越发缩小,难免日渐淡出。其中尤为值得关注的是,第一,很多国家或地区并未制定专门的新闻法和狭义上的出版法,其原因肯定是无此必要。因为在宪法足以保障新闻、出版自由的背景下,新闻与出版领域既无需管制,也就再无需要特别规范的问题。比如,我国台湾没有"新闻法",而始于民国时期的"出版法"历经几十年后也被废止。第二,较多国家或地区为广播电视领域进行立法,其原因应该是广播电视具有强烈的技术性,同时也衍生出诸多社会性特点,需要依法进行规制。比如在美国,虽无新闻法或出版法,其《通讯法》至为发达,对广播电视诸问题进行了详细规定,管理广播电视的政府机构也占据着重要的地位。第三,在互联网日渐发达、大有让传媒领域重新洗牌的背景下,并没有哪个国家或地区颁行一部详尽的网络法,这是一个值得关注的问题。同时,在互联网全面整合大众传媒的形势下,大众传播领域原有的各部门法以及大众传播法恐怕也面临着再定位的形势。

二、传媒法与文化法

关于传媒与文化各自的构成及其间的异同,我们可以参考相关的学科分类标准。我国教育部颁布的《学位授予和人才培养学科目录》在一级学科文学下设置的二级学科是新闻传播学、中外语言文学、艺术学。而在其下的三级学科层面,新闻学、传播学与艺术学、音乐学、美术学、电影学、舞蹈学以及戏剧学等相并列,属于姊妹学科。我国《学科分类与代码国家标准》则将"新闻学与传播学"并称为一级独立学科。与此同时,在该标准中,研究对象与各类媒介和传播相关的独立学科还包括语言学、文学、艺术学、图书馆、情报与文献学等。表面看来,这些分类方法不无杂乱,甚至含有可能不甚合理之处。其中尤为突出的问题是,将传播学与新闻学合并成新闻传播学,或将传播学与新闻学、文学、各类艺术学等并列为姊妹学科,是否合理? 更不要说将新闻与传播学置于文学之下的做法,恐怕也值得考虑。但这种局面也事出有因。人类学术研究领域日益广泛,且各领域相互交叉、纠缠,当代人已很难像对待传统的数、理、化、生以及语言、史、地等学科那样,对一切研究对象做出绝对明晰的学科划分。

无论如何,上述学科划分凸显了两个领域与学科之间的纠结:即传播与文化。其实,传媒、传播与文化之间,是一种既相同、又有区别的关系,或者说传媒与文化相互交叉或重叠,密不可分。而传媒法与文化法之间,关系亦然。

人类社会的形成、运转及其历史性发展,必定表现为信息的创造、传递、使用、积累与发展,且循环往复、永无止境。自古至今,人类先后使用的传播媒介多种多样。原始性媒介是人自身的身体与动作、口语、歌唱及其他声音;并利用外物创造了绘画、雕塑、器乐等;然后又创造并发展出人工的抽象符号,即语言。至现代,人类利用科技创造了传播媒介,有了印刷、各类电子,有了书刊、广播和互联网等。

从内容与形式的角度来分析,传播活动被区分为两个基本层面,它们不可截然分离:即被传播的信息与传播信息的通道,其中,后者即传播媒介、传媒,而被传播的信息则演化为文化(狭义的)。与这两种要素、两个层面相对应,现代大众传播学的研究对象主要是传播媒介以及传播行为,即从印刷到电媒,从出版到电视台等。同时,传播学研究不关注被传播的内容,如使用语言创作并通过各媒介传播的文学作品、绘画、电影和音乐等。这一层面即传播内容被归入另一个术语的名下,即文化。

但在实践中,传媒与文化之间又有着既分又合、既异又同的关系。面对这种局面,法律与法学的门类划分也难免困惑:是否应该区分出传媒法与文化法两个门类?其间关系如何?

我国学界早已认识到传媒法与文化法之间难解难分的关系,并就术语选择进行了尝试。

有一种观点认为,文化法是传媒法的上位概念。我国台湾的台北教育大学专门设立了自称台湾地区"第一所也是唯一以文教与法律专业整合的法律研究所",即文教法律研究所。其网站介绍说:"文化法所涉及的法律领域极为复杂,从文化产物而论,至少涵盖了宪法、民法、财政法、行政组织法、税法、保险法、文物保护法、知识产权法、公平交易法、消费者保护法、大众媒体法、国际文化法……;假如将文化事务延伸至文化工作者之保护时,更可纳入社会法与劳动法等的项目。"[①]我们暂不考虑其中的芜杂,至少有一点可以肯定,该研究所认为,文化法是一个包含了传媒法的大概念。

我国另有一种观点则将文化与传媒并列,并创立一个新的总括性概念:文化传媒法。有学者著文指出:"'文化传媒法'比'传媒法''传播法'更切国情。"遗憾的是,该文并没有为这种观点进行充分的分析和论证。但它同时也表明了这些概念难以断然取舍及其缘由:"在法律和法学领域,许多学者虽然提出了文化法、

---

① 参见"国立台北教育大学文教法律研究所"网站 http://law.ntue.edu.tw/howto.html。

传媒法或传播法的概念和构想,但鲜于在文化法、传媒法或传播法的连接和一体化上做文章,以致影响了我国文化传媒法体系的构建和发展",其原因正在于"文化与传媒紧密相连,密不可分"。①

相同的观点还表现于有关出版物的编辑上。《新编文化传媒法小全书》一书把我国文化传媒领域的规范性文件划分为:(1)新闻出版;(2)演出与娱乐市场;(3)影视音像产业;(4)文物与艺术品市场;(5)体育;(6)计算机与网络文化市场;(7)广告;(8)著作权与(9)名誉权等九大类。② 这种划分虽然是个大杂烩,但它的观点很鲜明:文化与传媒属于并列关系,故需要以文化传媒法来囊括有关两大领域的法律规范。后来,同一编辑出版者又推出一本《文化传媒法典》③,文化传媒法之名未变,下属的规范性文件的类别略有调整,包含如下七类:即(1)图书;(2)报纸期刊;(3)影视音像与电子出版物;(4)广播、电视、广告;(5)互联网和网络游戏;(6)演出与娱乐场所;(7)文物与艺术品等。与前书不同,该书增加了广播电视类,同时将体育、著作权与名誉权排除在外。其"杂烩"色彩淡化,而文化性更加突出。并且,该书将广播电视纳入新闻传媒法的名下,更表明了其将文化传媒法视为传媒法之上位概念的观点。

截至目前,我们尚未发现国内有学者专门考察文化法的具体内容,但传媒法的研究早已蔚然成风,借此可以旁证传媒法与文化法之关系。曾有学者清理了若干教科书类著述对于传媒法体系构成的论述,其内容尽管可谓混乱,却基本是以传播媒体、尤其是新闻性媒体为中心,很少或不涉及狭义的文化艺术领域。④ 同时,也有学者指出,传媒法"可根据传媒种类的划分,分为新闻出版法律制度、广播法律制度、电视法律制度、电影法律制度、网络法律制度、广告法律制度等领域问题的研究"⑤。国内代表性的传媒法教材的研究对象主要包括表达自由、政务信息公开和国家秘密、大众传播与司法、有害内容的限制、人格权保护、商务信息、版权法等。同时还可能分别考察出版、广播、网络以及电影等。⑥ 总的来看,第一,通常理解的传媒法以传播媒介活动为主体,而狭义的文化艺术很少涉及;第二,其实,这些传媒法所指称的传媒领域其实也都属于文化领域,但学者们却罕有以文化称呼它们。

让我们放眼国外。美国没有成文的传媒法或大众传播法以及文化法。而在学术领域,传媒法与大众传播法学已经相对成熟,而文化法概念虽然少见,其教

---

① 如陈根发:《"文化传媒法"比"传媒法""传播法"更切国情》,载《中国社会科学报》2011年6月14日第11版。
② 参见法律出版社法规中心编:《新编文化传媒法小全书》,法律出版社2007年版。
③ 参见法律出版社法规中心编:《中华人民共和国文化传媒法典》,法律出版社2015年版。
④ 参见李立景:《传媒法学的体系初论》,载《新闻界》2005年第1期。
⑤ 李丹林:《传媒法学学科建设刍议》,载《现代传播》2005年第1期。
⑥ 参见魏永征、张鸿霞主编:《大众传播法学》,法律出版社2007年版。

学与研究却已经展开。

传媒法或大众传播法是美国大学相关专业的重要课程,我国传媒法研究大都整体性地借鉴了美国传媒法研究的基本架构,其研究对象主要包含表达自由及其依法限制、新闻自由与公正审判、信息源保护、淫秽品规制、人格保护与诽谤、版权法、广告法以及电讯管理等。① 文化艺术的名字很少被提及。

同时,美国学术界却也早已开始了文化法的研究,并基本确立其研究内容与学科架构。剑桥大学出版社曾于2010年出版了《文化法:国际、比较与土著》(Cultural Law)一书,将文化法视为一个新的、令人振奋的学术与实践领域。其中各章的研究对象涉及文化遗产、文化资料、博物馆、体育、宗教、语言表达自由等。②

另外我们还需注意到,一个与文化法相近的概念和学科——艺术法(art law)早已进入了美国大学相关专业的课堂。据称,艺术法被引入美国大学教学的历史可以追溯至1971年,在斯坦福大学,莫瑞曼(J. H. Merryman)和埃尔森(A. Elsen)教授首先向艺术史和法律学生讲授艺术法课程。③ 关于艺术法的内容,美国学者杰斯坦布利斯所著《艺术、文化遗产与法律:案例与材料》作为美国大学法学院的教材可以作为例证。该书所称艺术,其专注范围不是广义上的文学艺术,而只是狭义的视觉艺术,即绘画、雕塑等。其论述范围包括艺术法与文化遗产法两大部分,具体又分为如下几部分:第一,艺术家权利,包括表达自由权、版权两部;第二,博物馆与市场,内容涉及博物馆、艺术商(即拍卖行与销售商)、艺术品的质量与真实性等问题;第三,文化遗产,具体包括战时与战后的文化遗产、国际环境下的文化遗产、美国文化遗产、土著文化遗产、公约与立法。④

通过为数不多的英文资料可以看出,在英美法学界,文化法与传媒法的研究范围既有交叉,也更有很大的差异。第一,表达自由和版权法是它们共有的内容;第二,传媒法的对象主要是传播媒介的传播行为,而艺术品转让、收藏、文化遗产问题则不在其列,属于艺术法。由此我们可以推论,外延范围比艺术法更为广泛的文化法与传媒法之间,也应是一种交叉关系,而非简单的重合或等同关系。

总之,基于文化与传媒之间的关系,也基于学术领域已有习惯,文化法与传媒法之间难画等号,而有其并存的可能与必要性。与此同时,我们认为,传媒法

---

① 参见〔美〕卡特等:《大众传播法》(第5版)(影印本),法律出版社2004年版;〔美〕彭伯:《大众传媒法》(第13版),张金玺、赵刚译,中国人民大学出版社2005年版。
② 参见 James A. R. Nafziger, Robert K. Paterson, Alison Dundes Reteln, *Cultural Law: International, Comparative, Indigenous*, Cambridge University Press, 2010.
③ 参见 Patty Gerstenblith, *Art, Cultural Heritage, and the Law: Cases and Materials*, Carolina Academic Press, 3 edition (2012), p. 3.
④ 参见 Patty Gerstenblith, *Art, Cultural Heritage, and the Law: Cases and Materials*, Carolina Academic Press, 3 edition (2012).

无法涵盖文化法;但台湾学界以文化法涵盖传媒法,或者我国学者创制文化传媒法这一上位概念的观点,都可以得到肯定。这样,我们可能面对狭义与广义上的两个文化法概念:狭义的文化法与传媒法有部分交叉,但并不重叠,文化遗产保护、艺术品收藏与买卖、演出与娱乐场所、博物馆与图书馆等,系文化法所独有;广义的文化法则可以涵盖传媒法的全部内容,等同于国内部分论者所倡议的文化传媒法。

本书主张广义的文化法,也就是说,大文化法包括传媒法。

三、版权法与娱乐法

如上,不少文化法与传媒法教材或有关论著包含了版权法(即著作权法)的内容,有的甚至将知识产权法包含在内,其理由在于,版权法与文化法之间具有一个核心的共同点或交叉点:它们都以文艺作品和文化活动为调整对象。如上述,文化法的调整对象是文化活动以及文化活动中形成的权利义务关系,并且文化活动与文化利益关系又以文艺作品等为载体和对象。版权是广大文艺家、新闻记者等基于其作品、文化与媒体机构基于其传播活动而享有的排他性权利,版权法的调整对象是作品创作者、传播者以及利用者之间的利益关系,作品是其核心。可以说,版权法正是调整文化活动领域的法律规范。无论其法律规范各具什么样的特殊性,文化法与版权法重叠或交叉于文化活动。

所以,以开放视野言之,将版权法(主要是其中的大部分而非全部规范)视为文化法之一部分,其合理性显而易见。

但是,如前文所述,版权法与文化法的规范属性不同。版权法仅调整文化活动中平等主体之间的横向法律关系,因而属于私法。而文化法比较复杂。狭义上的文化法调整对象是文化活动中不平等主体之间的纵向法律关系,属于宪法与行政法范畴。如将版权法视为文化法的一部分,就构成广义的文化法,即综合了公法与私法两类规范的文化法。如前文所述,为了保持文化法律与学科的体系性与独立性,本书主张不将版权法纳入文化法,而仅将文化法视为文化领域的公法规范。

娱乐法(entertainment law)之名与娱乐业的崛起分不开。20世纪,主要在美国,广播电视、电影、音乐、演出以及体育的发展促生了一个所谓娱乐业,与之相应,美国法律界便提出了所谓娱乐法的概念,而且还颇为流行,出版了大量专著与教材。就内涵而言,娱乐法就是娱乐行业所涉各类法律规范的统称。就其具体的规范内容来看,以内容大同小异的娱乐法教材为例,主要涉及版权法、商标法、合同法、侵权法、劳动法、破产法、税法、代理法、人格权以及保险法等多个法律部门。① 另一方面,就娱乐法的规范领域来看,娱乐行业是个大杂烩,除了文学艺术、大众传媒等,其中还包括体育,甚至也可以涵盖旅游业,相互之间并没有什么共同性。所以说,娱乐法因娱乐产业的发展而产生,是对已有的多个部门法的规范进行的综合或大杂烩。被编入娱乐法的已有法律规则没有因此明显的改变,而只是从外部被贴上一个统一的标签,相互间缺乏特殊的体系性逻辑关联,娱乐法因此也难以构成一个具有核心概念和基本原则的法律与学术门类。总之,至少在中国,法律实践与学术没必要创设一个娱乐法门类。

小结

法律对于生活的回应性、次生性意味着,它必定要亦步亦趋地紧跟社会实践的变化。历史地看,在现代早期,当传媒技术历经纸质印刷、电讯传播时,西方国家曾不断地以出版法、广播法、电讯法、网络法等做出回应。所以,这一系列概念都是特定历史阶段的法律实践与学术对传媒与文化行业发展的反应,都有其必要性与合理性,并有继续存在的意义。

至现代,当形式多样、范围广泛的传媒帝国已经形成时,那些专门指称具体传媒形式与文化领域的概念便有必要被更具综合性的概念所囊括甚至替代,这就诞生了传媒法(或大众传播法)。可以说,传媒法这个无所不包式的概念的产生,可谓传媒历史发展的必然归宿。

比较而言,基于传媒发展的历史性、并受法系传统之影响,无论欧陆与英美,大都没有制定统一的传媒法。对于后发国家而言,由于其法律体系几乎是从零做起,制定统一的传媒法也不失其为当代法治实践大背景下的一项选择。

文化虽然自古有之,但文化作为一项权利得到全面保障、文化发展引发的全面性产业勃兴、国际与国内层面对于各种文化性事务的积极介入,却是 20 世纪中期以后的事。所以,文化法作为一个实践领域和学术概念,也在此时应运而生。基于文化与传媒之关系的交叉与重叠,并受历史惯性的影响,传媒法与文化法两个概念的并存也难以避免。

我们认为,文化法可以从广义与狭义两个层面使用。狭义的文化法与传媒法并列,广义的文化法或曰大文化法则包含着传媒法;而传媒法却不能包含文化法。与此同时,国内有关文化传媒法的提法也未尝不可。我们也相信,概念的最终确立必定要经历整个学界与业界进行有形与无形的讨论与选择。

---

① 参见 https://en.wikipedia.org/wiki/Entertainment_law,最后访问时间:2016 年 10 月 10 日。相关著作如宋海燕:《娱乐法》,商务印书馆 2014 年版;Sherri Burr, *Entertainment Law in a Nutshell*, West Academic Publishing,3 edition (November 19,2012)等。

第五章 文化权利论

文化法治,目的尽在文化权利的保护,乃至促进其实现,必要时也对文化权利实施限制。比如,我国于 2017 年 3 月实施的《公共文化服务保障法》,其保障公共文化服务乃是"以满足公民基本文化需求为主要目的"(第 2 条),而从法律上言之,目的正是保证公民的文化权利。所以说,文化权利是文化法治实践和文化法学的基础与核心概念。

关于文化权利,国际人权专家曾明确称其为"一种被忽视的人权""人权中的'不发达部门'",相对于其他种类的人权,"文化权利在范围、法律内涵和可执行性上最不成熟。它们的确需要进一步的阐明、分类和强化"。无论是联合国下属的人权机构,还是各个国家,都表现出了对文化权利的轻视或忽略,将其"当做了其他人权的'穷亲戚'"①。虽然此论已历约 20 年光阴,文化权利依然没有成为一个发达的权利部门。并且,在相对贫乏的研究中,国际社会有关文化权利的争论却不乏尖锐的对立,主要集中于文化权利所指称的对象范围、其效力与性质等等。我们认为,文化权利的对象范围决定于如何界定文化的范围;文化权利的人权属性则取决于论者如何理解人权等,最终又取决于论者的政治哲学理念等。

一、享受文化利益的法律资格

关于权利的界定,学术界长期纠缠于利益、意志、自由、资格、可能性、法律之力等之间。② 有学者做出一个综合性的界定:在法律意义上,"权利是法律为了保护特定主体的特定利益而赋予其基于自己的自由意志为一定行为或不为一定行为的可能性"③。其实,权利原本具有多个面向。所有的权利都是一种法律资格或可能性,其主张与实现都需依据法律之力,而就其根源与目的而言,如非基于人类的现实利益,法律概无保护权利之必要。所以,无利益则无权利。并且,将各种权利类型区分开来的,也是源于现实需要的利益。利益法学代表人物赫

---

① 〔波兰〕雅努兹·西莫尼迪斯:《文化权利:一种被忽视的人权》,黄觉译,载《国际社会科学杂志》1999 年第 4 期。
② 参见夏勇:《人权概念起源》第二章,中国政法大学出版社 2001 年修订版。
③ 方新军:《权利客体的概念及层次》,载《法学研究》2010 年第 2 期。

克就强调:"作为利益法学出发点的一个根本真理是,法的每个命令都决定着一种利益的冲突,法起源于对立利益的斗争,法的最高任务是平衡利益。"[①]

利益是一种好处,之所以好,因其于人类而言是一种可欲性,而可欲的原因在于外部的事物或行为能够满足人的需要。也就是说,利益决定于需要。无需要、便无利益。就此,法学家庞德指出,利益"是人类个别地或在集团社会中谋求得到满足的一种欲望或要求,因此人们在调整人与人之间的关系和安排人类行为时,必须考虑到这种欲望或要求"[②]。我国法学者也说,利益"一般是指人们为了满足生存和发展而产生的各种需要"[③]。人的需要多种多样,通说将其分为物质性需要与精神性需要,而可满足这些需要的利益大致可分为财产利益与精神(人格)利益。[④] 财产利益是外部世界可满足人之物质性需要的物质可欲性,而满足人类精神需要的好处则是精神利益。

文化利益是精神利益之一种。精神利益诉诸人的心灵体验,其中的文化利益对应于人的文化需要,是外部世界的文化现象可满足人之精神性文化需要的可欲性。但是,如何准确界定文化利益与文化需要之范围?这必然取决于有关文化的界定。在有关文化法调整对象的论述中,我们已经申明,文化是指以文学艺术(作品与活动)为核心的相关文化现象。也就是说,以文学艺术为核心的相关文化现象可以满足人们的文化需要,是人们的文化利益之所系。

再进一步言之,在人类的各种需要中,文学艺术之于人的价值,在于其可以满足人们的审美需要,所以说,文化需要的核心在实质上是一种审美需要,文化利益便是可满足人类审美需要的好处,它存在于文学艺术为核心的各类文化现象中。其他学者也曾有过相近的解释:"文化利益是满足人们精神文化需求的对象物的总称;是满足人们的精神文化需要的一切生活资料、产品、社会文化关系、文化活动形式和行为的总和"[⑤],这一界定字面复杂,但实质也是以文化需要为基础。

上述论述可以得到心理学的支持。美国人本主义心理学家马斯洛于 20 世纪中叶提出了人类动机与需要层次论,将人类需要分为由低到高的七个层次:即生理需要、安全需要、归属与爱的需要、尊重需要、求知需要、审美需要与自我实现需要。[⑥] 而这些需要必然驱使主体产生不同的利益诉求。虽然我们很难在文

---

① 引自张文显:《二十世纪西方法哲学思潮研究》,法律出版社 2006 年版,第 109 页。
② 〔美〕庞德:《通过法律的社会控制——法律的任务》,沈宗灵、董世忠译,商务印书馆 1984 年版,第 81—82 页。
③ 沈宗灵主编:《法理学研究》,上海人民出版社 1989 年版,第 58 页。
④ 其他利益名目如政治利益,其实质目标仍在物质利益或精神利益之获取或分配。有时,政治利益本身也可能属于精神利益。
⑤ 张怡:《论文化利益》,复旦大学 2005 年博士学位论文,第 29 页。
⑥ 马斯洛最早于 1943 年在《人类动机理论》中提出五层次说,1954 年又增加了两个层次,即求知、审美。参见张世富:《人本主义心理学与马斯洛的需要层次论》,载《学术研究》2003 年第 9 期;朱志强:《马斯洛的需要层次理论述评》,载《武汉大学学报》(社会科学版)1989 年第 2 期。

化需要、文化利益与马斯洛的多层次需要之间确立绝对的对应关系,但基本可以肯定的是,马斯洛的人类需要金字塔中,至少有上层 5 种都可归入精神需要,尤其是,文化利益是对马斯洛所谓第六种需要,即审美需要的直接满足;同时,文化利益也与人格尊重、知识求取以及自我实现的需要密切相关。

总的来说,文化权利的主观依据与内容是文化利益,并源于主体对文化的需要。套用法学界有关权利的通常解释,文化权利就是主体可依法主张的享受文化利益的资格,或者说是享受特定文化利益的法律之力。①

但是,上述有关文化权利之内涵的解释尚属笼统。既然文化是一个外延界限模糊的概念,要在法律上揭示文化权利的内涵、厘清其外延,也必然是一项复杂的学术工程。尤其是,文化权利的具体内容、法律性质和地位、主体等,无论学术与实务界,均尚无共识,充满争议,必须在考察相关学说、尤其在进行法律实证的基础上做力所能及的揭示。

为此,本章有关文化权利的研究,将以考察相关规范文件以及相关论者的观点作为开始。

二、规范性文件中的文化权利

规范文件是权利得以成立并可获得救济的直接依据。就目前的法律实践来看,作为一项法律权利的文化权利还处于不断发展的过程中,难谓已有明确而完备的法律依据。这里主要通过检视国际公约、国内基本法等规范文件,理解文化权利这一概念的内涵与外延。

(一) 从中国《宪法》谈起

中国缺乏一般性的文化立法,现行专门性的法律或法规均未涉及文化权利概念。中国《宪法》有 25 处提到文化,其中第 47 条应是有关文化权利的核心条款,其他条文则是间接涉及文化权利的某个方面,或者规定国家有关文化事务的职责,从而暗示了公民文化权利的存在。

《宪法》第 47 条规定:"中华人民共和国公民有进行科学研究、文学艺术创作和其他文化活动的自由。国家对于从事教育、科学、技术、文学、艺术和其他文化事业的公民的有益于人民的创造性工作,给以鼓励和帮助。"本条未涉及文化权利一词,但依然可以肯定的是,第一,本条所规定的正是文化权利的内涵:文化权利首先可被理解为**公民从事文化活动的自由权**。该权利的对象内容即文化活动

---

① 依据通说,权利被界定为"享受特定利益的法律之力"。参见王泽鉴:《民法总则》,中国政法大学出版社 2001 年版,第 84 页。

包括文学艺术创作与其他文化活动。而所谓其他活动为何,《宪法》未予明确,这为法律解释留下较大的空间。我们可将其理解为以文学艺术为核心的一切文化活动,包括文学艺术创作,以及作品等(即文化成果)的传播、获取与享用等(按照本书所采的狭义文化观,科学研究、教育则不属于文化的范畴);第二,就其性质而言,文化权利包含消极与积极两方面的权利:如果说第一句意指消极的文化自由,第二句所称国家的"鼓励和帮助",则暗示了国家促进文化权利的权力和义务,表明了文化权利的积极层面。不过,按照该条之字面,国家只是鼓励和帮助"有益于人民的创造性工作",而不是一切文化活动;该条款没有使用"必须""应该",促进文化权利的实现似乎又不是国家的强制性义务。但无论如何,文化权利可以同时是一种兼具消极自由和积极自由的权利,这为我国进一步的立法活动提供了广泛的空间。

此外,我国《宪法》的其他条款虽然没有明确涉及文化权利,却也从不同角度对第 47 条的规定进行了补充、丰富和强化。从中可见,我国《宪法》上公民文化权利的内容包含了对文学艺术、新闻广播电视、出版、图书馆博物馆文化馆以及文化遗产等各类文化活动的参与——

• 第 22 条第 1 款对国家提出了直接的文化义务要求:"国家发展为人民服务、为社会主义服务的文学艺术事业、新闻广播电视事业、出版发行事业、图书馆博物馆文化馆和其他文化事业,开展群众性的文化活动"。并且,在总体的社会发展中,"国家……在发展生产的基础上,逐步改善人民的物质生活和文化生活"(第 14 条第 3 款);"国家发展社会主义的教育事业,提高全国人民的科学文化水平","国家发展各种教育设施,扫除文盲,对工人、农民、国家工作人员和其他劳动者进行政治、文化、科学、技术、业务的教育,鼓励自学成才"(第 19 条第 1 款、第 3 款)。

• 依据第 22 条第 2 款,"国家保护名胜古迹、珍贵文物和其他重要历史文化遗产",这似乎暗示,享用文化遗产,成为公民文化权利的一部分。

• 特殊人群的特殊文化权利也得到了强调。例如,依据第 4 条第 2 款,国家有义务帮助少数民族实现其特殊文化权利:"国家根据各少数民族的特点和需要,帮助各少数民族地区加速经济和文化的发展"。

• 《宪法》之外,《著作权法》保护著作权,促进文学艺术创作和传播;《文物法》与《非物质文化遗产法》,推动历史文化遗产的继承和弘扬,都为文化权利的充分实现创造条件。

(二)国际人权宪章中的文化权利

在国际层面,为文化权利保障提供规范支持的文件包括《世界人权宣言》等综合性人权宪章①,以及联合国有关机构针对文化权利发布的专门性文件。这些规范性文件大都产生于20世纪中后期,属于当代国际人权运动的产物。

1. 最早要求保障文化权利的国际规范性文件,当推1948年《世界人权宣言》(UDHR)。

首先,UDHR第22条最早明确提出了文化权利(cultural rights)概念:"每个人……有权享受他的个人尊严和人格的自由发展所必需的经济、社会和文化方面各种权利的实现"。本条宗旨是要就范围宽泛的经济、社会和文化方面的诸种权利做出原则性规定,以此作为实现基本人权的条件,要求各国和国际社会提供必要、可能的保障,而没有对包括文化权利在内的具体权利做具体规定或解释。

UDHR中具体规定文化权利之内涵的是第27条,这可谓国际社会普遍承认的文化权利明确而直接的渊源——即该条第1款规定,"人人有权自由参加社会的文化生活,享受艺术,并分享科学进步及其产生的福利"。具体而言,其中包含了三类广义性的文化权利,即参与文化生活的权利、享受艺术的权利、分享科学进步的权利。

同时,UDHR第27条第2款并列规定了另一种权利:"人人对他所创作的科学、文学或美术作品所产生的精神与物质利益,有权受到保护"。该权利以科学与文艺成果(production)上的精神与物质利益为对象,属于创造者的成果权即知识产权,而文化领域的创造性成果权通常是指的作者权,即我国法律体系中的著作权。两种权利相提并论,但智力成果权与文化生活参与权是否同属于文化权利,却值得思虑。②

2. 1966年通过的《经济、社会和文化权利国际公约》(ICESCR)第15条继承并扩展了UDHR第27条的规定:"一、本公约缔约各国承认人人有权:(甲)参加文化生活;(乙)享受科学进步及其应用所产生的利益;(丙)对其作为作者的任何科学、文学或艺术作品所产生的精神上和物质上的利益,享受被保护之利。二、本公约缔约各国为充分实现这一权利而采取的步骤应包括为保存、发展和传播科学和文化所必需的步骤。三、本公约缔约各国承允尊重进行科学研究和创造性活动所不可缺少的自由。四、本公约缔约各国认识到鼓励和发展科学与文化方面的国际接触和合作的好处。"相比《人权宣言》第27条,这里的表述显然比较复杂,有必要做较深入的语言分析。

一方面,该条明确包含了UDHR第27条的已有规定,即保护参与文化生

---

① 在国际上,《世界人权宣言》《公民与政治权利国际公约》和《经济、社会和文化权利国际公约》被概称为"国际人权宪章"。
② 另外,按照广义性理解,UDHR所规定的文化权利还包括第26条规定的受教育的权利,但本书采行的是狭义文化概念,受教育和分享科学进步的权利不属于文化权利的范围。

活、享受科学进步及其福利的权利、作者之智力成果利益等权利。

另一方面,该条也有不小的变化。第 1 款没有规定享受艺术的权利。但我们以为,参与文化生活可包含享受艺术,所以享受艺术依然属于文化权利的对象范围。第 2 款要求成员国"为充分实现这一权利而采取的步骤应包括为保存、发展和传播科学和文化所必需的步骤",即政府应为实现公民文化权利承担起积极作为的义务,即文化义务。第 3 款则重申了政府的另一种义务,即尊重科学研究自由与创造性活动自由,一种与表达自由不可分割、甚至可为其涵盖的自由权。创造性活动(creative activity)的外延比较模糊,但应被理解为以文学艺术创作为核心的文化活动。第 4 款承认了国际文化合作的好处,却并未明确将其规定为一种权利。

总的来说,ICESCR 第 15 条明确承认的权利包括文化生活参与权、科学进步分享权、作者创作成果权、文化创作自由与科学研究自由权等,其中,至少有两种权利可被视为狭义的文化权利,即文化生活参与权和文化创作自由权;并且,通过强调政府对于文化的义务,该条明确承认了文化权利的积极性效力。

3. 创作自由不仅是 ICESCR 第 15 条规定的文化权利之一部分,同时也源于国际人权宪章中的表达自由条款,而该条款可谓所有文化权利法最为基础的规范依据、或最为重要的部分。

《世界人权宣言》第 19 条规定:"人人有权享有主张和发表意见的自由;此项权利包括持有主张而不受干涉的自由;通过任何媒介和不论国界寻求、接受和传递消息和思想的自由。"1966 年《公民与政治权利国际公约》(ICCPR)第 19 条继承并发展了该条款:"(一)人人有权持有主张,不受干涉。(二)人人有自由发表意见的权利;此项权利包括寻求、接受和传递各种消息和思想的自由,而不论国界,也不论口头的、书写的、印刷的、采取艺术形式的、或通过他所选择的任何其他媒介。"学术界已经公认,这两个条文所保护的权利内容被统称为表达自由,也可以在不同语境下被称为言论自由、新闻自由、出版自由和信息自由;同时也包含了思想自由。因为一切文化活动都属于表达行为,尤其是,书写、印刷、艺术以及其他任何媒体活动(如广播电视等),其行为本身既属于一般意义上的表达,也是文学艺术作品的创造、表演、传播等。所以,表达自由应被视为文化权利的基础、也可直接纳入文化权利的范畴。但宽泛的表达与文化毕竟有较大差异,我们难以在二者之间画等号,更为妥帖的表述应该是,表达自由包含了从事各类文化活动的自由,属于文化权利最为基础的构成部分,即文化自由权。

概言之,三部国际人权宪章已经基本包含了后来所谓文化权利的大部分内容,其中,(1)文化权利的基础是文化自由权,它与表达自由重叠。无论表达自由名义上是否被纳入文化权利的范围,它必然是文化权利的根基;(2)文化权利主要由文化创作自由权、文化生活参与权、文化传播与媒介自由权构成;(3)著作权与文艺创作和传播成果的享有相关,但它只是部分人即创作者、传播者的民事权利,甚至主要是一种经济权利,与上述文化权利有着实质不同,并已经发展出一套制度体系。所以,人权宪章将其与前述权利分别做出规定,而能否将著作权纳入文化权利,不无探讨的余地。

(三)国际文化法规中的文化权利

除了上述综合性人权宪章,以联合国教科文组织为代表,国际社会通过了不少专门规范文化事务、或保护文化权利的规范文件(International Legal Instruments of Culture)①,我们称之为国际文化法规。在这些文件中,直接涉及文化权利的是1966年的《国际文化合作原则宣言》、1976年的《关于人民普遍参与文化生活并为之作出贡献的建议书》、1980年的《关于艺术家地位的建议书》和经济社会和文化权利委员会2009年第21号"一般性意见"等,其他规范文件如2001年《世界文化多样性宣言》和2005年《保护和促进文化表达多样性公约》等,也间接涉及文化权利的内容。总的来看,这些专门文件并没有提出新类型的文化权利,但它们对前述基础性人权宪章的规定作出了进一步的解释、细化和落实。

1. 1966年的《国际文化合作原则宣言》致力于为国际文化合作提供指导原则,其中涉及与国际文化合作相关的若干权利。

《宣言》第1条称:"每种文化都具有必受尊重和保存的尊严和价值。每个民族(people)都拥有发展其文化的权利和义务。"由此,每个民族和国家具有一种集体性的文化权利:即民族文化得到尊重、保存与发展的权利。或者说,这是一种集体性的文化自由权。

这种集体文化权包括了一种文化合作权。第5条规定:"对于所有民族和一切国家,文化合作都是一种权利和义务,他们都应该相互分享各自的知识和技艺。"文化合作权的特殊性在于它也是一种义务,每个民族和国家都有权、也都应该积极参与国际性的文化合作,参与文化的传播和获取。

同时,这种集体性的文化权利直接关乎着每个个人文化利益的实现。按照《宣言》第4条,国际文化合作的目标之一是,"让每个人(everyone)都能够获取知识,享受各民族(people)的艺术和文学,分享世界各地的科学进步及其产生的利益,并为文化生活的丰富做出贡献"。由此也可以说,让人人获取人类全部文化成果、参与丰富国际文化生活,是国家参与文化合作所达到的目标,由此也成为每个人所享有的文化权利的重要内容。

---

① 参见联合国教科文组织(unesco)官方网站的专门网页:http://portal.unesco.org/en/ev.php-URL_ID=13649&URL_DO=DO_TOPIC&URL_SECTION=-471.html,最后访问时间:2016年5月10日。

不过,在全部文化权利中,集体性文化合作权利的地位值得特别关注。《宣言》第 11 条第 2 款也即最后一条要求,"本宣言之基本原则的适用,应该充分考虑到人权与基本自由"。这就是说,国家从事任何国际性文化合作,或从事任何发展文化的活动,必须以尊重个人的基本权利与自由为前提。也可以说,个人的基本人权与自由有着最高的法律位阶。

2. 1976 年《关于人民普遍参与文化生活并为之作出贡献的建议书》是一份系统阐述文化价值、进而建议全面促进文化事业发展与文化权利实现的重要文件。其第 1 条表明了它的宗旨:各成员国或有关当局适应社会进步的要求,从事各项工作,对文化活动之方法和手段实施民主化,以使所有个人均能自由而充分地参与文化创造并享受其利益。整个建议书以及它所推崇的观念和原则、所倡议和鼓励的实践措施等均围绕这样一个核心:保障所有大众普遍的文化获取与文化生活参与。可以说,这正是当代社会人人可得享有的文化权利的重要内容。

第 2 条就两个核心概念做出了明确界定。文化接触(access to culture,或可译为文化获取)意味着人人拥有实实在在的机会,特别是通过创造充分的社会经济条件,自由获得信息、培训、知识和理解,享受文化价值和文化财产;文化生活参与(participation in cultural life)意味着所有团体与个人拥有实实在在的机会,自由表达自我,交流、行动并从事创造性活动,以全面发展其个性,享受和谐生活与社会文化进步。比较而言,文化生活参与比文化接触更强调了公民在文化活动中的主动性、积极性及其个性发展,但文化生活参与通常需要以文化接触为基础,其中包含了文化接触的内容。所以,文化生活参与依赖甚至可以涵盖文化接触。

在现代社会,文化接触与文化生活参与已经成为一项重要的文化权利。为此,《建议书》第 4 条建议各成员国,以立法或其他方式,确保文化接触与文化生活参与。尤其是,各国应按照《世界人权宣言》等人权宪章及其他文件提出的理想和目标,把影响到文化接触和参加文化生活的各项权利作为人权予以保证。

3. 相对而言,1980 年的《关于艺术家地位的建议书》主要涉及部分人群即文学艺术家的特定权利。在这里,艺术家(artists)指一切从事艺术作品创造或再创造的人,其中也包括演员等。艺术家的地位(status)指的是,因其在社会中扮演的重要角色而获得的尊重,同时也包括对其自由和权利的承认。正因如此,艺术家的权利保障有着特别重要的文化意义。

《建议书》指出,成员国有义务保护、捍卫并帮助艺术家及其创作自由(freedom of creation)。为此,成员国要采取一切必要的措施,激励艺术创造性,尤其是要保障艺术家自由,以完成其创作使命;确保艺术家参与有关其生活质量的决策;必要时通过立法,确保艺术家拥有建立工会和其他职业组织的权利和自由;艺术家的工作与就业条件应为他们提供机会,使他们全身心地投入艺术活动;创造条件,确保艺术家以各种方式参与社会活动,以实践其艺术。

可以说,艺术家地位建议书所提及的艺术家权利都已经包含在已有的国际规范性文件中,其目的是使这些权利的保护落到实处。而尤为重要的是,建议书希望各国承担起保护艺术家权利的义务,从而为这些原本可能只具有消极意义的权利和自由获得积极意义。比如,国家不仅要保护艺术家的创作自由,而且要为其创作自由提供切实的条件。

不过,需要指出的是,艺术家的权利很难被视为文化权利中一项独立的子权利,毋宁说,艺术家权利是各类已有权利的提炼与统称,其中的核心部分就是文艺创作自由等。

4. 2001年《世界文化多样性宣言》(UDCD)和2005年《保护和促进文化表达多样性公约》的基本宗旨都不是为文化权利保护作直接规定,也没有明确地将文化多样性视为一种独立的权利。但是,保护文化多样性与保护文化权利,其间显然有着重要的关联。

《文化多样性宣言》将文化多样性的重要性与文化权利、甚至是人权保护相提并论。具体而言,它认为,文化多样性的实现既有赖于、也有助于文化权利、人权的充分实现。其第4条称,"捍卫文化多样性是伦理方面的迫切需要,与尊重人的尊严是密不可分的"。第5条更是以"文化权利——文化多样性的有利条件"为题,称"富有创造力的多样性的发展,要求充分地实现《世界人权宣言》第27条和《经济、社会、文化权利国际公约》第13条和第15条所规定的文化权利"。质言之,保护文化权利是实现文化多样性所不可或缺的重要条件。除了引述国际人权宪章条目,第5条强调的文化权利包括,选择语言以表达自我、创作并传播其作品的权利,接受充分尊重其文化特性的优质教育和培训的权利,参加其选择的文化生活并从事其自己的文化活动的权利。显然,这些权利是对已有文件所定文化权利的重申。

2005年《保护和促进文化表达多样性公约》的序言也明确表明,它的颁行系"根据联合国教科文组织通过的有关文化多样性和行使文化权利的各种国际文书的条款"。

尤其值得强调的是,《文化多样性宣言》第5条提出,"文化权利是人权的一个组成部分,它们是一致的、不可分割的和相互依存的",如此明确地为文化权利进行定性、定位,尚属首次,其对于准确认识并充分理解文化权利的法律性质和地位,有着重要的启发意义。

5. 2009年,经济社会和文化权利委员会通过第21号一般性意见,即"人人参与文化生活的权利",对该权利做出了专门而充分的论述,涉及其属性、构成、内容和主体等,并重申文化权利属于基本人权的一部分。

(四) 他国基本法上的文化权利

这里要谈的,是少数几个具有代表性的国家基本法即《宪法》有关文化权利的规定。历史地看,可以说,一方面,国际规范性文件有关文化权利的规定首先源于个别国家的《宪法》;另一方面,20世纪中期以后,国际规范文件的规定则进一步影响了更多国家的《宪法》。

世界上最早的《宪法》几乎没有明确涉及文化权利的概念或思想,但它们都规定了表达自由,同时也有不少国家规定了创作成果权。因为早期《宪法》基于当时(主要是19世纪之前)的政治与法律思想,宽泛性地保护文化权利、促进文化事业都还没有进入人们的法律视野。

我国有学者称,公民文化权利在法律中的最早体现是1919年德国的《魏玛宪法》。[①] 这是当时德意志政治思潮的产物。该《宪法》涉及文化权利的条文有三个:第118条规定,在法律限制的范围内,德国人民有用语言、文字、印刷、图书或其他方法自由发表其意见之权;第142条规定,艺术、科学及其学理的自由,国家应予以保护并培植;第150条规定,科学上、美术上、技术上之智力作品,包括著作权、发明权、美术权,享受国家之扶持扶助;德国应依照国际条约,使其在国外亦享受保护。显然,这三个条文分别对应于三种权利:表达自由权、艺术创作自由权和作者成果权,它们也都体现于后来的国际公约和不少国家的《宪法》中。

借助于20世纪中期之后的社会思潮、尤其是国际人权宪章之规定,不少当代《宪法》开始将文化权利视为一项基本权利。

1976年通过的《葡萄牙共和国宪法》对文化权利及直接相关的权利进行了特别全面而系统的规定,明显体现了对此前国内《宪法》和国际规范文件的借鉴。其中,文化权利先后被规定于三个不同的章节。

首先,在对国家的构成做原则性规定时,《葡萄牙共和国宪法》[②]第9条将"经济、社会、文化与环境权利的有效实现"确定为一项国家基本任务。然后,关于公民的基本权利,该《宪法》先后规定了一般意义上的表达与信息自由(第37条)、新闻工作者创作自由、创办与拥有出版物自由、媒体自由与独立、确保公共广播电视(第38条)、媒体所有权非中心化(第39条)、文化创造(主要是文艺作品的创作和发表)自由(第42条)。然后,在关于经济、社会与文化权利一章,该《宪法》规定人人享有文化权利(第73条)、文化享有与创作权(第78条),同时为国家规定了义务:促进文化民主、确保文化成果与作品的享用与获得(第73条)、保障文化活动手段与工具之获得,支持创造、确保文化传播、保护文化遗产(第

---

① 参见莫纪宏:《论文化权利的宪法保护》,载《法学论坛》2012年第1期。
② 本文依据1976年《葡萄牙共和国宪法》第7次(2005年)修订版本。

78条)等。

《葡萄牙共和国宪法》显示,在国内基本法层面上,文化权利已经发展成为内容非常全面的权利体系。尤为重要的是,文化权利已经不再仅仅是一些免于权力干预的消极性自由权,而且已经作为公民的积极性权利,要求国家承担其促进、确保的义务,创造各种文化条件,切实保障其实现。此即国家的文化义务。

值得一提的当代宪法还有具"文化宪法"之称的《西班牙王国宪法》(1978)。该《宪法》与《葡萄牙共和国宪法》类似,也对各类文化权利进行了全面规定。其第44条第1款可谓有关文化权利的一般条款:"公共权力推动并监督所有人有接触文化的权利。"并且,这种权利平等地给予全民,第25条第2款规定,无论如何,服刑的犯人有权接触文化。另外,该《宪法》第20条第1款在全面保护表达自由的同时,还单独肯定了文艺创作的自由权。

三、文化权利:广义与狭义之别

(一) 文化权利的范围

在国际国内加强文化权利保护的背景下,近几十年的中外学术界也一直在关注文化权利的研究。其中,一个基本的研究路向是,主要以国际规范文件为基础,中外学者从宽泛的意义上看待文化权利,即他们大都采纳了范围广泛的文化与文化权利概念。

曾任联合国教科文组织人权官员的雅努兹·西莫尼迪斯教授有关文化权利的梳理颇为引人注目。以各类国际规范文件为基础,西莫尼迪斯教授主张一种范围最为宽泛的文化权利,我们将其称为"泛文化权利",其中至少包括如下方面:受教育的权利、文化认同权、文化信息权、参与文化生活的权利、文化创造权、享受科学进步的权利、保护作者物质和精神利益的权利、国际文化合作的权利等。[①]

这种宽泛的文化权利观也存在于中国国内的论述中。宪法学者莫纪宏将文化权利的外延与内涵相结合,进行了基于内涵的外延推定。他说,文化权利范围广泛,但其基本的内涵在于它是一种精神性权利,这样,只要是满足精神利益的,就可归入文化权利的范围,"包括公民个人的表现自由、创作自由、发表意见的自由、追求美感和精神愉悦的自由、从事科学研究的自由、充分发挥个人精神人格力量的自由、宗教信仰自由、语言文字自由、文化娱乐的自由,等等"。他还主张:

[①] 〔波兰〕雅努兹·西莫尼迪斯:《文化权利:一种被忽视的人权》,黄觉译,载《国际社会科学杂志》1999年第4期。

"根据各国宪法的规定,文化权利的范围应当扩展到教育权利、学术自由、科学研究自由、文化创造和文化活动、体育和其他有益于人民群众身心健康的娱乐活动"。① 另有学者也对文化权利做出相当广义的界定:"文化权利的含义应该是指在一定的社会历史条件下每个人按其本质和尊严所享有或应该享有的文化待遇和文化机会如在技术、法律、教育、科学、艺术作品等方面的待遇和机会以及所可以采取的文化态度和文化习惯如习俗、道德、价值观念、思想观念等方面的自由和主张。"②

显然,西莫尼迪斯教授所主张的文化权利在理念上是以一种泛文化观为基础的。除了文学艺术,这种泛文化全面囊括了教育、宗教、科学、体育乃至生活方式等等。同时,在规范依据上,这种泛文化权利乃直接基于国际人权宪章有关泛文化现象的条款,如上述。但如此界定文化权利难免要产生不少麻烦问题。受教育权、文化信息权即表达自由权、宗教信仰自由权、生活方式选择权以及著作权等,甚至还有体育参与权,各有其独立的权利对象与内容、不同的法律性质和地位,难以被装在一个文化权利概念中,否则必然使得相互间关系混乱,甚至使文化权利这一概念失去了存在的意义。

另一种相对狭窄的文化权利概念认为:"文化权是指人们参加文化生活、享受科学进步及其应用所产生的利益以及对其本人的任何科学、文学或艺术作品所产生的精神上和物质上的利益享受受到保护的权利。"③ 可以说,这一外延式界定是以《世界人权宣言》第 27 条和《经济、社会和文化权利国际公约》第 15 条为依据,与上述西莫尼迪斯教授的界定相比,其范围之狭窄表现在,它既排除了有关文化习俗、宗教信仰、受教育等方面的权利,也不包含信息与表达自由权。

在我国学术界,持此狭义文化权利观的论者不乏其人。有论者将文化权利归纳为如下四类:(1)享受文化成果的权利;(2)参与文化活动的权利;(3)开展文化创造的权利;(4)对个人进行文化艺术创造所产生的精神上和物质上的利益享受保护权等。④ 还有学者将文化权利的规范内容表述为:(1)参加文化生活的权利;(2)享有文化的权利;(3)自由创造文化和获益于文化的权利;(4)对本人所创作的任何科学、文学或艺术作品而产生的精神的和物质的利益,有享受保护的权利;(5)进行文化合作的权利。⑤ 这些归纳的基础是一种狭义的文化观,即以文学艺术作品及相关活动为核心的文化观。

---

① 莫纪宏:《论文化权利的宪法保护》,载《法学论坛》2012 年第 1 期。
② 赵宴群:《文化权利的确立与实现》,复旦大学 2007 年博士学位论文,第 21 页。
③ 北京大学法学院人权与人道法研究中心:《国际人权法概论》(网络教材),见 http://www.hrol.org,最后访问时间:2016 年 10 月 10 日。
④ 艺衡、任瑶、杨立青:《文化权利:回溯与解读》,社会科学文献出版社 2005 年版,第 1 页。
⑤ 黄晓燕:《国际人权法视野下文化权利的考量与辨析》,载《政法论坛》2013 年第 3 期。

基于本书所主张的狭义文化观,即将文化视为以文学艺术作品及其他文化成果为核心的人类活动,我们也主张一种狭义的文化权利概念,其中不包括教育权利、宗教权利、科学研究的权利、选择生活方式的权利等。但是,作者成果利益享有权即著作权是否属于文化权利,值得另作讨论。

(二) 知识产权不属于文化权利

如上述,无论是国家规范文件、抑或文化权利观论者,基本都将作者对其本人的创作成果之利益所享有的权利纳入文化权利,如《经济、社会和文化权利国际公约》第 15 条第 1 款(丙)项规定,人人有权"对其作为作者的科学、文学或艺术作品所产生的精神和物质利益,享受保护之利"。那么,这种权利——可称为作者成果利益享有权,实即著作权——属于文化权利吗?

将作者成果享有权或著作权视为文化权利,显然有着强有力的支撑:著作权的客体是文学艺术作品,著作权所指涉的对象行为(即这种权利的内容或权能)——作品的发表、复制、发行、广播、改编等各种方式的使用无不属于文化活动,著作权因此被视为文化权利似乎顺理成章。

国际人权组织曾对此进行了专门解释。针对《经济、社会和文化权利国际公约》第 15 条第 1 款(丙)项权利之性质,联合国经济、社会和文化权利委员会于 2005 年发布了第 17 号一般性意见[①],在对知识产权与人权做一般性区分的框架下,强调性地指出,"绝不能将知识产权与第 15 条第 1 款(丙)项所承认的人权视为一体"。这就是说,知识产权不是人权;人权宪章保护的作者之成果利益享有权属于人权,而不属于知识产权。对于这一论断的理由,17 号意见在导言部分进行了一般性的说明:知识产权是法定性权利,是为实现某些社会性目的所采取的法律手段,是"暂时性的,可以被取消,以许可证方式转让或配给他人使用";而人权"产生于每个人所固有的尊严和价值",是人人所固有的、基本的、不可剥夺和普遍性的权利。

但是,《经济、社会和文化权利国际公约》第 15 条第 1 款(丙)项所保护的权利,是创作者(author)对其科学、文学或艺术成果(scientific, literary or artistic production)之利益所享有的权利;而著作权就是作者对其创作的作品享有的精神与财产性权利,其表述并无实质差异。17 号一般意见虽然完全否认将这种权利等同于知识产权——实质就是否认其等同于著作权,但其更详细的解释却显示,从权利保护之目的、权利主体、作品、精神与物质利益、保护期限及其他限制

---

① Committee on Economic, Social and Cultural Rights, General Comment No. 17, The Right of Everyone to Benefit from the Protection of the Moral and Material Interests Resulting from Any Scientific, Literary or Artistic Production of Which He or She is the Author (2005), Art. 1-2, E/C.12/GC/17 (12 January 2006).

等各个方面来看,作者之成果利益享有权其实并无不同于著作权的地方。并且,就国际与国内法律实践来看,除了著作权法,我们找不到任何其他法律曾被、或可被用来保护第 15 条第 1 款(丙)项规定的权利。

所以说,17 号一般意见对于知识产权与作者之成果利益享有权的区分是缺乏说服力的。我们赞成知识产权不属于人权的主张,但我们同时认为,作者之成果利益享有权就是知识产权中的著作权。当然,如此理解必然产生一个非常尴尬的结论:国际人权宪章所保护的权利,竟然不属于人权?而这种尴尬自有其历史缘由,需另作考察。[①]

并且,我们认为,作者之成果利益享有权即著作权不属于本书所界定的文化权利。

著作权制度史以及《保护文学艺术作品伯尔尼公约》都表明,著作权即文学艺术产权,是文学艺术作品所享有的权利。所以,人们有理由认为,这种权利应该被纳入文化权利的范围。但是,我们也必须注意到,著作权与文化权利有着实质性差异。第一,著作权的主体是特定的,即作者,而不为一切人普遍享有;而文化权利是所有人普遍享有的。第二,著作权的享有是有条件的:只有特定作品的创作者才能就其作品享有著作权;而文化权利的享有应该是无条件的,即人人可平等享有。第三,两种权利的内容是不同的。著作权包括人格权和财产权,前者是人格利益,后者是物质利益。就其人格利益而言,作者只就其作品的发表与修改等享有人格利益,具有明显的身份属性;与此不同,文化权利是一种普遍意义上的精神性文化利益,不与任何特定作品相联系,不是著作权那样的排他性、竞争性权利,而是人人普遍享有、非排他性的精神利益。第四,著作权是民法框架下的一种民事权利。对于文化权利,虽然我们不能说其保护绝对不能援引民法条款[②],但可以肯定,与著作权不同,文化权利并没有明确的民法支持。关键是,文化权利首先是依据公法享有的公共性权利,即由政府履行义务,允许其自由、保障其享有与行使并获得救济的权利。所以,从文化权利与文化法体系化构建的角度,本书不将著作权纳入文化权利的范畴。

四、文化权利的构成

权利本体的研究需要分析权利的构成,即权利的构成要素及其关系等,并以此为基础分析权利的类型和内容。劳伦斯·贝克尔从权利现象的形式结构入

[①] 参见宋慧献、周艳敏:《冲突与平衡:知识产权的人权视野》,载《知识产权》2004 年第 2 期。
[②] 如果某种文化权利的享有或行使受到他人妨碍,受害者也许可以以其人身自由权受到侵犯为由,请求获得侵权救济。

手,提炼出权利的十个要件:(1)权利人;(2)义务人;(3)权利人与义务人的关系;(4)权利人拥有的或可要求的作为、不作为、地位或利益;(5)权利—要求的道德根据;(6)构成侵权的要素;(7)侵权行为在何种情况下可宽宥;(8)何为适当救济;(9)何为获取救济的方法;(10)谁可以强制施与救济。[①] 其中,前四项正是构成法律关系的基本要件,它们是界定一种权利的基础要素。像普通的权利概念一样,文化权利也有不同的面向。本章主要从法律关系要件的角度对文化权利的构成做简要分析。

文化活动多种多样,文化权利也呈现出不同的类型差异。所以,文化权利表现为一个权利集(rights),其中,以权利客体与内容差异为基础,不同种类的权利表现出不同的法律关系构成、不同的属性和特征,也需要不同的法律规制方式。上文论述已经显示,各规范性文件以及学术界对于文化权利的分类,也多以文化权利客体、内容为依据。

本书所论文化,是所有文化概念中外延范围最为窄狭的概念,即以文学艺术作品为核心的文化活动与现象。由此,我们将文化权利笼统地界定为人人享有的参与文化活动、享受文化利益的权利。参较国际规范文件以及有关论述,根据文化活动的内容、方式以及主体等差异,我们尝试将文化权利分为如下几类:(1)文化创作自由权;(2)文化传播自由权;(3)文化媒介自由权;(4)文化接触(成果获取)权;(5)文化生活参与权和(6)国际文化合作权。

(一) 文化创作自由权

文化创作自由权是指从事文学艺术作品的创作以及表演,并免于任何外在干预的权利。创作也可称创造,既包括创作作品的行为,也可包括作品表演等活动。

规范依据上,我国《宪法》第 47 条是对创作自由最明确的规定:"中华人民共和国公民有进行……文学艺术创作和其他文化活动的自由……"这种权利也普遍存在于各国基本法及国际规范文件,如葡萄牙《宪法》第 42 条以及联合国《关于艺术家地位的建议书》都对创作自由(freedom of cultural creation)做出了明确规定。

同时,文化创作也是一种表达行为,只不过是以文字及视听觉符号为媒介的表达。所以,表达自由权也包含、支持着文化创作自由,也可以说,以各种物质性符号媒介进行表达的自由权,与文化创作自由权是重叠在一起的。在规范文件上,表达自由与文化创作自由通常被分别规定于不同条款或款项,如我国《宪法》、三部国际人权宪章等,但这并不能否认两种自由权的密不可分性,甚至可以

[①] 转引自夏勇:《权利哲学的基本问题》,载《法学研究》2004 年第 3 期。

说,规范文件所规定的表达自由完全可以被理解为文化创作自由。比如,《公民与政治权利国际公约》第19条即表达自由条款规定,表达可以采取任何方式,"不论口头的、书写的、印刷的、采取艺术形式的、或通过他所选择的任何其他媒介",而这些表达行为往往也属于创作行为,可产生文艺作品。西班牙1978年《宪法》则将两种自由权规定于同一个条文即第20条的两个项目——"1. 以口头、书面或任何其他复制的方式自由表达和传播思想、想法和意见。2. 文艺创作……"《经济社会文化权利国际公约》第15条本是文化权利条款,却专门以第3款要求"缔约各国承担尊重进行……创造性活动(creative activity)所不可缺少的自由",这种自由实质应是指表达自由,它被视为实现文化权利的必要条件。总的来说,虽然规范形式略有不同,但表达自由与创作自由之间紧密关联、甚至重合的关系都得到了承认。

(二) 文化传播自由权

文化传播自由权是指任何人都可以任何方式公开传播文学艺术作品、产品以及表演,并免于外在干预的权利。一般情况下,传播活动包括通过印刷品、广播电视、互联网等方式传输各类作品。表演活动的自由也可归入该权利的范围。

实践中,创作与传播活动往往紧密相连。但在法律上,将创作自由与传播自由明确区分为两种权利,具有重要的法益。如果没有传播自由,创作自由也无法得到实现,因为自由创作的作品可能因传播活动受妨碍而被藏匿起来,无法实现作品的文化价值,创作自由的意义也受到严重削弱。

规范文件上,《世界人权宣言》第19条和《公民及政治权利国际公约》第19条都强调,表达自由包含了"传递"(impart)的自由。《经济社会文化权利国际公约》第15条在规定文化权利的同时,要求各国政府为促进文化传播(diffusion)采取措施。

(三) 文化媒介自由权

作为表达自由的一部分,文化媒介自由与自然人享有的言论自由、创作自由不同,指的是(通过)任何媒介或机构形式从事文化活动的自由。具体言之,就行业类型而言,文化媒介自由覆盖印刷出版、广播电视、数字网络、演出娱乐、收藏与展览等机构活动;就活动内容来看,媒介自由权的内容主要包括媒介机构设立的自由、媒介活动的自由;媒介活动的自由主要是大规模复制、生产、传播文艺成果的自由(如书报刊的印刷、出版),公开从事表演、展览活动的自由等,同时也包括媒介机构的拆分、并购及其他相关活动的自由。

文化媒介自由权主要是一种消极性权利,即免于他人非法干预的自由。与创作自由等不同,该自由权的主体至少在表面上主要是媒介机构,即法人或非法人组织。但是，无论如何，非人格性的媒介机构自身无法体验自由，这种自由的真正主体依然是机构背后的自然人：机构成立的发起人、机构活动的参与者乃至与机构活动利益相关的广大民众。

（四）文化生活参与权

字面上看，文化生活参与权即人人有权参与社会文化生活。国际上，这项权利最早见于《世界人权宣言》，其第 27 条申明，人人有权自由参加社会文化生活（to participate in the cultural life），享受艺术。1976 年，联合国教科文组织更是专门为文化生活参与出台了一个建议性文件，即《关于人民普遍参与文化生活并为之作出贡献的建议书》，对这种权利进行全面解释，并建议各国重视人人参与文化生活的重要性，并为其切实实现采取各种必要的措施。该《建议书》第 1 条解释说：参与文化生活意味着，保证让所有团体或个人拥有具体实在的机会，自由地表达自我、交流、行动并从事创造性活动，获得充分的个性发展、和谐的生活和社会文化进步。

需要注意的是，文化生活（life）与文化活动（activity）除了字面上的差异外，在现实中难以绝对区分。其可能的差别是，文化生活指的是具有文化意义的日常生活，如作为普通观众观赏电影、画展和音乐会等，同时也包括参与社区的文艺表演等活动，它具有相当广泛的普遍性；而文化活动则更侧重于专业性的文化活动，主要是由专业性人士参与的创作、表演或传播等。不过，鉴于两个概念字面上的相近、实践中的交叉与重叠，很多情况下也可以视为同义。

规范文件中也包含了两个概念之间模糊的差异。我国《宪法》第 47 条规定，公民有进行……文学艺术创作和其他文化活动的自由。按照整体性解释，该条旨意是承认公民享有从事各种文化类创造性工作的权利，并予鼓励，而非强调普通的日常文化生活。国际方面，按照《世界人权宣言》第 27 条第 1 款——"人人有权自由参与社会的文化生活，享受艺术，并分享科学进步及其产生的福利"，"参与""享受"和"分享"几个动词都表明其对象不是创造性的专业活动；而"参与文化生活"的更准确翻译是"参与社区文化生活"，表明这是一种社区（the community）的集体生活，而非纯个体性的专业活动。联合国教科文组织 1976 年通过的那份建议书的名称刻意使用了"人民普遍参与"（Participation by the People at Large），并在导言中强调"文化是社会生活的组成部分"、倡导"最大多数的民众和团体自由选择性地参与广泛多样的文化活动"等。当然，这种差异也不是绝对的，文化生活与文化活动毕竟紧密联系、甚至相互重叠的。但是，我国宪法第 22 条所称"群众性的文化活动"，其实就是指文化生活。

我国《宪法》明确表达了对公民参与文化生活的重视，但其中是否包含完整的文化生活参与权，值得讨论。《宪法》第 14 条第 3 款规定，(国家)在发展生产的基础上,逐步改善人民的物质生活和文化生活。第 22 条第 1 款可谓专门的文化生活参与条款:"国家发展为人民服务、为社会主义服务的文学艺术事业、新闻广播电视事业、出版发行事业、图书馆博物馆文化馆和其他文化事业,开展群众性的文化活动。"不过,这两个条文位于《宪法》的总纲部分,侧重于规定国家职能,而未明确涉及公民权利。鉴于《宪法》第 47 条规定了文化活动自由权,我们也可以对文化活动作扩大性解释,将其视为文化生活的同义。但是,人们能不能将这三个条款相结合,推论我国《宪法》包含了完整的文化生活参与权,仍值得探讨。

我们以为,在我国,公民拥有参与文化生活的自由权,国家承担着支持实现这种权利的职能,但这种职能还没有被明定为一种强制性的政府义务。也就是说,对于政府是否必须采取措施以满足广大公众切实地参与文化生活,宪法或法律没有明确赋予公民请求权。

(五) 文化接触权

联合国教科文组织 1976 年《关于人民普遍参与文化生活并为之作出贡献的建议书》要求保障广大公众的文化接触,"即人人都可获得具体实在的机会,特别是通过创造适当的社会经济条件,使其能自由获得信息、培训、知识和认知,并享受文化价值和文化财物"。文化接触(access to culture)一词也可译为文化获取,国内论者也有称这种权利为文化成果获取权。

文化接触与文化生活参与之间的关系是难分难解的。联合国教科文组织 1976 年建议书将这两个概念视为不同,并分别做了解释,同时也指出其相互联系,"文化接触和文化生活参与是一物两面,二者互相补充,这明显地表现于二者间的相互影响——接触文化可以促进文化生活参与,而参与则可赋予文化以真正的意义,从而扩展文化之接触;并且,如无文化生活参与,单纯的接触文化必然达不到文化发展的目标"。现实中,文化接触意味着公民个人或社区有条件接触、使用必要的文化设施,以参与文化生活,如图书馆、博物馆、影剧院等。所以说,文化接触是文化参与的条件和前提,或者说是手段和途径;而文化参与才是目的,是文化发展的目标所在。

某种程度上,文化接触权也可以包含于文化生活参与权,因为文化生活参与权的满足,本身意味着文化接触作为条件的实现。所以,联合国教科文组织 1976 年建议书的标题只包含文化生活参与。但为了强调其作为条件的重要性,强调独立的文化接触权,仍具有现实意义。

其他的国际规范文件上,《世界人权宣言》第 19 条和《公民及政治权利国际公约》第 19 条即表达自由条款规定,表达自由中包含着以任何方式获得(receive)思想和信息的自由,而获得就是接触。《世界人权宣言》第 27 条规定的人人有权享受艺术(enjoy the arts),也可推论出接触之意。《经济社会文化权利国际公约》没有涉及文化成果的获取,但第 15 条第 2 款要求各国,要为充分实现文化权利采取步骤,以"保存、发展和传播科学和文化",本身就意味着以此推动文化的接触和获取。联合国教科文组织 1966 年《国际文化合作原则宣言》第 IV 条规定,国际文化合作的目的之一是"使人人能够获得知识,享受各国人民的艺术和文学"。

我国《宪法》也以间接方式涉及文化接触和获取。第 22 条等许多条款对国家发展文化事业的强调已经表明,发展文化事业,有助于提供丰富的文化成果与设施,以满足民众接触、享用文化的需要。

(六)国际文化合作权

较之于上述几项权利,国际文化合作权比较复杂。致力于为国际文化合作提供指导原则,联合国教科文组织 1966 年《国际文化合作原则宣言》明确规定,"文化合作是所有民族和一切国家都享有的一项权利和一项义务,他们应相互分享各自的知识和技艺"(第 5 条)。据此,国际文化合作权至少可做如下理解:第一,其权利主体是民族和国家,是集体而非个人;第二,文化合作既是权利、也是义务。这就意味着,作为权利,任何其他国家和民族都不得妨碍某国家或民族从事国际文化合作;同时,参与国际文化合作也是各国家和民族不可推卸的责任;第三,这种权利的内容是相互间的文化分享。

将国际文化合作视为一个国家或民族的权利,其义务主体应该是其他国家或民族,但这种义务应该是一种消极的不作为的义务。也就是说,任何国家或民族不得妨碍其他国家或民族参与国际文化合作活动。如此规定,是为了在国家或民族之间实现文化自由与平等。

不久即获通过的《经济、社会和文化权利国际公约》第 15 条第 4 款也提到了文化合作的重要性:"缔约各国认识到鼓励和发展科学与文化方面的国际接触和合作的好处。"

将国际文化合作视为一个国家或民族的义务,相对的权利主体就应该是该国家或民族的成员,即自然人及其团体。依此,任何人有权自由参与国际文化合作,国家不得干预,必要时还应采取措施以促进其实现。就此而言,国际文化合作权显然又成为了个体自然人的权利。

不过,国际文化合作属于跨越国界的文化传播、文化接触与文化生活参与,作为个体自然人的权利,国际文化合作权因此也可以被上述其他文化权利所覆盖。《国际文化合作原则宣言》第 4 条规定也说明了这一点,它规定,国际文化合作的目标之一是,让每个人都能够获取知识,享受各民族(people)的艺术和文学,分享世界各地的科学进步及其产生的利益,并为文化生活的丰富做出贡献。

可以说,该宣言主要是在集体层面,即国家或民族层面强调保障国际文化合作权的意义,而非将其视为一种独立的个体自然人的权利。

值得注意的是,六种权利并非一种严格区分,其间的交叉与重叠是明显的、也不可避免的。比如,文化媒介自由可以包含在文化传播自由中,文化生活参与权包含着文化接触、文化创造和传播以及国际文化合作。可以说,多项权利的区分与罗列有利于在理论和实践中避免分歧。

五、文化权利的属性

文化权利的本质属性,取决于、也体现于其利益基础、主客体关系、权能等各方面。上文论述已对此有所涉及,这里再做论述。

(一)文化权利属于宪法保护的基本权利

基本权利即人权。文化权利是得到各国宪法肯定的公民普遍享有的基本权利,并为国际人权宪章所规定。但是,文化权利是由多种不同的具体权利构成,其是否均属于基本权利,国际社会一直存在争议。

历史地看,联合国人权专家 K. 瓦萨克(Karel Vasak)于 1979 年提出三代人权(Three Generations of Human Rights)的划分:第一代人权是确立于 18 世纪的个人自由权,主要是指人身、精神与财产三大自由,以及参与政治的权利;第二代人权逐渐形成于二战之后,旨在借助国家救助保障社会平等,所以可称为社会权;二战以后的当代社会提出第三代人权,以博爱为宗旨,强调民族国家的集体自决与发展,或称发展权,属于集体性权利。国际社会对于三代或三种人权之区分及其法律地位的认识存在较大争议。[①] 事实上,我们以为,差异是客观存在的,这既表现于各种人权得到确认的时代性、真正实现的条件性,更表现于各自的法律效力与地位之差异等各方面。

三代人权的区分符合人权运动的历史。原本正是基于人权性质差异之客观存在,在制定国际人权公约的过程中,联合国人权委员会于 1954 年向联大提交了两个公约草案,并形成后来的《公民与政治权利国际公约》和《经济社会与文化权利国际公约》。[②] 而这种区分正是为了顾及不同国家人权观念的差异,以利于各国的选择。此后,一些国家基本法的体例也体现了这种分别。以《葡萄牙宪法》为例,在其"基本权利与义务"题下,两类权利被分别规定,即"权利、自由"和

[①] 参见 https://en.wikipedia.org/wiki/Three_generations_of_human_rghts,最后访问时间:2016年 10 月 10 日;张千帆主编:《宪法学》,法律出版社 2004 年版,第 162 页;薛小建:《基本权利体系的理论与立法实践》,载《法律适用》2004 年第 05 期。

[②] 参见赵宴群:《文化权利的确立与实现》,复旦大学 2007 年博士学位论文,第 5 页。

"经济社会与文化权利",而文化创作自由与文化生活参与权就被分别规定在前后两类权利名下。

我们承认,文化权利至少包含了两类人权,它们分别属于第一代和第二代人权。①

文化权利中的文化自由权即文化创作、传播与传媒自由权属于消极性自由权,与表达自由具有相同的权能,甚至说是表达自由的一部分,应归入公民与政治权利的范畴,理所当然应被视为基本权利。文化受益权,即文化接触权与文化生活参与权通常被归入经济社会与文化权利的范畴,其是否属于人权,国际社会曾一直持不同观点。赞成者认为,该类权利与公民与政治权利一样,均属人权,应享有同等法律地位;反对者则认为,经济、社会与文化权利主要是政府给予个人的福利,而非基本人权;第三种观点承认这类权利是基本权利,同时又认为,这类权利属于国家的积极义务,需要国家逐步实现,而公民与政治权利则是国家的消极义务,因而它们属于不同的基本权利。国际上有人权学者指出,"传统上,文化权利与经济、社会权利一起构成人权的一个子范畴。但把文化权利归并到经济、社会和文化权利一类存在一些逻辑问题。从某种程度上说,文化权利与公民权利和政治权利有更多的相同之处。"②这一说法有其道理,但难以得到普遍认可。

无论如何,在人类社会以及权利运动发展到今天,尤其是在世界经济与文化事业已经取得较大发展的之后,文化权利不应该再被排除在基本权利之外。只不过,鉴于其中文化受益权与文化自由权之区分,我们可以以一种层次论、差异论的观点看待它们(参见下文)。关于文化权利的人权属性,有关国际文件简要指出,"文化权利是人权的一个组成部分,同其他权利一样,是普遍的、不可分割的和相互依存的。在一个多样化的、文化多元的世界上,对于维护人的尊严以及个人和社群之间积极的社会互动,全面增进和尊重文化权利至关重要"③。

(二) 文化权利的复合性与差异性

基于上述,文化权利跨越第一代和第二代人权,是一个包括消极自由权与积极受益权的权利集,即属于复合型权利。

---

① 按照三代人权学说,由国家和民族享有的国际文化合作的权利似可归入第三代人权。不过,国际文化合作权的属性与地位尚未得到充分论证。通常所谓第三代人权主要是发展权,没有将这种文化权纳入其中。此处也暂不予考虑。另外,是否承认国际文化合作权不妨碍本部分有关文化权利之属性的论述。
② 〔瑞典〕阿尔弗雷德松、〔挪威〕艾德编:《〈世界人权宣言〉:努力实现的共同标准》,中国人权研究会译,四川人民出版社1999年版,第593页。
③ Commttee on Economic, Social and Cultural Rights, General Comment No. 21, Right of Everyone to Take Part in Cultural Life (2009), Art. 1.

第五章 文化权利论

伯林(Isaiah Berlin)提出的两种自由学说一直是人们认识权利属性的重要视角。按照这种学说,消极自由(negative liberty)意味着主体可不受妨碍地实施某种行为;而积极自由(positive liberty)则意指权利的行使具有现实可能与可行性,权利人因此可以现实地控制其境况并实现其目的。差异在于,消极自由的实现要求他人不得干预,即承担不作为的义务,而积极自由的实现则要求义务人——通常是国家提供作为的义务。所以,消极自由的权能在于防御,国家与他人均应予以尊重;积极自由权的权能在于受益,需要国家承担给付义务,促进其实现。

两种自由与权利之区分的实质在于,权利之实现要求国家承担不同的法律义务。关于公民权利实现过程中的国家义务,很多学者曾做出区分。比如,A. 爱德提出了义务三分法,即尊重(respect)、保护(protect)和实现(fulfill)的义务;荷兰学者范·霍夫(Van Hoof)则区分出四种义务,即尊重(respect)、保护(protect)、满足(fulfill)或确保(ensure)、促进(promote)。其中只有尊重属于纯粹消极的、不作为的义务,其他义务则需要国家承担不同程度的积极作为。国际人权机构的有关文件也曾指出,所有人权的实现要求缔约国承担三种类型或级别的义务:即尊重、保护和落实的义务。尊重义务要求缔约国不予干涉;保护义务要求缔约国采取措施,防止第三方的干涉;而实现义务则要求缔约国为权利的充分实现采取适当的立法、行政、预算、司法、宣传以及其他措施。[①]

作为一种效力复合性的权利,文化权利具有两种性质的效力,也可以说包含了两种性质的权利:文化创作自由、传播自由与传媒自由主要属于消极自由权,可统称为文化自由权,任何他人和国家对此负有不作为的义务,即尊重、不妨碍;而文化生活参与权、文化接触权甚至国际合作权虽然也是自由权,同时也具有积极性效力,要求国家为其承担积极作为的义务,即为这类权利之实现提供、创造条件,如通过实施法律,为文化活动提供财政支持以及各类基础设施。后者可谓一种文化受益权。

可视为文化权利之核心的文化生活参与权集中体现了这种复合性特征。联合国教科文组织1976年建议书的解释已经表明,当代社会所倡导的文化生活参与权不只是一种免于干预的消极性自由权,更是一项免于匮乏、保证其实现的积极性权利,即它要求人人能有现实而充分的机会参与文化生活,而国家应为此承担起必要的履行义务。为此它建议各国,从立法、行政、财政等各个方面,采取积极措施,保障所有公民全面、平等、切实地参与文化生活。2009年,经济社会和

---

① 参见 Committee on Economic, Social and Cultural Rights, General Comment No. 17, The Right of Everyone to Benefit from the Protection of the Moral and Material Interests Resulting from any Scientific, Literary or Artistic Production of Which He or She is the Author (2005), Art. 28. E/C. 12/GC/17 (12 January 2006)。

文化权利委员会通过的 21 号一般性意见再次明确指出,为确保参与文化生活的权利,缔约国既要自我节制、又要积极行动,也就是说,既不干涉文化实践和文化用品和服务的获得,又要保证民众参与文化生活、为其提供便利条件,保证文化产品的获得和维护。也就是说,缔约国应为其承担三种类型或三个层面的义务:尊重、保护和实现。[①]

正是由于文化权利含有积极意义的受益权因素,其人权属性受到持传统人权观的国家或学者的反对。如上文所述,我们承认全部文化权利的人权属性,同时我们又承认差异论的人权观,从而不否认两种文化权利之间的效力与性质差异。一方面,任何他人以及政府都不得妨碍公民从事各种文化活动、享受文化利益,也就是说,任何类型的文化权利都具有绝对的排他性效力,属于基本权利;另一方面,具有积极性效力的文化受益权毕竟不同于自由权,具体表现在其权能有异、实现条件不同,其法律地位难以一视同仁。甚至也可以说,在某些特殊情况下,如果必要,应该对文化自由权与文化受益权之优越性地位做差异对待。这属于一种层次论观点。

不过,无论对于何种权利,国家都必须承担保护的义务。保护即救济,指的是在权利受到外力妨碍时,国家应通过法律手段予以救济。这似乎也表明,即使是消极权利也需要国家承担一种保护、救济的作为义务。但是,保护与实现毕竟不同,只有在当事人请求作为时,国家才能采取措施,所以此作为义务也仍然是一种消极义务,或者说是依申请的作为,属于一种间接的作为;而实现的义务无需申请,是直接的作为义务。

并且,我们必须注意到,为文化受益权的充分实现提供条件,需要国家具有一定的能力——尤其是财政能力。而对于不同的国家政府、甚至同一国家内部的不同区域,在不同的历史时期,这种能力有大小与强弱之分。如此,就像对待文化自由权那样,要求一个国家在其管辖范围内实现文化受益权的普遍、平等、充分的享有,显然具有客观上的难度甚至不可能。这就是说,文化自由权与文化受益权相比,应该居于优先实现的法律地位。文化自由权应该得到普遍,甚至绝对的尊重和保护;而文化受益权的实现则居于较弱的法律地位,一方面,其实现必须依赖于一定的社会环境与经济条件;另一方面,国家为文化受益权提供任何条件都必须以尊重、确保文化自由权为前提。国际规范文件对此有着充分的关注和明确的规定。比如,《世界人权宣言》第 22 条在规定文化权利时指出,履行实现文化权利的义务,国家需要"通过国家努力和国际合作",而这种努力又需"符合各国的组织和资源",显示这种义务的履行是可以有条件限制的。再如,

---

[①] 参见 Committee on Economic, Social and Cultural Rights, General Comment No. 21, Right of Everyone to Take Part in Cultural Life (2009), Art. 6, 48。

《经济、社会和文化权利国际公约》第15条在正面规定文化权利与国家的文化义务之后,第3款则要求各国尊重创造性活动所不可缺少的自由,这暗示了其对自由权优先性的肯定。其他文件也有类似规定。例如,文化合作显然有助于文化权利的实现,但《国际文化合作原则宣言》第11条要求,"本宣言之基本原则的适用,应该充分考虑到人权与基本自由"。政府应为促进文化多样性采取必要措施,而《世界文化多样性宣言》第4条、《文化多样性公约》第2条都要求,任何人不得以文化多样性为由侵犯人权、或限制其范围;只有确保人权以及表达、信息和交流等基本自由,并确保个人可以选择文化表现形式,才能保护和促进文化多样性。

(三) 以政府为核心的义务主体

权利的主体包括权利人和义务人。与其本质属性相关,文化权利的主体也表现出一定的复杂性。

1. 法理上,作为基本权利的文化权利由所有人普遍、平等地享有。从上述规范文件可见,文化权利的权利人是所有人,如《世界人权宣言》等国际人权宪章所称,其所规定的各项权利的主体是"人人"(everyone)。依据我国《宪法》第47条,中华人民共和国公民有进行……文学艺术创作和其他文化活动的自由。这就是说,一国国内之所有公民可普遍享有文化权利。

机构和外国人是否可以成为文化权利的权利人?宪法学通说认为,一般情况下,机构和外国人属于宪法权利的特殊主体,其可否成为基本权利的享有者,需要根据权利的性质来具体确定。[①] 比如,机构不可能享有生命权及其他专属于自然人的权利;外国人可享有生命权、自由权等,却不一定能享有专属于一国公民的福利性权利。我们以为,基本权利既为人权,只能为自然人享有,任何机构不能享有,文化权利亦然。文化媒体机构表面上似乎拥有各种文化权利,但它们只是文化权利的代理人或管理者,即代自然人领受、行使某些权利,而不是权利的真正享有者、受益者。比如,任何出版机构作为无生命的机构,无法体验享有出版自由的尊严,也无法感受出版自由受到剥夺时的耻辱,自由的真正体验者,只能是出版活动的实际从事者,以及其他相关的个人,甚至是公众。

外国人往往是文化权利的有限享有者。具体而言,外国人可以在较大的程度上成为文化自由权的主体,比如,他们可以自由从事文化创作与传播活动。但是,外国人能否自由从事某些文化媒体活动,如能否自由地成立文化媒体机构,则视所在国法律规定。文化生活参与权与文化接触权通常被视为一种文化福利权,外国人通常也难以享有所在国的公民待遇。当然,具体情况也因国家而不

---

① 张千帆主编:《宪法学》,法律出版社2004年版,第158页。

同。比如在美国，无论国籍，任何人都可以在居所所在地的公共图书馆办理图书借阅手续。但在中国，外国人难以完全享有使用图书馆的国民待遇。

2. 义务人即为满足权利的实现所应承担义务的主体。鉴于文化权利的复合性，其义务主体也具有多层次性。依上文所述，如果将义务分为三大类，即尊重、保护和落实，对于文化权利，不同义务的主体可做如下分析。

在传统立宪主义背景下，独占性地拥有公权力的国家机构，被假定为基本人权的侵害主体，即只要政府不对基本权利采取肆意地限制与剥夺，基本权利就能得到保障。所以，一直以来，尊重基本人权的义务主体似乎只是公权力机构。事实上，普通公民之间相互侵犯基本权利的行为也是司空见惯的。所以说，今天讨论基本权利的义务人，务必承认，权利人之外的一切他人、包括各类机构，都是尊重义务的主体，都应承担起不作为的义务。在此意义上，对文化权利负有尊重义务的义务人，应是一切人，包括政府机关、任何组织以及其他自然人。对此似无需多言。

而对文化权利负有保护和落实义务的主体，只能是国家公权力机构。一方面，当文化权利遭遇任何他人之侵害时，权利人可以、也只能向国家执法机关申请救济，予以保护。另一方面，在实现文化权利的意义上，即为确保公民文化参与权和文化接触权的实现，为了让全社会拥有足够的文化成果、产品与设施，政府应该提供必要的条件。所以说，政府是保证文化权利得以实现的积极义务人。一旦特定公民或社区无法接触文化、无法参与必要的文化生活，他们可以申请有关国家机关，要求政府切实履行这种义务。

总之，文化权利归特定法域内的所有公民普遍、平等地享有，某些情况下也应该或可以归外国人享有；在一般情况下，虽然任何他人都负有尊重文化权利的普遍性义务，但文化权利的核心义务人是政府公权力机构，它们为文化权利的实现承担着全面性的义务：尊重、保护和落实。

第六章　文化管制:为文化权利设界

国家对文化事业实施的文化治理包括两个方面:文化管制与文化促进,其中,文化管制是对文化活动实施的限制和约束。现代社会,保障所有公民的文化权益是国家文化治理的根本目的,与此同时,寻求文化领域各种利益之间的平衡、维持文化活动的社会性秩序,也是政府的重要职责。这就为国家实施文化管制提出了必要性与合理性。可以说,文化管制就是为文化权利设定范围和界限。

一、文化管制的涵义

何谓文化管制?要回答这个问题,可能还需要回答更多的基础性问题:何谓管制(Regulation)?管制与规制、管理、控制乃至审查等概念,有何区别?

我国学界大量学者将管制与规制、管理视为同义词,其间可能只有语气上的些微偏差,不同学者往往根据自己的理解与感觉,选择自己偏爱的术语。[①] 而在本书中,我们将政府介入文化的一切行为统称为文化治理。而同为对文化领域的外力介入和干预,根据其作用力的方向、方式与效果之别,文化治理可区分为管制与促进两方面:文化促进是对文化事业进行扶助、支持、推动,以助其发展;相反,文化管制则是对文化活动实施限制、约束或抑制。这就是说,文化管制是国家对文化实施的消极意义上的干预和介入。

对于消极性的政府干预,文化与传媒学还有一个一直流行的术语:审查(censorship),其组合性术语包括文化审查、新闻审查、出版审查、电影审查以及媒体审查等。在西方,censorship 一词源远流长,最早源于拉丁语,古罗马时期负责户口、财产登记的政府官员被称为审查官(Censor),其权力范围也扩及文化审查。在古希腊,公元前 399 年,哲学家苏格拉底因为反对城邦政府对其教学进行的审查而被判处死刑,他的学生柏拉图曾支持对其著作《理想国》的审查。这是西方最早、最著名的文化审查案例。其后,罗马教廷开列禁书目录、近代早期

[①] 参见江必新:《论行政规制基本理论问题》,载《法学》2012 年第 11 期;茅铭晨:《政府管制理论研究综述》,载《管理世界》2007 年第 2 期;董炯:《政府管制研究——美国行政法学发展新趋势评介》,载《行政法学研究》1998 年第 4 期;侯宇:《行政规(管)制理论之省思》,载《公民与法(法学版)》2015 年第 1 期;马健:《论文化规制》,上海交通大学 2013 年博士学位论文。

英法等国严酷压制图书出版、纳粹德国及苏联时期大规模禁书并迫害异议作家等，这些都属于典型的文化审查。

按照本书的界定，文化审查属于管制，但二者并非等同。比较而言，其共同点在于，二者都是对文化活动实行的消极性干预，都具有限制性效果。但作为一个更传统的用语，审查主要被用来指称与民主法治原则相悖的任意性压制，尤其是对内容实施事先限制，因而已经是一个贬义词，含有消极的价值评价；管制虽然也是一种限制，却更倾向于中性，不含价值评判；尤其是，它更侧重于现代法治背景下权力机关依法采取的干预行为，以保护法定权利、维护整体的社会秩序为目标，并遵循现代法治原则。

在现代欧美多个社科领域，管制一词可谓炙手可热，诞生了无数的著述和定义。根据本书论述的需要，我们不妨择要引用几例，以助我们对于文化管制的理解。按照《新帕尔格雷夫经济学大辞典》中罗伯特·博耶（Robert Boyer）的解释，管制是指国家以经济管理的名义进行的干预。[1] 日本学者植草益的主张比较宽泛，将管制（规制）视为对个人和经济主体的活动依据规则实行的限制行为。[2] 丹尼尔·史普博的解释是，行政机构直接干预市场资源配置或间接改变市场供求决策的规则和行为。[3] 在各个论者体系性的论述中，其对于管制的理解肯定存在着各种差异，却仍有着实质性的一致：政府对私人活动、市场运行的干预。

我国学界承认，"在我国的行政法学研究中，对于行政规制概念还缺乏统一的定义，不同观点之间差异较大"，"行政法学对于行政规制的研究起步晚"。[4] 在这里，综合、借鉴多种解释，本书从相对广义的角度理解文化管制：它涵盖了政府对一切文化现象、文化事务、文化活动采取的干预行为。其中——

第一，管制的性质仅仅是消极意义上的限制行为，不包括积极意义的激励、促进、给利行为。这也是本章不使用规制、管理的原因之一——似乎只有管制一词更可凸显限制、控制之意。

第二，被管制的对象是公民、法人或其他机构组织实施的一切文化活动。

第三，管制主体是广义的权力机构，即政府，包括行政机关，也包括立法与司法机构。在法治社会，现实中的文化管制通常体现为，立法机关颁行管制文化活动的成文法；依据法律授权，行政机构采取引导、限制文化活动的管制措施；而司法机关则回应当事人的诉求，依法对有关文化事务的争议作出裁决。

---

[1] 〔英〕约翰·伊特韦尔等：《新帕尔格雷夫经济学大辞典》（第四卷），陈岱孙主编（译），经济科学出版社1996年版，第135页。
[2] 参见〔日〕植草益：《微观规制经济学》，朱绍文、胡欣欣等译，中国发展出版社1992年版，第19页。
[3] 〔美〕丹尼尔·史普博：《管制与市场》，余晖等译，格致出版社等2008年版，第45页。
[4] 江必新：《论行政规制基本理论问题》，载《法学》2012年第11期。

由此，所谓文化管制，就是政府或政府部门，或者是经其委托、授权或指定的机构，对文化领域各种现象、尤其是各类文化活动进行干预的行为，包括规划、协调、引导、监督、限制、控制、审查等。在法治社会，政府实施文化管制必须以法律为依据。

二、文化管制分类

纵观中外历史上曾经发生和仍然存在的文化管制，我们可以从不同的角度对文化管制进行分类。这些分类方式主要包括：管制对象如文化领域与媒介、文化活动类型，管制的方式，管制的目的与理由等。通过对各种类型的文化管制进行梳理与考察，我们可以在比较的基础上，认识各类管制的本质属性、尤其是其合理性与必要性，并对其作出适法性与合宪性。

（一）根据文化领域与媒介差异

这里所谓文化领域与媒介差异，指的是文化活动、文化实践的类型区别，文化管制可以依此区分为针对出版、广播、电影、互联网等媒体类型，以及对于创作、演出、展览、文化设施、文化物品交易、文化遗产等不同文化领域的管制。不同文化领域，其活动主体、活动方式、功能、作用与社会影响等有着明显的差异，法律规范方式也应有所不同，所以，立法与管制也往往依此分别实行。

1. 出版管制

出版指的是纸质印刷品的生产过程及其出版物，出版管制因而就是对印刷品的生产、传播乃至获得、保存等各环节的管制。出版是最早诞生，因而也是最早受到管制的大众传媒方式。比如，我国秦始皇焚书、罗马教皇的禁书目录等，都是以出版物为对象。

出版管制的环节主要包括：出版机构的设立，书籍生产即编辑、印刷，书籍传播如书店销售、图书馆流通，这些是出版管制的核心环节；有些情况下，书籍消费即读者持有、阅读书籍，书籍进出境也会被纳入管制。出版管制针对的主体包括出版机构、印刷机构、书店等销售机构、图书馆、学校，个人与家庭在个别情况下也会受到管制。

比较而言，在前现代社会，出版管制覆盖出版业各个环节。16—17世纪的英国颁行印刷许可法，严控书籍印行。书籍审查机构经常性地到书籍生产、销售甚至家庭进行搜查。而在法治社会，除非依法被判定其具有不法性与危害性，出版管制已经基本被取消。绝大多数国家和地区甚至没有成文的出版法。值得注意的是，法国1881年《出版自由法》虽至今有效，但其宗旨主要是宣示出版自由受到保护，同时对出版业某些环节做出了程序性规定，而并没有包含太多管制出版的规定。在我国台湾地区,中华民国于1930年颁行、历经多次修订的"出版法"于1999年被宣布废除,正说明了出版立法的不必要。法治社会的文化管制实行事后追惩,而出版物的特点决定了它更加适于事后发现问题,所以,针对销售之前的一切出版环节的限制都被视为不必要、不合理。

在谈到媒体管制的模式时,美国学者克里奇(K. C. Creech)提出了所谓"报纸模式"(newspaper model)[1],这种模式的特点在于,报纸出版过程不受任何外部干预,内容的合法性概由其编辑人员自我审查,并于事后依法承担可能的法律责任。这可以说是现代出版业共同适用的管制模式。可以说,就现代国家的普遍做法来看,出版管制的法律框架属于事后责任追究模式的典型。

2. 广播管制

此处广播是指包括电视在内的广义广播,其种类多样,包括音频广播与电视广播、无线与有线广播、卫星广播、加密点播等。

按照美国学者克里奇(K. C. Creech)的论述,媒介管制中的"广播模式"(broadcast model)[2]的特点在于,广播、主要是无线广播是所有传播媒体中受到最多外部管制的媒介。与其他媒介管制,尤其是与上述出版管制相比较,广播管制法应该是最为发达的一个部门,各国都出台了全面管制广播各领域的成文法。比如在美国,虽然它向未就出版管制进行立法,虽然它的法律体系属于普通法与判例法,一当广播业初起,美国就早早地出台了管制广播业的成文法(最早是《无线电法》,后代之以《通讯法》),几经修改,实施至今。大多数国家都是如此,甚至就广播领域的各方面进行单独立法,如公共广播法、有线电视法、卫星电视法等等。与此同时,为了实行广播业管制,以美国为代表,各国还都成立了权威度颇高的政府监管机构,如美国的联邦通信委员会。

可以说,广播,尤其是无线广播业的法律管制所采行的应该是一种严格管制模式。发达的广播管制体制是与广播技术与产业的特点分不开的。这种状态还会持续下去。

3. 电影管制

电影管制是文化领域又一个管制体制比较发达的领域。很多国家颁行了《电影法》,有的国家还颁布了电视审查法。近似于广播领域的管制法理,作为一种文艺类型,电影有着与其他文学艺术不同的特点,各国对它进行了相对严格的管制,并制定了专门的成文法。电影管制中比较重要的制度是影片分级制度,以影片内容对于青少年的适宜性为基础,对其进行分类,以指导影片发行放映与观

---

[1] Kenneth C. Creech, *Electronic Media Law and Regulation*, p. 109, Routledge (6 edition), 2014.

[2] Ibid.

看。从欧美到印度等发展中国家,大多数国家都建立了电影分级制度。

4. 网络管制

网络是一种多功能通道,融信息、新闻、商务与文化为一体;并且,从互联网到移动网,网络已经深入人们的生活,网络行为因而面临着各类法律的规制。这里所涉只是作为文化信息传播媒介的网络。

从互联网刚刚普及的20世纪末开始,由于它具有去中心性、交互性、全球一体化、渗透性强等特点,且它有着覆盖并超越以往所有媒体的传播特性,人们就一直担心各类不良信息造成的影响,尤其是可能给青少年身心健康造成的损害,并想方设法依法实施管制。很多国家出台了管制网络的法律法规,但与广播相比,网络管制体制尚在进一步探索的过程中。

从服务内容来看,网络经营主体通常可分为网络服务提供商(ISP,internet service provider)和网络内容提供商(ICP,internet content provider),前者主要是向用户提供互联网接入渠道服务的电信运营商,后者则是向用户提供信息的服务商。这样,对于功能不同的服务提供主体,法律应采取不同的规制方式。比较而言,通常只有后者才应对其传输的内容承担法律责任,成为文化管制的对象。所以说,美国学者克里奇将网络媒介的规制模式称为"混合模式"(hybrid model),因为它混合了所有其他媒体管制的法律模式,根据具体情况,法律应对不同的网络经营者采取不同的规制方式。[①]

5. 创作管制

创作管制指的是对个人从事文学艺术创作活动进行管制。按照国际人权约法和宪法,创作自由权几乎占据绝对性地位,即绝对反对任何他人干预个人创作。所以说,在现代法治国家,宪法与法律几乎是无条件地禁止政府以及他人对个人创作实行管制。并且,创作在某种意义上可被视为一种隐私,它不会危害他人与公众,不容干涉。所以说,只有在实行极权专制的国家和时代才会有创作管制。比如在中国清朝,在苏联时期,政府可以到家中搜查,没收、销毁"忤逆"的"反动作品",并对作者实施处罚。

现代社会所提倡的文化法治不包括创作管制。也许可以说,对于文化艺术创作,现代国家采取的是一种自由放任主义模式。

6. 演出管制

演出管制主要是指对文艺作品,尤其是戏剧、音乐等作品的公开表演实施管制。

演出是文艺作品得以发表与传播的重要途径,一定程度的管制、甚至是事先

---

① Kenneth C. Creech, *Electronic Media Law and Regulation*, p. 109, Routledge (6 edition), 2014.

审查,可以防止、限制某些作品的负面影响。尤其是,戏剧、歌舞等作品的现场表演具有较强烈的现场感,甚至互动性,其内容中的负面信息,尤其是色情、低俗、暴力等应受必要程度的管制,甚至受到事先禁演。

另外,演出活动可能会影响周围社区的安宁,甚至可能产生治安等方面的消极影响,所以,演出活动与场所可能受到内容之外的限制和审查,如时间、空间、场所设施等,例如我国对广场歌舞实施的限制性措施。

7. 展览管制

文化展览是在特定的空间场所向公众展示文化物品,主要有美术作品展(包括画展、摄影展、书法展、雕塑展等)、文物展、书刊展等。其中尤为突出的是,展览往往是视觉作品首次发表与传播的重要途径。政府往往会根据作品内容的社会影响,对展览活动实行管制。

8. 文化设施管制

文化设施包括影剧院、图书馆、博物馆等,它们是发表、传播以及保存、收藏各类文艺作品或文化物品的途径和场所。与上述同理,在某些情况下,一定程度的管制是必要的。相对来说,这种管制会与其他管制交叉,如影剧院与演出的管制、图书馆与书籍管制等。

9. 文化遗产管制

文化遗产包括文物和非物质文化遗产。广义的文物包括历史遗留下来的具有文化价值的物品、场所等。非物质文化遗产指的是历史遗留下来的各种传统文化表现形式,同时也包括与这些传统文化表现形式相关的实物和场所。文化遗产管制的对象并非遗产本身,而是遗产保护、使用、流转过程中的国家、机构与个人行为。

20世纪中期以来,国际社会与各国各地区都十分重视文化遗产保护,通过国际公约与国内立法建立了比较健全的文化遗产法。为了保护文化遗产、并保护有关遗产主体或来源地的利益,文化遗产法对国家、机构和个人的各种涉及文化遗产的行为进行了必要的规定。

总的来说,上述各类文化活动因媒介特征不同、公众接受方式有异,政府有必要对它们采取不同的管制立场,实行不同方式、不同程度的法律管制。比较来说,有些文化媒介与活动在内容上更具有社会敏感性,传播方式上更具有社会渗透性,可在较短时间内对大范围公众造成广泛而深刻的影响,如果任其自由放任,难免导致大量信息在人群中的传播,迅疾产生较大范围、无可挽回的负面影响,故严格管制具有必要性,如广播电视与电影等甚至需要实施一定程度的预先审查(包括自我审查)。有一些文化媒介与活动的传播方式不同,其影响速度缓慢、范围不大,且负面影响一旦发生,也比较容易采取及时的限制措施,政府管制因而就不必太严格,如博物馆设施、图书出版等。这就说明,对于不同类型的文化媒介与活动领域,政府应该根据各自的适宜性与必要性,实施分类立法、分别管制。

(二) 以文化活动的相关要素为根据

1. 主体管制

主体管制主要是对从事文化生产、传播等文化活动的机构进行限制,包括行业准入资格管制、文化主体规模和数量管制、经营范围管制等。特殊情况下,文化创作主体、文化享受的主体也受到一定程度的管制,如电影分级制度就是依据观众年龄进行观影限制。

在我国,不同的文化领域实行着不同的准入制度。对于大众传媒行业,报纸、期刊、图书出版以及广播、电影行业都采取严格的许可(审批)制。而且,国务院有关行政管理机构确定某一行业的规模与数量。如《出版管理条例》规定:"国务院出版行政主管部门制定全国出版单位总量、结构、布局的规划,指导、协调出版产业和出版事业发展"(第10条);成立出版机构,需经"国务院出版行政主管部门审批"(第12条)。广播等传媒机构的设立与此近似。比较而言,电视节目制作单位、网站、演出场所的设立就不像出版机构这样采取严格的审批制,国家也没有采取严格的规模与数量限制。

传媒机构的所有权制度也是一项重要限制。所有权制度指的是传媒机构的所有权类型。在西方国家,除了公共广播机构的所有权属于国家之外,各类文化机构的所有权罕见国有。而在我国,文化机构向来以国有为主流。经过几十年的体制改革,虽然印刷厂、网站等允许私人所有,但一直占据主流地位的大众传媒机构如出版社、广播电视台等,只能由国家所有并经营。

文化经营主体资格限制,尤其是实行国家所有权体制,为政府实行文化管制提供了极大地便利。

历史上、甚至现实中也曾出现过对作者个人及其作品、文化活动的限制,尤其是在实施文化专制的国家。比如,德国纳粹时期(1933年),戈培尔对德国电影业实行"雅利安化"运动,全面限制犹太裔电影人的作品(这不妨被称为种族限制)。

2. 内容审查

内容审查(Content-based Restriction)即基于内容要素的审查[①],是就文化活动的主题思想、故事情节、语言等进行审查,判断其是否符合一定的标准并做出处理,包括是否予以禁止、删改或如何分级等决定。

文化产业归根结底是内容产业,文化发达根本上就是内容的丰富多彩,所

---

① Wright, R. George, *Content-Based and Content Neutral Regulation of Speech: The Limitations of a Common Distinction*, University of Miami Law Review, April 1, 2006. Available at SSRN: http://ssrn.com/abstract=1158603, last visited Oct 20, 2015.

以,文化管制之与其他类型政府管制的不同处,正在于它难免要考虑内容方面的限制。甚至说,内容审查是文化管制的核心和最终目的。比如,前述主体限制的目的最终也指向内容审查,而这里要讨论的是直接的内容审查。

尤其是在专制社会,文化管制形形色色,但是,无论是秦始皇焚书、乾隆帝编修《四库全书》时的"寓禁于征",还是罗马教皇的禁书索引、苏联对文学家的迫害,其依据、其实质都是为了管制作品的内容。

与专制时代不同,法治社会文化管制的一项基本原则是内容中立的审查,即要防止、限制内容管制。而事实上,法治社会务在限制、弱化而非完全禁止内容审查。即使在最为重视表达自由的欧美,其对广播、电影等实行的审查也都涉及内容审查。如电影分级制度就是建立在内容审查的基础上。

不同媒体,其内容管制的方式是不一样的。美国学者克里奇将其区分为四类:(1)普通传载者或电信模式(common carrier or "TELCO" model)。电信渠道传递信息,就像交通工具运送货物,它们都无需进行内容管制。这就是所谓内容中立原则。(2)报纸模式(newspaper model)。报纸出版不受任何外部干预,内容合法性由出版者自我审查,并接受事后审查。(3)广播模式(broadcast model)。所有媒体中,广播、主要是无线广播受到最多的外部管制。(4)混合模式(hybrid model),即混合了上述三种模式,主要适用于有线电视和互联网。[①]

3. 技术调控

技术调控是基于文化活动中的技术性因素而对其实施的调节和控制,与主体状况和内容无关。这种管制属于完全内容中立的管制,主要存在于技术性比较强的媒体领域,如广播、网络等。

比如,广播媒体最初是以无线电频率为基础,而频率是有限的,频率使用者之间可能会发生相互干扰与冲突,所以需要由政府管制频率的分配与使用。当电视技术充分发达以后,无线、有限以及卫星等电视技术差别较大,信号传播方式与受众接收方式不同,政府就有必要有的放矢,以不同规则管理不同的技术媒体。

广义上说,技术调控也包括这样一些与主体和内容无关的管制:出版物开本等必须符合出版标准要求;出版物必须在合适的位置标明出版者的名称、出版日期等,并必须遵循行业标准或惯例;电视台也必须在规定的时间和位置标明自己的名称或台标等。

4. 他人权益保护

文化活动者在从事文化活动时,必须尊重他人权益——主要包括他人的名

---

① Kenneth C. Creech, *Electronic Media Law and Regulation*, p. 109, Routledge (6 edition), 2014.

誉权、隐私权、著作权等,否则即构成对他人权益的侵犯,应承担相应的法律责任。他人权益保护为文化活动自由划定了界限,也是一种文化管制。

总的来看,上述各类文化管制活动中,技术要素是一种客观存在,它本身是某些文化活动的前提和基础,对文化活动构成客观限制。而依法实行技术性文化管制,是遵循技术性规律的表现,有利于文化活动的开展以及文化事业的整体发展。而主体限制与内容管制是基于政策性考量而实施的管制,其目的是减少、弱化某些文化活动的负面影响。但从现代社会的法治原则出发,从业自由和内容中立是文化自由的必然要求,这两种管制应该尽量减少甚至取消,只在必不可少的时候才可依法实行。

(三)以内容为依据

内容审查已如上述。不同的内容涉及不同的利益,所以,文化管制的实施必然会具体考虑被管制作品或活动的具体内容,即其主题思想、题材等。由此,内容区分在文化管制中具有重要的法律意义。

通常情况下,依据作品或文化活动的内容差别,文化管制主要可区分为下列几种情形[①]:

(1) 道德管制是对内容的道德属性与社会影响进行审查。

某些内容的公开传播会损害公共道德、尤其是青少年的精神道德健康,故应受到限制甚至禁止。道德审查最重要的是对淫秽内容的审查,因为淫秽是世界各国各时代共同的敏感内容,因而会受到普遍性的限制。比如,在中国古代,历朝历代都出于道德目的而对淫秽书籍实施查禁。今天,我国以及很多国家的刑法都将传播淫秽品的行为视为犯罪。在美国,《通讯法》虽然不要求直接的内容审查,却依然多次提及淫秽内容问题,同时并不关心其他任何性质的内容,恰恰表明淫秽管制依然必要(参见本书"广播电视法"一章的论述)。很多国家普遍实行的电影电视剧分级制度就是道德管制的一种实施方式。

不过,各国由于其文化差异,道德审查的具体标准会有较大区别。

(2) 宗教管制是对内容的宗教倾向及其社会影响进行管制。

无论是在政教合一的时代,还是在宗教多元的体制下,宗教管制都可能存在。此类管制的目的或是为了保持宗教的纯一性,或是为了反对宗教歧视、保障宗教多元。所以,宗教管制大致可以区分为异教管制和宗教歧视禁止两类。

异教管制即限制与禁止任何信息资料和有关活动中含有异教内容。异教管制盛行于政教合一的时代,为了维护宗教思想的纯粹性,世俗与宗教当权者都是异教管制的支持者与施行者。16—20世纪罗马教皇发布禁书索引的做法便是

---

① 参见 http://en.wikipedia.org/wiki/Censorship,最后访问时间:2015年10月20日。

此类。现代社会仍有异教管制存在,如伊朗精神领袖霍梅尼宣布禁止拉什迪小说《撒旦诗篇》(Satanic Verses),并对作者进行追杀。在当代,有些基督教国家禁止学校课堂讲授进化论内容,如罗马尼亚;英美一些学校拒绝讨论宇宙创造学说等。

宗教歧视管制是现代国家为消除宗教歧视、宗教冒犯所实施的内容审查。由于现代社会实行宗教自由与平等,限制、排除异教内容的审查受到禁止;与此同时,为了防止某些个人或组织在其作品或文化活动中表达对其他宗教的歧视甚至污蔑,政府对其实行事后审查仍属必要。

(3) 国防管制是为维护国防利益而对有关信息进行管制,以防止国防信息向敌方传递。

国防管制普遍存在,而在战争期间尤其严格。比如在二战期间,很多国家的军方加强文化,尤其是媒体管制。在英国,即使电影审查也都转由军方负责。

(4) 政治管制是指政府出于政治性考虑,限制或禁止某些信息、作品的传播,阻碍公民获悉,进而防止发生某些于政府不利的政治状态,尤其是造反、动乱等。

政治审查的理由是多方面的,如国家主权、民族尊严、国际关系,而最为常见、危害也最大的政治审查,往往只是执政者,尤其是专制独裁者为维护执政者自身地位与权威的正当性。

与道德管制一样,政治管制是最为古老而常见的内容管制。不仅两千年前的中国秦始皇实行过焚书,现代政治管制也大量存在查禁文化传播的行为。现代最大规模的文化管制曾发生在20世纪的纳粹德国和苏联时期。纳粹德国实行空前的文化审查,大量著作被禁毁、文艺家受到迫害。比如根据德国作家雷马科的小说《西线无战事》改编的好莱坞电影在德国被禁映,因为戈培尔认为,它把德国士兵视为"被吓坏的孩子"、"侮辱了德国军人的荣誉"。苏联对持异议文艺家的迫害、对其作品的禁止,与纳粹德国相比,有过之而无不及。

但与道德管制不同,在现代法治社会,文化内容的政治管制已经日益少见。尤其是在充分贯彻宪政的国家,执政者如实行政治性文化管制,被视为违宪。

在现代社会,上述各种审查还都不同程度地存在于各个国家和地区。比较而言,由于其涉及全人类普遍而共同的价值观,道德审查的合理性不会完全消失;在宗教信仰依然是人类重要的生活方式时,宗教审查也仍然普遍存在。但在实行宪政法治的国家,宗教管制的目的与古代社会相反,即禁止宗教歧视;政治性管制正日益弱化,甚至受到禁止。

(四) 以管制方式为依据

1. 事先限制与事后追惩

就特定文化活动而言，根据具体管制行为实施的程序差异，可将其区分为事先限制和事后审查。

事先限制(prior restraint)或在先审查是在具体的文化活动发生之前实行审查，审查认定符合标准的内容方可对外公开传播。比如，报纸、图书在出版或发行前接受内容审查；电影电视剧在投拍之前申请拍摄许可，拍摄完成后受到的公映审查；演出活动的节目内容在正式演出前接受审查等。审查结果往往是，符合标准者，可以公开传播、演出；未通过审查者，要么禁止其公开，要么经删改直至合格后允许其公开。

事后追惩(subsequent punishment)即文艺作品与文化活动公开传播之前不接受强制性审查；只有在其包含违法情形、公开传播造成消极影响之后，方可依法受到责任追究。责任追惩的方式依具体情形而有所不同，如原作品不得再行传播、文化活动的责任人员或涉事机构受到依法查处，甚至受到刑罚等。

总体而言，现代社会文化法治的基本原则是，严格限制、甚至禁止事先审查。原因在于，作品和文化活动只有在公开传播之后，其违法性与危害性才能得到公开检验并认定。美国学者指出，美国开国者深深地记得，在英国许可制度之下，未经事先许可，任何出版物都难以面世。所以，美国宪法第一修正案的宗旨就是要防止事先审查。在著名的尼尔诉明尼苏达一案，法院就曾指出，"出版自由的涵义主要是(虽非绝对)，免除事先限制或审查"，而这是一个具有普遍性的观念。①

同时，上述尼尔案判决也表明，事先限制并不是要受到绝对禁止。在特殊情况下，如果具体言论泄露了重要的军事信息，含有淫秽，或者有可能直接鼓动"暴力行为"，政府可以实施事先限制。因而，现代法治社会并不反对一切文化审查，而是要防止事先审查；与此同时，事先审查也并没有受到绝对禁止，而是要被局限于法律允许的极为个别的情形之下。

商业与淫秽内容常被视为比较特殊的领域。美国法院就曾经容忍针对这两个领域的事先限制：即淫秽品与虚假广告，原因在于二者无论是在公开之前或还是在之后都容易判定；并且它们都缺乏政治言论的时效性(immediacy)。最高法院曾经指出，"性话题是持续长久的，但罕见有特别涉及时下局势的利益"②。在某些情况下，一些纯粹商业性的言论如广告及其他推销等可以受到事先限制，这

---

① Near v. Minnesota, 283 U.S. 697 (1931).
② A Quantity of Copies of Books v. Kansas, 378 U.S. 205-Supreme Court (1964), 224.

不会构成违反宪法。法院的理由是,与非商业性言论相比,商业言论通常不具有紧迫性,事先限制造成的延迟不会造成损害。① 现实中,烟草广告、虚假广告等都是依法受到事先限制或禁止的。

并且,政府也不能随意实施它认为合理合法的事先限制,政府要"承担严格的证明责任,以表明其实施该限制的正当性",这是其事先限制最为必要的条件。②

另外,事先审查往往以变异的方式广泛存在着,这主要表现为所谓行业自律以及文化活动人员的自我审查(self-censorship)。比如,每个作家、艺术家在公开发表作品之前都会考虑其行为的合法性,并自觉约束其创作或发表。在电影领域,行业协会事先制订分级体系,让电影制作者、发行与放映者预先主动遵行,从而达到了预先限制的效果。但严格来说,每个文化活动者作为一个社会的理性人,自觉遵循社会公德和国家法律是理所当然的行为准则,这种自律行为并不能被简单地归入违法违宪的预先审查——由当局强制实施的外在审查。

2. 依法管制与任意管制

依法管制指的是文化管制以法律为依据。具体而言,特定文化活动是否要受到政府审查,并受到限制或禁止,必须有事先的法律规定;否则,政府不可实施文化管制。当然,在实施普通法与判例法的情况下,即使没有明确的成文法规定,管制应合乎已有的普通法原则或判例法。

作为依法管制的反面,任意管制则是在缺乏法律依据,或者超越法律规则授权范围的情况下,管制实施者完全依据其权力和意志实施文化管制。任意管制因此可被称为滥用管制、滥权管制。比如,专制政府或君王所实行的文化管制大都属于这种任意性管制。在事先限制过程中,由于没有客观标准可供遵守,内容审查者往往会基于主观意志做出判断和决定。在对文化活动主体发放许可证的过程中,如果法律没有严格规定,当局也容易任意决定,甚至徇私。

显然,国际人权约法以及民主国家的宪法所允许的文化管制,只能是以法律为依据的管制。

3. 政府直接管制与间接管制——行业自律、自我审查与他人干预

依据管制的实施者或发起主体的不同,管制可做如下区分:

政府直接管制是指政府、通常是政府专职部门或其委托、指定的人对文化活动直接实行管制行为。直接管制的通常表现是,政府部门会要求文化活动主体,就某种文化活动事项如设立文化机构、出版、演出等向政府提出申请或登记,由

---

① Virginia State Board of Pharmacy v. Virginia Consumer Council, 425 US 748-Supreme Court 1976.

② Organization for a Better Austin v. Keefe, 402 U. S. 415, 419 (1971).

政府进行审查;政府可以通过各种途径搜集信息、监督文化活动,或根据他人举报,在必要时对文化活动做出审查,这些都属于政府直接管制。

政府间接管制中,政府不直接介入文化活动,不对其进行调查、做出判断和裁决,而是通过制定规则,由文化活动者自我管束,或者交由行业组织或第三方机构实施审查。只有当任何一方将具体事项提交政府,政府才直接接入。在国外,间接管制被称为软审查(soft censorship),应该是与政府直接管制作为硬管制相对而言。

行业自律、自我审查与他人干预都属于间接管制。

行业自律即由特定行业组织对行业内的文化活动主体实施的管制。通常情况下,行业自律是由行业组织依法为本行业制定规则,由大家自觉遵行;必要时,行业机构可以对特定的文化活动主体提出建议或警告。行业自律属于自愿行为,并无强制性的法律效力,但它确实可以发挥替代政府直接管制的作用。比如,美国电影分级制度就是由美国电影协会(MPAA)组织下的行业自律行为,其虽属自愿,但电影制片与传播机构都大都乐于遵守。

自我审查(self-censorship)是创作者或其他文化活动机构对其创作或传播的作品或活动内容进行自觉审查。自我审查是自愿,但严格来说未必自愿,因为自我审查者往往会基于严格的政府管制,甚至惩罚而被迫选择自我限制。

他人干预是指第三人对特定文化机构的行为提出建议或抗议,发挥了限制其文化活动的目的。此种干预也不具有法律效力,被干预者可以遵行、也可以拒绝,必要时当事人可以诉诸司法干预。

法治基础上的间接管制被视为文化管制的主流。在现代社会,明确的法律规定是一切文化活动、包括文化管制的唯一标准。所有文化活动主体通常都会自觉遵守法律,而无须经常面对政府的直接干预。而只有在一些模糊地带,政府管制才是必要的。

三、现代文化管制的合理性与基本原则

文化管制虽然表现为各种类型,而在现代社会,我们倡导的文化管制必须是宪政与法治背景下的文化法治意义上的管制。所以,我们应该更多地关注,现代法治社会保障表达自由与文化权利,是否要、为什么要实施文化管制?实行文化管制是不是有违宪法所保护的表达与文化自由?现代社会实行文化管制应该遵循何种原则?这是现代社会实行文化法治的基础问题。

回顾文化管制的历史,我们发现,从古代秦皇清帝,到纳粹与苏联,文化管制都是为了推行其意识形态、确立其政治权威、强化其统治地位。但是,我们已经指出,今日法治政府实行的是依法管制,文化管制的各方面都与专制时代完全不

同。所以,这里准备分析讨论的,只是现代法治社会实施文化管制的正当性问题,其最重要的讨论依据,无疑应该是国际人权约法以及国内《宪法》所确立的规范及其法理。

(一) 现代文化管制的合理性

现代法哲学承认,任何个人自由永远都免不了与社会整体、其他个体的权益发生冲突。越是自由的社会,就越是离不开警察。就政府管制实践来看,美国有着最强烈的个人主义与自由主义传统,但美国却被公认为是最早产生政府管制的国家,并且,它所发展出来的一套范围广泛而精致的政府管制体制使它成为政府管制最成熟的国家。① 我们不难看到,美国政府在产业垄断、食品药品、广播业等领域实施的管制,可谓管制实践之典范。

文化与表达的自由亦然。在一个和谐的法治社会,任何人的表达与文化自由都有其界限,文化自由与文化管制因此而处于既相互对立,又和谐相处的状态:正是为了保障表达与文化自由权,文化管制才是必要的、可能的,而文化自由享有者必须容忍其文化活动受到必要的管制。

以美国为例。美国宪法第一修正案规定,"国会不得制定任何法律……剥夺言论与出版自由"。如就字面做严格解释,该规定很容易让人们得出一个绝对化的结论:即表达自由是不得受到任何剥夺,哪怕是缩减的。但是,就司法实践而言,美国法院向来没有肯定这种绝对化的观点。它甚至一贯性地认为,言论自由要受到限制,尤其是,有些类型的言论不受第一修正案的保护,即不享有表达自由。美国法律界从两个角度对表达自由保护的这种例外性作出论证:其一,虽然某些表达的自由应该受到保护,但如果其他公、私权益(如他人隐私权等)比这种自由更重要,这种表达自由就不能得到无条件的保护;其二,某些表达不构成宪法保护的对象,因为它们不具有任何严肃的社会价值,如淫秽作品即属此类。由此可以说,美国司法与学术界的主流倾向不反对文化管制的合理性。②

保护公民权利的《公民权利和政治权利国际公约》提供了一个国际性规范准则。其第 19 条第 3 款规定,表达自由"权利的行使带有特定的义务和责任,因此可以受到某些限制",而实施此种限制,在文化活动自由以及其他各种权益之间维持平衡、设定边界的行为,就是文化管制。对于限制、管制文化的具体理由,上述公约同一条款接着指出,"这些限制只应由法律规定并为下列条件所必需:(甲)尊重他人的权利或名誉;(乙)保障国家安全或公共秩序,或公共卫生或道德"。这一规定指明了文化管制的理由和前提:(1) 限制、管制文化只能依法进

---

① 参见茅铭晨:《政府管制理论研究综述》,载《管理世界》2007 年第 2 期。
② Leonard D. DuBoff, *Book Publishers' Legal Guide*, Fred B. Rothman & Co. (1991), p.231.

行,否则便是非法管制,此即文化管制的程序合法性;(2)在实体法上,管制的理由是防止文化自由活动对其他合法权利产生损害,这些权利包括他人权益、国家安全、公共利益,包括公共秩序、公共卫生、公共道德。值得注意的是,这些规定是封闭式的,除此之外,不得以其他理由管制文化。

总的来说,文化管制在现代社会仍然具有合理性与必要性。只不过,与前法治社会不同,现代社会的文化管制就像其他领域的政府管制一样,必须符合现代法治的基本原则。有学者指出:"良好政府管制的原则包括:公共利益、必要性、可行性、开放性、法治、有效、协调、信息、比例、简明。"[①]对于文化领域而言,我们认为,良好政府实施文化管制,必须遵循的基本原则至少应包括:公共利益原则、保护他人权利原则、事后审查、内容中立原则、法定性原则、必要原则,这些也为《公民权利和政治权利国际公约》第19条所要求。

(二)公共利益原则

"实现公共利益是政府管制的根本目的,公共利益原则是良好管制的首要原则。"[②]公共利益(public interest)是一个国家或一定空间范围内所有人都可享用、但不许任何人专有的共同利益。这种利益具有经济学上所谓的非排他性和非竞争性,即共有、但不排他——任何人都可以享用但都不能独占,不能排斥他人,也不会影响他人享用。反之,如果这种利益受到损害,则所有人都将无法充分享用。公共利益是现代政治学、法学、经济学等多个学科都予以强调的概念,显然已经成为现代社会运行与管理中的核心价值观。所以,无论我们是否强调其重要性,公共利益也总像一把达摩克利斯剑,高悬在政府管制者的头上。

依据公共利益原则,政府可以为了公共利益目的对文化实施管制。那么,具体而言,文化领域的公共利益是什么呢?《公民权利和政治权利国际公约》第19条指出,各国可以为了"保障国家安全或公共秩序,或公共卫生或道德"限制表达自由,其中所称国家安全、公共秩序、公共卫生和道德就属于公共利益的范围,虽然《公约》未使用公共利益一词。前面曾经提到,为了道德和国防利益而管制文化是比较常见的。合乎道德的文化氛围应该是大多数人都能承认的公共利益,因为人人可以在其中享受道德水平高的文化。但是,如果有人传播淫秽作品,所有人的道德感受都必然会受到伤害,尤其是青少年。而要防止淫秽作品传播,非任何个人或团体机构所能为,而只能依靠政府依法予以管制。所以,政府从道德角度限制淫秽作品,就符合公共利益之需要。

大多数文化管制立法都标明其以保护公共利益为宗旨。比如,在广播电视

---

① 张成福、毛飞:《论政府管制以及良好政府管制的原则》,载《北京行政学院学报》2003年第3期。
② 同上。

领域,世界各国家或地区都通过立法建立了相对复杂的广播管制制度,原因正在于,广播电视比之于印刷出版,其最关乎公共利益,因而更需要专门立法。我国台湾地区"广播电视法"第 1 条强调立法以"增进公共利益与福祉"。美国《通讯法》中反复出现了公共利益一词。我国文化领域多部法律法规没有明确使用公共利益一词,但其行文却暗示着保护公共利益是其首要的立法宗旨;如《电影产业促进法》第 1 条申明的立法宗旨就包括,"促进电影产业健康繁荣发展,弘扬社会主义核心价值观,规范电影市场秩序",这正是电影领域的公共利益。

值得注意的是,保护公共利益虽然是一个获得普遍支持的价值观,但公共利益却是一个抽象的概念。对于什么是公共利益,无论是在什么范围内,公认的判定标准是不存在的。这为法官以及其他管制者提供了自由裁量的余地,同时也难免为他们提供滥权的可能性。为此,公共利益保护还必须坚持必要性原则以及适当性原则。① 也就是说,在具体的案例中,无论是立法者还是法官或其他管制执行者,面对是否应该对文化活动采取管制措施,不能仅仅以笼统的公共利益的存在为理由,而必须考虑到以这种公共利益之保护限制甚至禁止某种表达与文化自由,是否具有必要,且是否适当。有的情况下,某种公共利益确实存在,限制某种文化活动也很可能有助于公共利益;但是,如果从另一方面考虑,此时如果不对特定文化活动采取管制性措施,该公共利益可能也不会受到损害,表达与文化自由反而更可能因此受到损害。所以,这就是利益平衡过程中要考虑的必要性原则、适当性原则。其实,所有领域的政府管制都一样,"良好的政府管制必须是必要的政府管制,是问题指向的政府管制,是有的放矢的政府管制"②。

(三) 保护他人权利原则

这就是说,政府可以为了保护他人的合法权益对文化活动实行管制。

那么,他人权利是什么呢?按照《公民权利和政治权利国际公约》第 19 条,为了"尊重他人的权利或名誉",可以限制表达自由。除了名誉权,他人权利并未详细明确,这似乎意味着,任何可能因表达与文化自由受到损害的他人权利都应值得考虑。根据法律实践,其他可能涉及的他人权利主要是名誉权、隐私权与著作权。

简要而言,名誉权是指自然人(有论者认为也包括法人)名望声誉不受损害的权利。隐私权是自然人之私人信息免于公开、私人生活不受侵扰的权利。这两种权利都属于人格权的范畴。著作权是指作者就其作品享有的以任何法定方

---

① 比如,现行《著作权法》第 48 条规定,对于某些侵权行为,"同时损害公共利益的,可以由著作权行政管理部门责令停止侵权行为,没收违法所得,没收、销毁侵权复制品,并可处以罚款",其必要性与适当性就颇受质疑。

② 张成福、毛飞:《论政府管制以及良好政府管制的原则》,载《北京行政学院学报》2003 年第 3 期。

式使用作品的专有权利。文化活动往往涉及文艺作品与信息的公开传播。如果被公开和传播的作品与信息中涉及对他人的评论、含有他人的私人信息,就有可能因评论不当或信息失真而侵害该相关人的名誉权或隐私权。如果被传播的作品、公开进行的演出等活动中以某种法定方式使用了他人的作品,该传播行为就可能与他人的著作权发生冲突。在这些情况下,如何处理表达、文化自由——如创作的自由、表演的自由、评论的自由等与他人名誉权、隐私权和著作权之间的冲突,就需要依法管制。对此,政府通过立法与司法,协调相互冲突的权利,甚至对文化自由做出必要的限制,就为建立和谐的文化秩序所必需。

必须指出的是,他人权利保护与公共利益保护不可等量齐观。具体言之,在公共利益受到损害或面临威胁时,为保护公共利益而限制造成威胁的文化活动往往具有现实的紧迫与必要性。但是,在他人某种权益受到损害或面临威胁时,是否一定要为此限制造成威胁的文化活动,往往需要具体衡量,而非必须。这就涉及相当复杂的利益冲突与衡量的法理难题。简单地说,权利衡量应遵循法益优先原则,也就是说,要对处于冲突之中的不同权利或利益进行对比、衡量,最后,法律应该优先保护处于优先地位的权利。比如,当某文艺作品以所谓"恶搞"的方式批评一个公共人物时,如果这种批评不怀恶意、未捏造事实,甚至也有助于人们认识有关问题,该公共人物保护其名誉权的诉求就难以受到保护,因为创作自由及其所含的公共利益更重要。

总的来说,我们认为,与隐私权、名誉权、著作权相比,表达、文化自由及其所包含的公共利益占据着优先保护的地位。在具体的利益平衡实践中,面对相互冲突的不同权利,是否实行管制,必须充分考虑必要性与适当性原则。

(四)事后追惩原则

如上文所述,事后追惩与预先限制相对。预先审查的管制方式为专制时代所普遍采用,而现代法治社会的文化管制应以事后追惩为基本原则,而预先限制只在例外情况下适用。

由于专制政府缺乏政治自信,与人民的关系常常处于对立状态,为了防止异议内容的公开,政府便对各类文化活动采取预先审查。这种审查体制必然造成公众文化活动受限制、大量作品和信息被禁止或禁毁;同时,该体制也导致政府与民间的对立,更招致文化界的普遍反对;建立庞大的审查机构,造成巨大的执政成本。所以说,对于公民表达与文化自由以及文化事业发展,预先审查无疑是最大的危害,已被法治社会放弃。比较而言,事后追惩的制度优势则是显而易见的:事后审查需经严格的法律程序,接受公开指控、充分举证、公开审判。而是否对文化活动的参与者实行惩处,必须以法律规定为准绳、以其实际产生的消极影响为依据,而这就需要以文化活动实际进行、作品被公开发表为前提。所以,事后审查在依法控制文化活动之负面影响的同时,不会对表达自由、文化自由造成危害,有利于文化事业发展。

在美国,通过1931年尼尔诉明尼苏达案和1971年纽约时报诉沙利文案,美国联邦最高法院确立了预先限制违宪的基本原则。在1931年尼尔一案中,美国最高法院论述道,"恶意的丑行传播者可能会滥用出版自由——这一事实减少免除事先出版限制的必要性……对可能发生的滥用行为进行事后追惩是适当的救济,这合乎宪法赋予的权利。"[1]学者爱默生教授就此指出:"预先限制在很多方面都比惩罚制度具有更大的阻碍性;它可能把更大范围的表达置于政府的审查之下;它会在交流发生之前予以制止;大笔一挥的压制会大大多于通过刑事程序的压制;这些程序不要求关注刑事程序中的防护措施;这一制度不允许有公开赞许与批评的机会;正如审查历史所显示的,这一制度推动了肆意妄为。"[2]

(五)内容中立原则

内容中立原则是指,文化管制与内容无关,现代政府不应将文化内容的属性作为是否予以限制或禁止的理由。这一原则反对"基于内容的限制",是因为内容限制就是思想限制,政府借此可以压制持不同政见者。而这是对表达自由和文化事业的最大危害。在历史上,文化管制大多属于内容审查,其中,政府实行政治、宗教审查乃至基于学术思想、国防利益的审查,目的往往是要删除对统治者持有异议的言论、作品。这显然有违现代民主与宪政,已为现代国家所抛弃。所以,内容中立原则符合现代民主国家的法治原则。

严格说来,内容中立原则并非一个绝对性原则,因为内容审查作为例外,依然在一定范围和程度上存在于现代法治社会。其主要表现是,为保护国防利益、公共道德等,也为保护他人的人格权等,某些内容审查为法律所允许。

所以说,在美国法院的判例中,法官并非理所当然地否定内容审查,而是采取严格的司法审查标准。只有符合这种严格标准的内容审查才可能作为例外获得法院的允许。相反,对于内容中立的审查,则不必满足严格的审查标准。

(六)管制法定原则

任何文化管制必须以明确的法律授权为前提,法律未明确允许的管制构成违法,这是管制法定原则的要求。

依据一般法理,法定原则是一切政府管制的基本原则,因为政府管制无论如

---

[1] Near v. Minnesota ex rel. Olson, 283 US 697, 719 (1931).
[2] Thomas I. Emerson, *The System of Freedom of Expression*, 1970. 转引自 Jerome Barron, C. Dienes, *First Amendment Law*, West Nutshell Series, 2nd Edition, p.51.

何是对公民和法人权利的限制、是对市场自由的干预,如果不遵守法定原则,难免会造成政府管制的滥权。文化管制也理当如此。

鉴于文化管制涉及表达自由这一核心性的宪法权利,在有些国家或地区,文化管制可能还需要以宪法授权为依据。比如在美国,政府的文化管制常常引发违宪之诉。事实上,任何国家的法律如果允许对表达行为和文化活动实施限制,也都必须依据宪法。所以说,管制法定原则含有管制合宪之意。

第七章 淫秽品管制

如前一章所述,在现代法治环境下,公共利益保护之必要是文化管制的重要理由之一。在坚持内容中立原则的前提下,依据内容的管制日益弱化并需满足严格的标准。但是,淫秽品(淫秽物品)管制自古以来就是世界各国实行文化管制的重要理由,而且在互联网高速发展的今天,这一问题更为重要。为此,本章集中讨论淫秽品管制问题。

一、概　述

在我国,法律上的规范术语是"淫秽物品"。依据《刑法》第367条,禁止"具体描绘性行为或者露骨宣扬色情的诲淫性的书刊、影片、录像带、录音带、图片及其他淫秽物品"。但是,随着技术的发展,信息载体越来越趋向于多样,尤其是,淫秽内容的存在与传播不再依赖于"物品"。所以我们更主张以"淫秽品"代替"淫秽物品",以其指称那些非物质性的作品或其他类型的信息等,而非单纯的物质性载体。

淫秽与色情虽常被视为同义词。但二者之间的细微差别还是值得注意的。比较而言,淫秽是个贬义词,秽字即肮脏、丑恶;而色情一词则更为中性。依据我国《刑法》表述,应受禁止的是淫秽,是对具有诲淫效果(即诱惑性欲)、有关色情的露骨宣扬,而非单纯的色情本身。

有史以来,色情与淫秽品(obscenity, pornography)的创作与传播问题一直是各国政府与思想家、文艺家们争论的焦点问题;即使在依法保护表达自由的现代法治背景下,不少人虽认可淫秽品享有一定程度的传播自由,而占据主流的论者以及司法判例,依然是限制、禁止淫秽品的传播。可以说,淫秽品已然成为全人类违禁的消极文化的代表。比如,英国早期文化管制主要的关注对象是宗教与政治性材料,而17世纪的英国政府开始较多地对淫秽品实施管制。19世纪以来,美国国会曾出台多部涉及淫秽控制的法律,具有标志性的是1873年《康斯托克法》(Comstock Act)[①]、1989年《反电话拨号淫秽法》(Anti-Dial-a-Porn Act)[②]以及1998年《儿童在线保护法》(Child Online Protection Act)——从法律名称可见,淫秽管制法在随着科技进步不断发展。

在中国,基于传统伦理文化背景下的道德观念,各时代都比较重视淫秽物品广泛传播带来的社会危害。时至明清时代,通俗文艺流行,且较多出现涉性描写,如流行小说与春宫画等,清代尤甚。为维护传统道德、纠正社会风气,康熙五十三年曾明令禁止春宫画与淫秽小说等。历史上最为著名的,莫过于有关《金瓶梅》的禁毁。由于其在涉性描写方面完全冲破传统,即使在董其昌这样的艺术家眼里,既认为其在艺术角度可谓"极佳",却也认为"决当焚之"。此后,《金瓶梅》一直被视为色情、禁书的代表。20世纪30年代,多个版本的《金瓶梅词话》均遭出版商的删节。共和国时期,涉性图书多以淫秽之名受到禁止或限制。比如《金瓶梅》的出版,毛泽东1957年曾主张小范围解禁《金瓶梅》,只有少数国家高级干部和从事研究的学者才有机会借阅此书。直至1983年,人民文学出版社仅仅出版了所谓"洁本",即删除涉性描写内容。2008年新版亦有删减。我国台湾地区也一度禁止《金瓶梅》出版。

法律实践方面,共和国立法与政府机构也多次发布各类规定,禁止各类淫秽物品。[③] 1979年《刑法》首次以法典的方式规定了有关淫秽物品犯罪的惩罚。经过多次法律修改以及司法解释,我国至今已经形成了比较完善的淫秽物品犯罪惩治法律制度。与此同时,国务院以及有关行政部门也都从行政管理的角度发布了各类行政法规,以便为防治淫秽品传播建立起全面、完备的法律体系。

在我国针对淫秽品的法律管制中,行政管理与执法体系尤为突出。一方面,国务院和各有关行政部门制定了一大批行政法规、规章与办法,对淫秽品的治理做出了全面的规定;另一方面,各有关行政部门单独或联合开展执法活动,对于打击淫秽品发挥了重要的作用。比如,《出版管理条例》第25条规定出版物不得包含的内容中,明确了对"宣扬淫秽"的禁止;同时,该条也禁止"危害社会公德或者民族优秀文化传统的"内容。后者似乎可以理解为,在某些内容不能被明确定性为淫秽品,但具有淫秽之嫌疑的,也可能因为危害公德与传统而被禁止。这是相当宽泛的。同时,第26条规定,"以未成年人为对象的出版物不得含有诱发未成年人模仿违反社会公德的行为和违法犯罪的行为的内容,不得含有恐怖、残酷等妨害未成年人身心健康的内容",也可为禁止淫秽内容提供比较宽泛的依据。《音像制品管理条例》第3条、《印刷业管理条例》第3条同样包含了对音像制品

---

① 以改革者 Anthony Comstock (1844—1915) 之名命名。
② 该法系美国1935年《通讯法》的赫尔姆斯修正案(Helms Amendment)。
③ 参见吴超令:《对于"淫秽物品"的认定研究》,载《长春理工大学学报(社会科学版)》2008年第4期。

"宣扬淫秽"的禁止规定。《娱乐场所管理条例》第13条禁止娱乐场所内娱乐活动含有淫秽内容,第14条禁止娱乐场所及其从业人员自己,或为进入娱乐场所的人员提供条件"制作、贩卖、传播淫秽物品"。2011年文化部发布的《互联网文化管理暂行规定》第16条规定,互联网文化单位不得提供载有"宣扬淫秽"内容的文化产品。

我国有多个行政部门负责淫秽品的管制,包括公安、文化、新闻出版与广播电视等各行政机构。在其开展的各类行政执法中,比较突出的是长期开展的"扫黄打非"活动。"黄"即淫秽文化现象的俗称,"扫黄"即清理打击各类淫秽书刊、音像制品及各类色情表演或服务。根据"扫黄打非"网站的介绍,"全国'扫黄打非'工作小组"由中共中央宣传部、政法委、中央编办、中央网络安全和信息化领导小组办公室(国家互联网信息办公室)、国务院办公厅、最高人民法院、最高人民检察院、教育部、工业和信息化部、公安部、国家安全部、民政部、财政部、住房和城乡建设部、交通运输部、文化部、海关总署、国家工商行政管理总局、国家新闻出版广电总局、国家版权局、国家旅游局、中国民用航空局、国家邮政局、中共北京市委、解放军总政治部宣传部、武警部队政治部、中国铁路总公司等27个部门组成,隶属于中央宣传思想工作领导小组,办公室设在国家新闻出版广电总局。① 由此可见我国政府对于淫秽品管制的重视程度。

各国法律体系差异很大,其有关淫秽物品管制的立法与执法体制自然不同,本部分的介绍与分析以我国法律、主要是刑法为主,有些问题将涉及国外的法律经验,以为补充。

二、我国《刑法》上的淫秽物品犯罪

1979年我国《刑法》最早规定了有关"制作、贩卖淫书、淫画"犯罪的刑事处罚:"以营利为目的,制作、贩卖淫书、淫画的,处3年以下有期徒刑、拘役或者管制,可以并处罚金。"(第170条)1990年,鉴于淫秽物品传播日益严重,《刑法》规定有所不足,全国人民代表大会常务委员会发布《关于惩治走私、制作、贩卖、传播淫秽物品的犯罪分子的决定》。经1997年修改,现行《刑法》在"妨害社会管理秩序罪"下专设"制作、贩卖、传播淫秽物品罪"。为适应网络发展的需要,全国人大常委会2000年发布《关于维护互联网安全的决定》,将对传统环境下禁止淫秽物品传播的规范完全适用于互联网络。其后,我国《刑法》历经局部修改,最高人民法院、最高人民检察院还多次颁布司法解释——即1998年最高人民法院颁布《关于审理非法出版物刑事案件具体应用法律若干问题的解释》,2004年和2010

---

① 参见中国扫黄打非网 http://www.shdf.gov.cn/,最后访问时间:2015年10月20日。

年最高人民法院、最高人民检察院先后颁布两份《关于办理利用互联网、移动通讯终端、声讯台制作、复制、出版、贩卖、传播淫秽电子信息刑事案件具体应用法律若干问题的解释》,有关淫秽品的法律规范与适用体制日益健全。

什么是淫秽物品犯罪？尽管这是我国刑法界一直在使用的一个术语,学界却一直没能给出一个简练且准确的定义。最简练的解释是,淫秽品犯罪就是指因制作或传播淫秽物品而实施的犯罪。但定义的简练显然也掩盖了这一概念的全部细节。而真正理解一个概念,永远离不开对其内涵和外延的全面分析。具体而言,理解淫秽品犯罪,离不开对该种犯罪所涉诸要素的全面把握,尤其是何为淫秽、何为(物)品、何为淫秽物品所涉行为等。

理解淫秽品犯罪的首要依据是我国成文法《刑法》。对于全部有关淫秽品的犯罪行为,《刑法》统称之为"制作、贩卖、传播淫秽物品罪"。同时,《刑法》将构成该罪的具体行为分为五类：

(1) 制作、复制、出版、贩卖、传播淫秽物品牟利罪(第363条第1款)。凡是以牟利为目的的,只要从事此五种行为之一,无论数量、情节乃至危害程度等如何,均为犯罪。其中,制作者可以是任何个人或机构;复制者、贩卖者和传播者通常可以是将他人制作完成的物品复制成多份的个人或机构;从事出版者通常为出版机构及其负责人;贩卖与传播竞合,实际上,贩卖即为传播;而传播行为有着多种方式,不一而足。

(2) 为他人提供书号出版淫秽书刊罪(第363条第2款)。能够提供书号的只能是拥有书号资源的,如出版社及其负责人。该罪中,书号提供者是否借此直接牟利、是否知悉书号的使用目的,均不影响其犯罪的构成。因为按照出版体制,书号提供者即是出版者,它有义务负责具体书刊的内容,故应该承担最终责任。关于该罪,人们提出的相关问题包括,在中国出版体制下,出版管理机构是书号资源最终的控制者,如果淫秽书刊的实际出版者通过管理人员的关系从出版机构获得书号,该管理人员的行为是否构成犯罪？严格说来,他不应承担犯罪责任,因为它对具体书刊的内容不负知悉与审查之责。

(3) 传播淫秽物品罪(第364条第1款)。该罪名涉及的行为是传播,行为对象范围广泛,可谓无所不包：淫秽的书刊、影片、音像、图片或者是可用以兜底的其他淫秽物品;同时,情节严重的才构成本罪。本罪不要求犯罪目的是牟利。比较而言,如为牟利而传播这些物品,无论情节是否严重,均属上述第一种犯罪;如果无明确的牟利目的,也无严重情节——如数量十分有限、影响范围非常狭小等,均不构成任何犯罪。

(4) 组织播放淫秽音像制品罪(第364条第2款)。其行为不是笼统的传播,而是组织播放,其行为对象特指音像制品,包括电影、录像等。罪刑区别在于,无论情节是否严重,均属犯罪,且比一般性的传播淫秽物品罪重处;情节严重的,则加重处罚。

　　《刑法》条文设计是颇费讲究的。它将组织播放淫秽音像与普通的传播淫秽物品纳入同一个条文,是因为组织播放即为传播,与其他传播性质相同。但是,传播淫秽物品普通罪明确要求情节严重,而组织播放罪无明确的情节要求,所以又要分别规定。事实上,对淫秽音像进行"组织播放",其行为本身已经包含影响范围大、情节严重之意,法律条文无需再明确要求情节严重。

　　可能引起分歧的是,什么是"组织播放"行为？这是一个、还是两个行为？只组织而不播放,或只播放而不组织,是不是该罪惩罚的对象？我们认为,严格说来,只有组织者才是该行为的犯罪主体,组织他人但自己不实施播放的,当可归入此罪;而在他人组织之下,具体通过操作设备实施播放行为的人,不构成该罪。原因在于,在播放淫秽音像的过程中,与实际播放者相比,起决定性、主动性作用的是组织者,也应是该罪的主体,而单纯的播放行为不是该犯罪的主体。

　　对于音像制品的理解,应该采取开放性视野。音像是一种视听媒介,借助于机械设备进行播放。至于音像制品是活人演出的电影或电视、活人淫秽表演的录制品、非活人表演的卡通形象等,均不应影响定罪。

　　另外,依据第364条第3、4两款,制作、复制淫秽音像并组织播放的,依照该罪处罚,并从重;向不满18周岁的未成年人传播淫秽物品的,处罚从重。因为这些行为均比普通的传播行为影响巨大,情节更为严重。

　　另外,有人将"制作、复制淫秽音像制品并组织播放罪"与"组织播放淫秽音像制品罪"单列为独立罪名,不符合《刑法》条文设计,也没有太大的理论与实践意义。

　　(5)组织淫秽表演罪(第365条)。该罪行为是"组织进行淫秽表演",这就意味着,淫秽表演的组织者而不是单纯的表演者才是该罪的犯罪主体。由于该种行为本身即是严重情节,一旦实施,影响巨大,故法条未以情节严重为条件。

　　实践发展、尤其是技术变革为淫秽品的刑法规制提出了许多新问题,比如:网络空间传递的淫秽信息是不是淫秽物品？组织他人在网络聊天室进行淫秽表演能否构成组织淫秽表演罪？[①] 在网络上传播他人"艳照",是否构成传播淫秽物品罪？等等。

三、美国的判例法经验

　　在美国,有关淫秽品管制的法律实践与学术探讨,与社会文化、宗教与道德

---

　　① 如CF软件淫秽表演案:被告人孟庆勇等使用CF软件开办网上视频聊天室,以虚拟房主的身份组织他人在聊天室内进行淫秽表演。其余21名被告先后注册加入该聊天室,通过网络对淫秽表演进行解说、配音等,对进入房间的观众进行管理。徐州市云龙区人民法院2009年宣判,被告人行为构成犯罪。

观念、整体法律理念等构成的大背景密切相关。比较突出的是,由于淫秽品管制必定面对宪法保护表达自由的问题,其中还会涉及淫秽之认定,美国司法与学术界为此先后提出一系列的规则和见解,值得我们特别关注。

建国之初,当詹姆斯·麦迪森力促表达自由条款写入宪法时,美国联邦的先驱者们没有意识到淫秽色情言论的控制问题。那个时代,普通法也没有针对淫秽的一般性禁止。除了马萨诸塞州1712年的一项法律,淫秽在当时似乎就不是一个需要立法来调整的问题。其后的两百多年间,社会发展、观念演变,尤其是技术进步、传媒与文化产业发展、法律观念变革等,有关问题渐次进入人们的视野。1821年,佛蒙特州开始出台一项反淫秽法。这一年,依照马萨诸塞州法,针对淫秽的犯罪指控首次发生——被指控犯罪的是,发表肮脏的、淫秽的或渎神的歌曲、小册子和文字诽谤,以模仿或戏弄宗教服务的方式进行文字诽谤、虚假布道者。马萨诸塞州法律是早期反淫秽法的典范,因为它已经将淫秽与非宗教行为相关联。

1842年,当公众抗议来自法国的被视为淫秽的明信片时,国会做出回应,颁行《海关法》(Customs Law),首次以联邦成文法的形式对淫秽问题进行规范。该法规定,禁止进口"不雅的和淫秽的印刷品、绘画、平板画、雕版画以及灯片"。

内战期间,美国邮政局长向国会报告称,士兵们常收到含有淫秽物品的邮件。国会便于1865年通过立法规定,淫秽图书、小册子等不许交邮。该立法首次包含了刑罚条款,并首次涉及邮件,对犯罪者规定了500美元的罚金或/和1年以下监禁。邮局职员借此对邮件实施审查。

总的来说,在19世纪及其以前,由于淫秽品流行程度低,尤其是由于新教道德的广泛影响,美国社会普遍视淫秽品控制为理所当然,而宪法第一修正案(即表达自由条款)对于淫秽品规制也没有发挥多大影响。到了19世纪末、20世纪初,淫秽品控制开始成为一个影响广泛的大问题,国会开始采取行动。

1967年,美国国会建立淫秽与色情委员会(Commission on Obscenity and Pornography),将淫秽和色情传播认定为关系全国的事情。此后,针对色情对社会、尤其是对青少年所具有的潜在影响,国会表现出了全面而深入的关注。可以说,此时的情形已与美国早期完全不同。想当初,淫秽管制与表达自由之关系未受关注,一方面,原因在于有色情嫌疑的行为的发生几率不是太高,管制的影响自然也未受注意;另一方面,按照传统道德观点,几乎人人相信政府禁止淫秽乃理所当然。

但是,针对信息传播与文化的审查无论如何会引发美国人更深入的关注,以致开始质疑淫秽管制的合理性问题。而依据宪法第一修正案,美国法官应该坚持事后惩罚、而非在先限制。于是,有关淫秽管制的司法实践与学术争论在表达自由法的背景下逐渐展开并不断得到发展。

在美国各界围绕淫秽管制的争论中,两个问题吸引了最多的讨论:其一,淫秽是否可受到宪法第一修正案的保护,即是否享有表达自由;其二,认定淫秽的标准是什么。历史地看,包括司法机构美国各界在较多的时期肯定了管制淫秽品的必要性与合宪性,最高法院也裁定淫秽不受第一修正案保护;但对于第二个问题,淫秽品认定标准争论激烈,且变化多端,大都承认其需要各法院就具体案件做具体处理。下文简要介绍美国法院有关淫秽品管制的历史演变,以及其间的主要见解。

在1942年车普林斯基(Chaplinsky)一案中,最高法院多数采纳的一种二元理论(two-tier theory)将各种表达一分为二:"有一些界限清晰、范围不大的言论类型,对它们进行阻止和惩罚决不会被认为会产生什么合宪性问题。它们包括下流和淫秽的、渎神的、诽谤的以及冒犯的或称'挑衅性'言辞——正是依其表达,这些言论会造成损害,或者可能招致迫在眉睫的治安威胁。人们注意到,这类表达是思想阐述所不必要的,对于获取真知具有无关轻重的社会价值,因而其所能产生的任何利益显然抵不上社会秩序与道德方面的利益。"[①]这一观点的代表性在于,它一直影响或支配了美国法院以及其他多数人对于表达自由的态度。并且,最高法院又指出,如果言论属于性暴露但不是淫秽,且不构成儿童淫秽,则可受宪法保护;但最高法院并没有明确,可受保护的性暴露言论是否应归于"低价值"的位阶;它坚持限制某些言论,但主张具体的衡平性分析。[②]

在首次面对淫秽品控制的若斯(Roth)案中,最高法院指出,"就历史而言,显然,第一修正案无条件的措辞并非旨在保护一切表达","在表达自由的历史上,毫无疑问的是,淫秽是因为全无弥补性社会意义而被拒斥的",进而,该院判定,"淫秽品不属于宪法所保护的言论或出版领域"。[③]

显然,上述案例中,法官的一个核心观点是,淫秽言论因为其社会价值之低下、妨碍社会道德而不能受到宪法的保护,这为管制淫秽提供了宪法支持。而在如何认定淫秽品方面,美国法官更是进行了长期的探索与选择。

在早期,就像在法律的其他领域一样,美国在淫秽品管制方面延续了英国普通法的观点。受清教思想影响,英美法院对淫秽品采取了相当严厉的态度,这反映在其早期认定淫秽品的标准上。1868年,英国希克林案[④]最早对淫秽(obscenity)进行界定,并确立了所谓"希克林标准"(Hicklin Test)。其中的争议焦点是,按照授权禁毁淫秽书籍的1857年英国《淫秽出版法》,淫秽一词应如何解

---

① Chaplinsky v. New Hampshire, 315 U. S. 568, 572 (1942).
② Kathleen Sullivan & Gerald Gunthern, *Constitutional Law* (16 edition), Foundation Press, 2007, p. 842.
③ Roth v. United States 354 U. S. 476, (1957), 483—484.
④ Regina v. Hicklin, L. R. 3 Q. B. 360, 368 (1868).

释。法院认定,"对那些面对此种不道德影响的人的心灵造成堕落和腐化"的任何出版材料都是淫秽的,无论它具有何种艺术性或文学性。并且,作品中的孤立片段对于社区中特别敏感之人的影响效果,被该案视做测量标准。这个标准表明,第一,淫秽品控制的核心是维护道德诉求。而且,这一道德价值高于其他价值;第二,从主体到客体,该标准都体现出其严格性。即使作品中的大部分篇幅不涉及淫秽,即使它并不影响多数普通人,即使是一部真正的文艺作品,也有可能被视为整体淫秽。正是依据这种严格的标准,从英国到美国,直到 1930 年,只需依据作品中的孤立片段及其可能对孩子产生的影响,大量经典的文艺作品就很容易地被判为淫秽,如巴尔扎克、福楼拜、乔伊斯和劳伦斯等人的作品。20 世纪初,包括德莱赛的《美国悲剧》、劳伦斯的《查泰莱夫人的情人》等在内的一些名著也都被宣布为淫秽作品。①

进入 20 世纪 30 年代,希克林标准开始受到质疑并发生动摇。1933 年围绕《尤利西斯》的一场诉讼推翻了这一标准。该案中,法院否定乔伊斯的《尤利西斯》属于淫秽品。联邦地区初审法官伍尔西(John M. Woolsey)以及二审法官汉德(Augustus N. Hand)都承认,一部作品是否属于淫秽,应该从整体上判断,而不能仅仅基于某一特定章节或段落。② 尤为重要的是,该案确定的淫秽作品判定标准对最高法院判例法产生了重要影响,导致新标准的确立。

在 1957 年的若斯案中,美国最高法院就淫秽作品判定提出了所谓若斯标准(Roth Standard)。按照新标准,在判断淫秽材料时,"对于普通人而言,适用当代社区标准,该材料作为一个整体的支配性话题刺激淫欲"③。利用这一标准,最高法院认定淫秽品不受第一修正案保护。新标准中的重要变化主要包括,被测试主体从最敏感的人变为普通人、作品从局部变为整体,从而大大提高了淫秽品的认定标准,缩小了淫秽品的范围。

同时值得注意的是,若斯案还强调了社会价值对于表达自由保护的重要性,这也成为淫秽品判定中的一项重要原则和标准。"所有的思想,即使只有最细微的补偿性社会意义——异端的、引发争议的,甚至是让主流思潮感到可恨的思想,都享有充分的保护,除非是因为它们侵犯了更大利益的禁区。"但是,淫秽作品不属于这些思想范围,"第一修正案的历史内含的本意是,拒绝淫秽,视之为全然不具有补偿性社会价值",所以"淫秽作品不在宪法保护的言论或出版的范围之内"。后来的 Memoirs 案进一步修正了若斯标准,缺乏社会补偿性价值被作

---

① Commonwealth v. Friede, 171 NE 472, 271 Mass. 318 (1930); Commonwealth v. Delacey, 271 Mass. 327, 171 NE 455 (1930).
② United States v. One Book Called "Ulysses", 5 F. Supp. 182 [S.D.N.Y. 1933], aff'd 72 F.2d 705 [2d Cir. 1934].
③ Roth v. United States 354 U.S. 476 (1957).

为淫秽作品判定标准的一部分。①

不过,若斯标准的可操作性是成问题的,因此它被认为很难执行。谁是普通人或敏感者?何为作品的整体与片段?首席大法官沃伦(Warren)就提出,"显然,同一个对象会产生不同的效果,随着其影响所及的社会成员之不同而有变化。"比如,孩子怎么办?那些确实比较敏感、不太成熟的成人怎么办?后来,为了判断一部电影是否淫秽,法官们便在法院放映室观看电影。法官斯图亚特(Potter Stewart)在杰克贝里斯一案中说过,尽管他不能准确地界定色情,但"我一看就知道了"②。

到了1973年,最高法院通过米勒案提出了新的标准,即米勒标准(Miller Test),又称为三部测试标准(Three-prong Standard)。该标准包括三个方面的测试,(a)适用当代社区标准,普通人是否发现该作品整体上刺激淫欲;(b)该作品是否以公然冒犯的方式描绘了州法具体界定的性行为;并且,(c)该作品整体上是否缺乏严肃的文学、艺术、政治或科学价值。③

米勒标准的确立也并未真正解决淫秽品认定问题,事实上,人们无法为这个问题的解决找到一劳永逸的标准。相反,任何标准从其产生就招来了人们的质疑。比如,人们从一开始就指出,米勒案承认社区标准(community standards)差异,为案件处理带来了复杂性和不确定性。而因特网传播又加强了这些问题的复杂性。

而在加强淫秽品管制的同时,美国学界、司法界以宪法第一修正案为依据发出的质疑、反对的声音一直都很强烈,这主要表现在20世纪中期以后。若斯案与米勒案两个判例引起的异议可视为代表。

早在1957年的若斯案中,首席大法官沃伦(Earl Warren)虽然同意法院判决结论,即淫秽不受宪法保护,却担心"此处所使用的宽泛的表述最终可能会被普遍适用于艺术与科学,以及传播自由",所以他声称,该判决结论仅仅适用于本案事实。而大法官道格拉斯(William O. Douglas)等则明确反对多数人的判决,坚决主张淫秽品也应受到宪法保护。他说,本案为被告定罪,是将出版物的合法性置于思想纯净性的基础上,这不符合宪法第一修正案的精神。他反对对表达自由的价值进行比较,第一修正案的宗旨是要防止国会和法院对言论和沉默进行价值衡量,而是要将言论自由置于优先的地位。

对于米勒案,自由派大法官道格拉斯继续提出反对意见:"第一修正案允许政府禁止对某些人构成'冒犯'的出版物——这种观点给出版自由带来了不祥。

---

① 参见 Memoirs v. Massachusetts, 383 US 413 (1966)。
② Jacobellis v. Ohio (1964)。
③ Miller v. California, 413 U.S. 15, 24 (1973)。

(判决确立的)检验标准使报纸或期刊杂志在一些蒙昧无知的地方遭到禁止成为可能。……第一修正案的设计就是要'诱发争论',引发'不安宁状态','对现有环境制造不满',甚至要促使'人们愤怒'。……像我们今天所做的,向检察官赋予权力就是要猛烈而彻底地打破自由社会的传统。第一修正案不是为了给人们分发镇静剂而设计的工具。其首要的功能是,使争论向'保守的'、也向'冒犯的'人都保持开放。……就像最高法院意见所表达的,我们面对的材料可能是垃圾。但是,政治竞选、每日新闻、电视以及广播里所说的话也大都可能如此。凭借第一修正案——而且只能是因为它,言论者和出版者没有因为其所思所想'冒犯'某人而受到威胁或抑制"[①]。

四、淫秽性判断之难

在淫秽品管制过程中,第一个要面临的问题是:如何认定淫秽物品?我国《刑法》第367条对此做出了这样的解释:"本法所称淫秽物品,是指具体描绘性行为或者露骨宣扬色情的诲淫性的书刊、影片、录像带、录音带、图片及其他淫秽物品。有关人体生理、医学知识的科学著作不是淫秽物品。包含有色情内容的有艺术价值的文学、艺术作品不视为淫秽物品。"就文书来看,这一解释可做如下分解:

(1)淫秽物品可以被分为三类:第一类是具体描绘性行为的诲淫性书刊等。值得注意的是,这里强调的是具体描绘性行为,而非笼统的、抽象的涉性内容,因为只有具体的,甚至是不厌其详尽的描写,才会产生诲淫的效果。第二类是露骨宣扬色情的诲淫性书刊等。这里强调的是露骨地宣扬色情,所以,仅仅具有色情内容似乎也不应被归入淫秽物品。第三类只是"其他"类淫秽物品,无具体界定,但我们可推定:其中一定具有诲淫性内容。

(2)无论上述哪类书刊或物品,它们都必须具有一个实质性要件:即诲淫性,具体表现或是"具体描绘性行为",或是"露骨宣扬色情",或是其他情形。

何为诲淫?诲淫本是一个非常古老的汉语词汇。《易·系辞上》称:"慢藏诲盗;冶容诲淫",孔颖达疏解说:"女子妖冶其容,身不精悫,是教诲淫者,使来淫己也"。就作品或表演而言,如果它包含的色情描写等诱惑受众有奸淫之意,便是诲淫性的(显然不必实施其事),就可被归于淫秽品。但我们认为,诲淫不能被简单地理解为诱发性欲;同时,淫也不能完全等同于一般意义上的性欲,还包括过分、放纵之意,含有道德上否定性评价。

(3)判定淫秽品还需要排除某些情形:虽有性的内容,但也具有科学或艺术

[①] Miller v. California, 413 U.S. 15 (1973), 44—45.

价值的作品不属于淫秽品。这类作品有两类：一是科学性作品，二是文学艺术作品。

上述规定看似清楚明了，但将其适用于法律实践，人们就会发现，立法条文总是抽象或笼统的。如有论者言，"淫秽物品立法上的模糊性、鉴定上的困难性、人们认识上的高度主观性、立法的滞后性在理论界和实践中早已是不争的事实"①。一方面，绝大多数国家立法都未对淫秽物品认定开出一个可作为执行标准的处方。但在另一方面，淫秽品认定却必定是法律实践无法回避的难题，学术、立法和司法界都为此知难而进。这样，人们总是将希望寄托于法律实践以及学术研究。

在我国，法院没有为淫秽性的认定提出明确可行的标准。为了解决淫秽品的认定之难，原国家新闻出版署于1990年颁布《关于认定淫秽及色情出版物的暂行规定》，其第2条将下列七种情形视为淫秽内容：(1) 淫亵性地具体描写性行为、性交及其心理感受；(2) 公然宣扬色情淫荡形象；(3) 淫亵性地描写或传授性技巧；(4) 具体描写乱伦、强奸或者其他性犯罪的手段、过程或者细节，足以诱发犯罪的；(5) 具体描写少年儿童的性行为；(6) 淫亵性地具体描写同性恋的性行为或者其他性变态行为，或者具体描写与性变态有关的暴力、虐待、侮辱行为；(7) 其他令普通人不能容忍的对性行为淫亵性描写。这七项罗列对于法律实践提供了重要的参考价值；并且，该罗列虽然未尽，却指出了淫秽的重要特征：淫亵性。但是，问题依然没有彻底解决：淫亵性与诲淫性同样难以界定。

与我国法律法规相比，国外某些国家即使有过比较丰富的司法实践经验，淫秽性判断之难依然令人莫衷一是（如美国法院在一百多年里的司法探索）。综合有关法律法规、司法实践以及论述，我们试对淫秽品认定过程中存在的问题作如下概述：

第一，性描写之程度与数量等问题。

除非是一些采取极端做法的国家和时期，可以说，并非一切笼统的性描写都可被认定为需加禁止的淫秽。我国《刑法》禁止的是具体描绘性行为以及公开宣扬色情，而简单地、暗示性描写则肯定不在此列。但这里存在一个难题：如何确定具体描绘、公开宣扬与单纯暗示之间的界限？上述原新闻出版署1990年的规定较多地对性描绘内容进行了罗列，但这种罗列又都难免触及判断的主观性问题。

第二，诲淫性是淫秽认定过程中最难对付的问题，因为读者或观众是否因一部作品产生奸淫之意，完全是一个不确定的主观问题，难有可普遍适用的标准；而且，诲淫或淫秽与否，并不以客观上是否发生奸淫之事为标准。一个很简单的

---

① 毕庆云：《论淫秽物品的鉴定标准》，载《法制与经济》2010年第4期。

疑问是，诱发性欲即为淫秽并应受到禁止吗？现实中很常见的问题是，中国古典小说《金瓶梅》、西方近代描写裸体的绘画都是公认的文艺经典，也都可能激发某些人的性欲，它们是不是诲淫性的淫秽品？

同时，性欲是一切动物的正常欲求，为什么要禁止诱发性欲的文艺作品？为什么不禁止诱发人们食欲或其他欲求的作品？于是就有了下面一个问题。

第三，性欲的道德属性问题。

我们承认道德的重要性，但一旦涉及道德的判断肯定会产生一系列的麻烦。有学者称："淫秽物品的实质属性是无端挑起人们的性欲和损害普通人的正常的性道德观念。"[1]此论显然将淫秽认定置于道德判断的基础上：性欲本身并非淫秽，只有当性欲被"无端挑起"，并涉及正常性道德观损害时，才可被视为淫秽。可是，何为无端挑起？何为普通人的正常性道德观念？这些都会在实践中产生认定之难。

总的来说，人们通常认为，淫秽不能简单地被理解为诱发性欲。只有当性描写的方式方法等有违普通道德时，它才可能被认定为淫秽。而问题接踵而至：人类社会各时期、各国家乃至各地区，尤其是在日益多元化的当代，道德的相对性日益明显，而道德判断本身能够提供确定性标准吗？

第四，如何正确处理淫秽与社会价值之间的关系？

上述法条虽然规定，有关人体生理、医学知识的科学著作不是淫秽物品；包含有色情内容的有艺术价值的文艺作品不视为淫秽物品。但是，科学与非科学著作之间是否界限分明？什么样的文艺作品可以被视为有艺术价值？法条用语解释上，前者"不是"，后者则"不视为"淫秽物品，其间有何区别，又如何具体把握？艺术价值如何判定、谁来判定？又如何防止各种"打擦边球"的行为？

第五，判断主体问题。

谁来判断、或者说是依据谁的标准来判断淫秽与否？如上，淫秽判定中存在一系列的主观性因素：性欲、道德等都是主观性的，这使得淫秽认定难免因主观而无法确定。比如，在判断这些主观因素时必须考虑，让谁产生性欲？由谁来判断？个别人产生弱程度的性欲与所有人产生强烈性欲，其间有着不小的差别，法律实践中如何具体把握呢？而法律必须保持确定性——哪怕是相对的确定性。所以，法律实践中，执法者对具体作品的淫秽性认定必须就主观要素的判断寻求可操作性标准。

可以说，在淫秽品管制的法律实践中，法律探索与争议大都围绕上述几个问题展开，并先后提出了若干具有适用价值的测试性标准。

---

[1] 张明楷：《论淫秽物品的认定》，载《法学评论》1995年第1期。

五、道德判断的相对性与必然性

如上述,法学者在论述淫秽品的本质属性时将其与道德联系在了一起。事实上,国外有关淫秽品规制的司法实践也都涉及道德问题。德国帝国法院曾在1881年解释说,"在性关系方面有害羞耻感情与道德感情的文书,是淫秽文书",德国联邦法院1957年指出,"所谓淫秽,是指在性关系方面与正常的、健全的、整体的平均感情相矛盾"。这就是说,淫秽作品是那些违反正常的性道德感、有害正常而健全感情的作品。日本最高裁判所1951年的解释常被我国学者引述,它对淫秽的解释是,"无益地兴奋或刺激性欲,损害普通人对性的正常的羞耻心,违反良好的性道义观念"①。但是,性欲有有益与无益之分?何谓"无益"?一副绘画诱使观者产生性欲,是否无益?普通人的正常羞耻心又如何准备把握?更不要说什么"良好的性道义观念"了。②

虽然我们说,道德是相对的,因而道德判断总是具有不确定性,但道德判断其实又是必需的,每个时代、每个国度都有自己的道德准则,不同的只是各自对道德内涵与标准的具体要求。所以,道德判断决不因其不确定而成为不必要或不可行。恰恰相反,法律是须臾不可离开人类道德的。所以,法律实践决不可因为道德的不确定而采取回避、无视,而是要如何将道德与法律实践进行妥适的融合。

在法理上,"法律规范和道德规范拥有共同的基础","任何法律秩序都是以道德的价值秩序为基础的","道德不只是法的条件,也是法的目标:法为(当时)占统治地位的道德服务","法应当以国家制裁来实现作为道德基础的世界观,或保护它不受侵害"③。尤其是具有强制性的刑法与道德的关系更为密切,因为刑法的一个重要目的就是要维护一个社会公认的最低道德标准。由此我们不难理解,法律禁止或限制淫秽品,其正当性依据和法益目标最终都要指向人们的道德诉求。实质而言,禁止或限制淫秽,其实质就是为了维护人类的性道德,即人类社会有关性的价值选择与行为准则。

性道德指的是规范人类性行为、维护性秩序的社会规范,最终目的则是维护社会普遍认可的家庭伦理与社会秩序。淫秽品管制法的法益目标也概莫如此。有关性的道德标准表现在很多方面。张明楷曾经从性道德的角度切入淫秽品认定,其研究很具有启发意义④。性行为首先是一种自然现象,同时也是一种社会

---

① 彭剑鸣:《淫秽物品犯罪研究》,贵州教育出版社1996年版,第24页。
② 参见蒋小燕:《淫秽物品的"淫秽性"之判断标准》,载《法学评论》2011年第1期。
③ 〔德〕魏德士:《法理学》,丁晓春、吴越译,法律出版社2013年版,第179、180页。
④ 张明楷:《论淫秽物品的认定》,载《法学评论》1995年第1期。

现象。所以,自古以来,性的道德标准虽然多样,却一直围绕着"自然性←→社会性"这条轴线发生变化。而无论是哪种道德标准,都程度不同地显示出对自然性的遵循与超越:遵循自然性,因为人源于自然并是自然之一部分;超越自然性,因为人类并不仅仅是自然界的动物,而是具有道德追求的。这就是人作为人的本质属性,即遵循自然又超越自然,升华至人性的道德境界。

同理,人类的性道德必然也是既承认人类动物性欲求和行为的正当,又在一定程度上谋求对动物性的超越,体现人类的道德性。

作为人类创造物,文艺作品、传播媒介等是人类进行自我表现、反思的符号系统,而这种表现与反思也必定是其内容中不可分割的一部分。这样,面对性表现,道德和法律必须遵循的基本原则是,承认其存在的必要与合理性;同时又作出某种程度的限制。限制的准则也许是多样化的,但必须坚持对人类自然性和社会性的无害性。

综合淫秽品法律规范以及学术论述,不难发现,其中所突出的道德原则可概括为如下几个方面:

性私密原则,即不公开原则。这可以说是淫秽品法律管制的首要原则。对此,伦理学和法学研究都曾有论述。[①] 性不公开或性隐蔽原则是人类社会性即非动物性的体现。对于世界各地的人类而言,性都是一种极其个人性的行为,不得向他人公开,这是人区别于动物的基本性道德。性私密性首先表现为性行为的私密性,其中包括如下两个方面:性行为不公开,公开场所的性动作是不道德;任何人不得偷窥他人性行为,当然也不得予以录像、拍照等。进而,性私密原则也延伸于符号领域,即任何形式的性表现也应归于私密,也就是说,性道德在禁止直接公开性行为的同时,也禁止或限制有关性行为的符号性表现,即禁止或限制性行为的符号表现,以及对这些表现进行公开展示和传播。因为性表现,尤其是影像媒介的表现一旦公开传播,也会产生与直接公开相同或近似的效果。尤其要指出的是,这种公开传播所伤害的,已经不再是某个人的尊严,而是已经伤及其所有同类即所有人的性道德感。

当然,性的表现,尤其是某些类型的性表现的传播与性行为的直接公开毕竟不是完全等同的,所以,道德在禁止性公开的同时,只是不同程度地限制性表现及其传播,少有哪个民族或时代完全禁止性表现。并且,文字描写比影像作品受到的限制更加宽松。这与其造成的社会影响的差异直接相关。

合乎自然原则,即性表现应该符合性的自然状态,而变态的性表现应该受到限制甚至禁止。变态性活动多种多样,原国家新闻出版署1990年《关于认定淫

---

① 参见晓初:《浅谈性道德原则》,载《道德与文明》1988年第6期;张明楷:《论淫秽物品的认定》,载《法学评论》1995年第1期。

秽及色情出版物的暂行规定》罗列了如下非正常、非自然的性描写：描写乱伦、强奸、少年儿童性行为、同性恋或其他性变态，与性变态有关的暴力、虐待、侮辱等。违反自然的性是对人伦道德的违背，场面令人产生不快，所以通常会受到禁止。不过，对性行为正常与否的认定常常是有分歧的。比如，同性恋曾遭到很多国家的禁止，但这种局面正在转变，正面表现同性恋的文艺作品已经得到人们的承认，如美国著名电影《断背山》。

道德标准的相对性。任何道德标准都是相对的，性道德亦然。正因此，在如何认定淫秽品的法律实践中，各国各时代的执法者一直为寻找合适的标准而苦恼。事实上，法律人应该坦然承认并接受性道德标准的相对性，不再迷信淫秽品认定标准的普适性，让具体的执法者依据当时当地的道德标准，就具体的淫秽品做具体认定。例如，在 1957 年的若斯案中，美国最高法院就淫秽作品判定提出了若斯标准，其中就提及要"适用当代社区标准"，判断作品对于普通人是否具有性的诱惑力。① 这里使用了当代社区和普通人，就表明了性道德的相对性。

但是，道德相对性也并非意味着随意性。正如上述，"当代社区"标准也表明，它包含着一定的普遍可接受性和一定时间和地区内的稳定性。比较而言，1868 年英国希克林案②确立的希克林标准将道德判断诉诸社区中特别敏感之人，而非多数普通人，就忽视了道德的稳定性与普遍性。

六、性描写与淫秽品区分原则

如前述，单纯的性描写、一般性地诱发受众产生性欲、虽然涉性但属于科普读物或具有美学价值的文艺作品等，不应被视为诲淫性的淫秽品。由此，淫秽品的判断应坚持的法律原则是：无论从客观对象物、还是从主观心理与生理反应来看，性描写、性欲念或其他涉性表现都不能与淫秽画等号。

依据我国《刑法》第 367 条，淫秽品客观上必须是"具体描绘性行为或者露骨宣扬色情"的作品，也不是一般意义上的性描写。汉语中，淫含有过分、放纵、奸淫之意，已经包含有价值性判断，即强调其非常态与非道德性。

在英语中，美国最高法院指出，"性和淫秽并不同义"。它比较说：淫秽材料（obscene material）对于性的处理方式可刺激淫欲（prurient interest，prurient 一词虽含有性的意思，却也含有 obscene 和 immoral 即淫秽、不道德之意，类似于汉语中的淫、淫秽）。而性描写，就像在文学艺术、科学著作中那样，与淫秽有着实质不同。"性，作为人类生命中的一种强大而神秘的驱动力，对于所有年龄的

---

① Roth v. United States 354 U. S. 476 (1957).
② Regina v. Hicklin, L. R. 3 Q. B. 360, 368 (1868).

人来说,一直是一个无可争议地引发兴趣的话题,它是人类兴趣和公众关注的一个重要问题。"所以,对于那些不以刺激淫欲的方式处理性的作品或材料而言,淫秽判定的标准要捍卫其自由,这是至关重要的。①

美国《示范刑法典》(Model Penal Code)有关淫秽的解释也表达了此种观点:淫秽材料指的是,"整体上考虑,其主要意图如果是通过裸体、性或排泄来刺激淫欲,即一种不体面或病态的欲念;并且,在描写或呈现这类事物时,它实质上已经超出了有关坦率的习惯性限制"②。这就说明,就其主题而言,淫秽品以刺激不道德、不体面的淫欲为主要目的;就其内容来说,淫秽品对性的描绘超出了正常的限度。总之,单纯的性描写不构成淫秽。

国外还区分了两种色情:即硬色情(hardcore pornography)与软色情(soft-core pornography)。前者是赤裸裸地、露骨地描写性行为的作品;后者的性描写是不太露骨、即比较隐蔽的。也可以说,除了色情,硬色情什么都不是;而软色情虽有色情,却还是或者说它首先是一部有益的文艺作品。这种区分出现于20世纪后期。基于这种区分,可以说,在注重表达自由、文艺创作自由的美国,普遍受到诟病,也难免被法官判定为淫秽的,主要是硬色情。而软色情虽表现裸体或半裸,也会涉及性行为,但它通常排斥性场面的大量具体描写,所以往往能得到宽容,即使受到一定的限制。比如,属于软色情的电影可能借分级制度得到限制性传播。

但是,即使是具有积极价值的、可被归类为软色情的作品,也往往被禁止向未成年人传播。

七、整体性判断与价值衡量

整体性判断指的是,判断对象应该被作为一个整体,在全面考察其各构成要素,尤其是居于核心地位的主题思想与创作目的,通过比较、衡量,对其做出整体定性。这是淫秽品判定中应该遵守的重要原则。

同时,整体性原则还体现了价值与利益衡量、相对性原则等。因为对作品进行整体性考量,其实就是综合考虑作品的各部分,并比较其中体现出来的价值和利益,然后根据作品所体现出来的整体价值来判定其属性。如果作品整体上的价值是积极的,即科学或美学价值等占据主导地位,其性描写可能造成的消极效果占据次位、明显微弱,则可判定其不属于淫秽作品。这样,作品即使包含了性

---

① Roth v. United States 354 U. S. 476 (1957).
② ALI, Model Penal Code, Section 251. 4. Obscenity, http://www.law-lib.utoronto.ca/bclc/crimweb/web1/mpc/mpc.html, last visited Oct 10, 2015.

描写,甚至显然能够刺激性欲,却不一定被判定为淫秽品。

整体性原则在法律实践与学术中得到了普遍认可。① 比如,美国《刑事示范法典》要求淫秽品判断要从整体上考察其主导性目的。比较而言,美国《刑事示范法典》以概括的方式明确了整体性原则,而我国《刑法》的规定则是以列举的方式体现这一原则的。这就是,我国《刑法》以列举的方式规定,有关人体生理、医学知识的科学著作以及有艺术价值的文学、艺术作品即使包含性描绘,却不是淫秽品。

美国示范法典上的整体性原则是对普通法实践的总结与概括。最早的时候,英美司法机关长期遵守的希克林标准就是一种非整体性的,或可称之为以偏概全的做法。按照该标准,只要一部作品中有孤零零的片段(isolated passages)属于性描写,整个作品即使具有积极意义,也会被作为淫秽。实践中,巴尔扎克、福楼拜等近代经典作家的作品就是据此受到禁止的。20 世纪 30 年代之后,希克林标准被抛弃,一系列判例逐渐确立起了整体性原则。

其他国家也是这样。日本法院曾在小说《四张半糊纸屏风》一案中申明并确立了整体性原则。② 该作品 2/3 的篇幅描写男女性行为,一审法院判决发行人销售猥亵书刊罪,上诉审均予肯定。法院认为,是否猥亵的认定需要把握作品整体:性描写露骨程度及其在整部作品中所占比重,作品思想性、艺术性与性描写的关联性,作品是否有意迎合读者的低级趣味等。

---

① 张明楷:《论淫秽物品的认定》,载《法学评论》1995 年第 1 期。
② 参见蒋小燕:《淫秽物品的"淫秽性"之判断标准》,载《法学评论》2011 年第 1 期。

第八章 文化促进:落实公民文化权利

文化促进(Cultural Promotion)与文化管制都是对文化事业实施外力影响,但二者有着相反的方向、方式与效果。文化管制是对文化活动实施限制、约束或抑制,与之相反,文化促进是对文化事业进行扶助、支持、推动,以助其发展。具体而言,文化促进是以经济、制度或政策等手段,实现文化创造与其他活动的自由、活跃与平等,作品丰富、多元与传递畅通,文化设施充足与便利等。可以说,在某种程度上,二者都同时受到社会,尤其是政府的重视,以期整体的文化事业能在一个其以为"良性"的轨道上运行、发展。

从人类文化发展史的角度,文学艺术的产生乃至演变包含着一个自然而然的过程。但是,人类文化的大规模繁荣,尤其是现代社会的文化普及却不能仅仅依靠文化的自我成长。历史业已表明,文化之发展、文化遗产之积累离不开各方面、各角度的扶助、资助与支持。现代各国更是将保障文化发展、促进文化行业作为一项国策,并纳入法律的框架。

一、历史上的文化促进

不只是现代,历代社会都不乏支持、资助文化事业的记载。很多政府与宗教组织、重视文化价值的人,当然主要是那些资财丰厚的官僚与商贾等,常常会依其权势或财力组织、扶持文化事业,购买、积聚文化产品,为人类文化的延续与繁荣创造了条件和基础。

(一) 管窥中国历代的文化扶助

中国古代对于文化事业的重视和扶持,最常被后人称道的是,政府重视礼教、史记文化建设;直接开展诗乐采集;重视书籍收藏,至明清,公私藏书楼成为盛事等。

我国上古时代即确立了贯穿整个古代史的礼教、诗乐与史记传统,并建立了相应的制度,以此服务于政事治理与礼仪,进而也极大地推动了我国古代文化事业的发展。依据考证,清代学者曾这样描述周代采诗盛事:"三代之盛,上自君公卿相,下逮士庶编氓,未有不知诗者也。……其初里巷之间,官师选其男年六十,女年五十无子者衣食之,以采诗为职。上之于邑,邑移于国,国史录而存之,以俟天子"(范家相《诗沈》卷1《总论·采诗》)。作为我国诗歌源头,《诗经》有大量作品基本采集于民间,后经孔子编纂,对历代文学影响深远。正因重视音乐,楚国出现了编钟这样的大型乐器。到汉代,虽然已有专司音乐的太乐机构,武帝还另设专门的"乐府",对保存先秦音乐、吸纳各国乃至异域音乐,以及发展新音乐,贡献卓著。并且,汉代由此还形成了古代历史上蔚为大观的乐府诗,成为古代中国文化发展的重要资源。①

历史悠久的史官制度诞生了中国古代浩如烟海的历史典籍,并促进了文学等文化门类的繁荣。至少在商代,我国已出现了史官,至周代,史官体制已经形成系统,并以记事为主要职责,流传至今的《国语》《春秋》等历史文献便可为证。秦汉设太史令,司马迁作《史记》,班固纂《汉书》,开创了历代编纂国家正史的传统,并成就皇皇之"二十四史"。此外,古代史著还有《资治通鉴》以及其他各类历史著作,构成我国古代丰富的文化典章。

与采集诗乐、重视史籍的传统密不可分的,是贯穿中国历代的藏书传统,从商周至晚清,历时3000年之久。现代学者普遍认为,按照主体,古代藏书包括四大类:官府藏书、私人藏书、书院藏书和寺庙藏书,而官府藏书最为重要。这显示了古代帝王对于文化事业之兴衰所发挥的作用。历史地看,古代官府藏书体系起始于周秦、成型于汉代、发展于隋唐宋、鼎盛于明清。② 而官府藏书制度与体系之日臻完善,主要得益于历代帝王的重视,其具体表现为,逐渐建立健全专门的管理体制与机构、优待藏书官府职官、巨大的人财物投入、以优惠政策收集民间藏书等。③ 比如,兴办太学、专设乐府的汉武帝重视藏书。据班固《汉书·艺文志》载,"汉兴,改秦之败,大收篇籍,广开献书之路。迄孝武世,书缺简脱,礼坏乐崩,圣上喟然而称曰'朕甚闵焉!'于是建藏书之策,置写书之官,下及诸子传说,皆充秘府。"

藏书的空间场所被称为藏书楼,其历史演进与整个藏书传统同步,堪称中国传统图书馆。古代藏书楼最辉煌的时代是明清。在官方,乾隆朝为收藏七套《四库全书》,先后在北京等地建造七座藏书楼。而在古代藏书楼中,最能引发后人无限的历史怀想与文化想象的,是明清时代遍布南北的私人藏书楼,以宁波天一阁最具代表性。

天一阁位于宁波,是我国现存最古老的私家藏书楼,系明代兵部尚书右侍郎范钦辞官归里后所建,储藏多达7万余卷的典籍。储藏《四库全书》的七座藏书

---

① 参见许继起:《秦汉乐府制度研究》,扬州大学2002年博士学位论文。
② 费愉庆:《中国古代官府藏书机构考》,载《当代图书馆》2004年第3期。
③ 参见代洪波:《历代帝王与古代官府藏书的发展》,载《图书与情报》第2001年第2期。

楼原系借鉴天一阁的做法,并仿其形制而建。范氏藏书历经13世,保存400余年。只因局势动荡,多有毁失,至20世纪50年代只剩1.3万卷,但价值连城。①

藏书之盛,还集中体现于大型典籍的编纂,《太平御览》《永乐大典》《四库全书》等则是其中最为耀眼的明星。

宋代一向被视为重文轻武的时代。政治统一、经济繁荣之后,宋太宗便期望"以文化成天下",下令编纂《太平御览》《太平广记》《文苑英华》三部大书,并与后来真宗朝所编的《册府元龟》统称为"宋四大书"。其中,《太平御览》凡千卷,历史近7年而成。其规模宏大、内容丰富,是一部百科全书式的类书,并为后世类书编纂树立了楷模。②

1403年,在明成祖朱棣指令下,《永乐大典》的编纂工作开始,历时5年有余,两千多人参与,成书22877卷,装订11095册,是我国古代又一部卷帙浩瀚的百科全书型的类书。③

中国古代最后,也是规模最大的一部类书是乾隆时期编修的《四库全书》,被视为乾隆帝致力于文化传承的宏业巨著。为丰富宫廷藏书,访求天下遗书,乾隆帝1772年颁发征书诏令,两年后征书万余种,堆积如山。几百名一流专家学者参与编修,几千人参加抄写,阵容庞大,最终编成一部汇集宫廷和民间藏书的大型丛书,卷帙浩繁、非前人可比。《四库全书》最终共抄录七套,并在北京、沈阳、江浙等地修建七座藏书楼,专用于收藏。由于乾隆借征书之机大兴删毁图书与文字狱,后人有"功魁祸首"之评,但今人也大都承认,这件浩大工程依然有着不可磨灭的功劳。众多古籍珍本因收入《四库全书》而得以保存;把3461种典籍汇集起来,便于查阅,起到了传播文化的作用。④

明朝后期,新兴的商人阶层开始赞助绘画,推动了绘画创作的繁荣与著名画派的形成。当代研究者认为,明末清初,徽商为江南一带艺术市场的繁荣贡献卓著。⑤ 徽州盐商与新安画家群的崛起至关重要。通过购买、收藏艺术作品,他们为画家出行游历创造了条件,也解决了画作的出路问题,促进了绘画的传播,甚至为画家习画提供了导向、影响了绘画的风格样式。所以可以说,新安画家群依附于徽州盐商,他们之间兴衰与共。⑥ 徽商还以各种方式赞助扬州画派,如组织书画活动、收藏画作、延聘艺术家、出版书籍、兴办书院等。

19世纪,上海发展成为我国南方的艺术中心,商人阶层对上海艺术发展做

---

① 参见龚黔兰:《藏书楼小史》,载《国学》2008年第2期。
② 参见张秀春:《〈太平御览〉纂修缘起当议》,载《古籍整理研究学刊》1996年第2期。
③ 参见王重民:《〈永乐大典〉的编纂及其价值》,载《社会科学战线》1980年第2期。
④ 参见曹世瑞:《〈四库全书〉的功与过》,载《百科知识》2005年第20期。
⑤ 参见张长虹:《品鉴与经营:明末清初徽商艺术赞助研究》,北京大学出版社2010年版。
⑥ 参见陈琳:《明清时期徽州盐商与新安籍画家群关系研究》,中国艺术研究院2006年博士论文。

出贡献。其中,画店扇笺庄发挥了重要的艺术中介作用,并帮助画家开发买主、制定润格、树立名声、甚至提供食宿。

至当代,我国文化行业在很长一段时间被政府"包养",此种体制下,文艺家的正常生活仰赖政府管理下的单位,其作品创作从内容到形式、从收藏到传播等等,都是政府职权范围内的事。各种文化公共设施也都完全归属国有、国营,公众从看报读书、收听广播、看电影等,都由政府做主,甚至免费提供。20世纪80年代以后,我国文化体制一直在经历着市场化改革,在以经济发展为核心的政策背景下,文化事业促进一度受到挤压和冷落。进入21世纪,国家开始重视公共文化服务保障与文化产业促进,并试图通过制定法律,建立健全合理的文化促进体制。在具体的立法上,除了颁行《文物保护法》《著作权法》《非物质文化遗产保护法》等,立法机关已于2015年开始审议《公共图书馆法》(草案)、《公共文化服务保障法》(草案)。

(二)欧洲近代以降的文化赞助

在18世纪著作权制度诞生以前的西欧,艺术赞助是文艺家获得生活来源的主要渠道。并且,赞助制也一直是欧洲文化事业获得经济基础的主要方式。可以肯定,"艺术赞助是推动各国文化产业发展的强大后盾。除了常见的由艺术家和作品所组成的艺术史之外,还有一部由赞助者组成的历史,这便是艺术赞助及收藏的历史"[①]。

赞助体制对于文化的影响,尤其突出地体现于意大利文艺复兴时期。不妨这样说:现代欧洲始于文艺复兴,而在文艺复兴的策源地意大利,其文化之盛,直接得益于来自各城邦、商贾权贵以及罗马教廷各种形式的赞助。在当时,文艺家常隶属于宫廷、教堂或封建主,文为宫廷所作、乐为教堂而歌、画为豪门所托。著名艺术家达·芬奇、米开朗基罗等留下的传世名作大都基于赞助而创作。在手抄书和印刷术的初期,作家"著书若非纯为名声,就必须寻求名人的庇荫与供养,并由赞助者监督,抄誊数册求售"。即使在16世纪之后,大多数作家所惯常的做法依旧是仰赖贵族富商:"著作成书后,向书商索取数册,附上谄媚的献词信,赠予贵族和文艺赞助者,期待对方以酬金的方式打赏"[②]。

按照英国文化史专家彼得·伯克的研究[③],文艺复兴时期的赞助人可做如下区分:宗教赞助人与世俗赞助人;公共赞助人与私人赞助人,其中包括国家、城

---

① 巩雪:《文艺复兴以来的西方艺术赞助略论》,载《中国美术馆》2012年第9期。
② 〔法〕费夫贺、马尔坦:《印刷术的诞生》,李鸿志译,广西师范大学出版社2006年版,第153、154页。
③ 参见〔英〕彼得·伯克:《意大利文艺复兴时期的文化与社会》第四章,刘君译,东方出版社2007年版。

邦、行会、宗教组织与地方政府；富人与穷人，后者至少也是中等收入以下的人，数量比较少，主要是出于宗教目的而委托作画。赞助模式最重要的区分是家庭赞助与量身定做，前者是文艺家受雇到雇主家里工作，后者则是文艺家根据定做合同，按顾客要求为其创作作品。两种模式均属常见，各有优缺点。综合伯克的研究，对当时文艺复兴发挥最大作用的赞助者，当是教廷、政府与官宦个人，因为他们了解文学艺术的作用，同时，他们拥有充足的财力，也需要文化的粉饰。

得到赞助的文化领域涉及各个方面，比较突出的绘画、雕塑和音乐，因而，文艺复兴传世的作品也以此最为突出。同时，建筑、文学乃至史著和学术也都受到不同程度的赞助。文艺复兴时期是西方现代音乐的重要源头，赞助的作用无疑是巨大的。音乐领域的赞助方主要是三类：教会、城邦和宫廷，这也深刻塑造了现代西方音乐的基本形态与特征。

提起意大利文化事业的赞助人，受到后人最多关注、最高褒扬的，莫过于美第奇家族。在当时，这个家族首先是富可敌国的银行家、佛罗伦萨政治上的实际统治者；但就其对后世的影响而言，恐怕首先是它对意大利，乃至整个欧洲文化事业发展不可磨灭的贡献。可以断言，如果没有这个家族对文化事业的支持，文艺复兴运动的历史肯定要改写。因为他们赞助了大量文艺作品的创作和大批艺术家的生活，资助过大学及其学术活动，他们搜集、留存了大量文化典籍，设立了研究人文主义的柏拉图学园、培养艺术家的雕塑学校、收藏典籍并向社会开放的公共图书馆。①

16、17世纪以后，在欧洲民族国家崛起的背景中，各国君主纷纷重视赞助文化事业。作为其中的典范，法国君主们全面认识到文学艺术的多样性功能，希望借助于扶持文化达到提高国家威望、巩固民族身份的政治目的，从而将促进艺术事业作为一项公共政策，由此开启了其文化干预的政治传统。法国宫廷作家德吉安(Jean-Michel Djian)曾说："文化政策是法国人的发明。"

有法国"文艺之父"之称的弗朗索瓦一世是法国文化干预的启动者。他收藏艺术品，扩建卢浮宫，实行文化公共管理，先后建立法兰西学术院、皇家档案馆和图书馆。法国路易十四更被称为"法国有史以来最伟大的艺术赞助者"，在他治下，艺术赞助达到高峰。他对文化艺术的重视表现在各个方面，主要包括：广泛搜集并大量收藏艺术品；赏识、庇护和赞助作家艺术家，如莫里哀、拉辛等；重视艺术团体建设，先后成立了舞蹈学院(1661年)、挂毯制作坊(1662年)、铭文经石学院(1663年)、绘画和雕塑学院(1664年)、科学院(1636年)、巴黎天文台(1667—1672)、音乐学院(1669年)、建筑学院(1671)、巴黎喜剧院(1680年)等

---

① 参见林大梓：《美第奇家族的艺术赞助传统》，载《美术》2010年第12期。

文化机构。① 正是借助王室的强力推动，法国形成了王权笼罩下的文化艺术行政网络，并培育了影响深远的古典主义文艺潮流，更令巴黎一时成为欧洲文化艺术与娱乐的中心，而凡尔赛宫、卢浮宫无疑是其中最为耀眼的明珠。

至现代，法国形成了更为明确的文化促进国策。1959 年，法国通过成立文化部的法令，其中指出：文化事务部的任务是"使最大多数法国人能够接近人类的尤其是法国的文化杰作，确保他们对我国文化遗产的兴趣，促进文化艺术创作，繁荣艺术园地"②。基于这样的指导原则，法国政府可能是当代世界为文化事业助力最多的政府。

法国还是现代最早开始保护文化遗产的国家。法国大革命时期，已有的珍奇陈列室发展为现代公共博物馆体制，并成为一项重要的文化政策。欧洲各国均深受影响，致使 19 世纪成为"博物馆世纪"。1913 年 12 月 31 日法国通过的《保护历史古迹法》是世界上第一部文化遗产保护现代立法。借此，法国造册编目的各类纪念物品与遗迹不断增加，从 1850 年的 759 处增长到 1900 年的 2337 处，1950 年 8797 处，2000 年 14781 处；登记过的纪念物、遗迹从 1962 年的 14772 处到 1999 年的 31306 处，法国由此也被视为古迹保存最完好的国家之一。③

与 17 世纪确立的法国文化促进模式有别，美国文化领域占主导地位的一向是放任主义，即使积极文化介入政策已经得到一定程度的接纳。基于自由主义思想，美国主流意见一直反对政府资助文化事业。20 世纪中期，美国主流的政治哲学观念有所改变，人们开始认识到政府资助文化的必要与重要性，而 1965 年《国家艺术及人文事业基金法》(National Foundation on the Arts and the Humanities Act of 1965)的颁布，则是美国政府文化政策发生根本改变的分水岭。该法开始便明确指出了其立法缘由：国会意识到，"促进和支持国家艺术与人文领域的进步和学术，虽主要是私人和地方事务，也正是关乎联邦政府的事务"；"高度的文明一定不能只限于科学与技术成就，还必须对人类学术与文化活动的其他领域予以充分重视和支持"(第 1 条)。该法要求建立两个基金会，即美国国家艺术基金会(National Endowment for the Arts, NEA)和美国国家人文基金会(National Endowment for the Humanities)，专门致力于艺术和人文事业的联邦赞助活动。

按照政府资助体制，联邦政府通过基金会的资金拨付与使用都有严格限制。政府资金只能直接用于文化艺术事业本身，而不得用于行政机构的开支；联邦政

---

① 参见田珊珊：《法国的文化政策：一个基于民族文化视角的研究》，载《法国研究》2010 年第 2 期。
② 参见肖云上：《法国的文化政策》，载《国际观察》1999 年第 6 期。
③ 参见张激：《法兰西国家艺术赞助的传统》，载《新美术》2008 年第 5 期。

府每年向各州与地方政府的投资占其投资总额的1/5,其余直接用于艺术团体或个人项目的资助或奖励。同时,为了取得联邦资金,州与地方政府必须有相应的配套资金。这样,美国文化行业的政府资助就包括联邦资金、州与地方资金等部分。

但是,美国无意将文化事业完全置于政府的关照之下,政府投资其实只占美国文化领域所获资助的一小部分。美国联邦支持文化发展的另一条更重要的手段,是制度设计,即通过有效的制度来引导全社会参与文化赞助,具体是通过税收制度激励个人、企业和慈善机构赞助文化事业。按照规定,政府对非营利性的文化机构免征所得税;同时,为文化艺术事业提供赞助的个人或公司享受税额减免。由于美国正常的税率较高,而上述方法带来的税收优惠巨大,税收激励政策为美国文化艺术界积聚了丰厚的收入。

与此同时,对于政府文化资助的申请者,政府要求,其所获资金中政府资助比例不得超过半数,这必然也迫使资金申请人必须通过多向筹资、配套补贴的方式同时获得政府与非政府资助。

可以说,20世纪中期之后,美国纽约等大都市之所以迅速发展成为首屈一指的国际文化艺术中心,与美国实施的更有活力的资助体制关系密切。

(三) 几点启发

简要回顾中西历史,我们不难发现,文化事业的发展离不开各种方式的赞助、扶持;尤其是,文化整体性的繁荣发展往往与政府的支持,或资金投入、或制度扶持有着密切的关系。

1. 由于各种原因,在活字印刷术得到普遍使用之前,我国古代藏书体系显然较西方发达,文化典籍累积甚丰。比如,隋炀帝时代官府藏书已达37万卷,与此同时的拜占庭图书馆藏书却不过10万,后来还有所减少。不过,不无遗憾的是,正是基于藏书目的的狭隘性,我国古代藏书体系重收藏而轻传播,缺乏开放性、普及性。私人藏书大都不对外开放;官府藏书的使用者以君王及王室为核心,旁及政府要员以及高层的专家学者。因而,书虽多而受益者少,纵然学术发达,却局限于狭小的社会上层,其应有的文化价值并没有得到广泛的发挥。所以说,中国古代藏书事业实质上不同于现代图书馆,不是现代意义上的公共文化事业。

2. 概括而言,在各类文化中,中国古代最为重视的,主要是知识性、文字类的文化领域,即书籍。在藏书内容方面,政事、历史以及其他实用性文献为多,"经、史、子、集"之分类即表明了这一点。与之相对,审美性、娱乐性的绘画与歌舞等文化类型似乎未被放在与书籍同等的地位。当然,我们也承认,这一结论只是相对而言,因为我们不难看出,审美性的诗文是藏书中的重要部分;同时,音乐、绘画与舞蹈也受到历朝官府与官宦士人的青睐,尤其是,明末以后,江南富商曾经参与培育了繁荣的艺术市场。

3. 中国古代官方文化促进的上述两个特点,似乎关乎着另一个更深层的因素:动机与目的。关于赞助与支持文化活动的动机和目的,古今中外都有不少说法。比如,先秦至汉的官方采诗,通常被指出于"观风"的政治动机。如汉代史学家班固《汉书·艺文志》称,"古有采诗之官,王者所以观风俗,知得失,自考正也";《汉书·食货志》描写说,"行人振木铎徇于路以采诗,献之太师,比其音律,以闻于天子。故曰王者不窥牖户而知天下"。不仅采诗,古代官方对于典籍编纂与收藏的重视,首要目的无非服务于政教。魏征在《隋书·经籍志》中说:"夫仁义礼智,所以治国也,方技术数,所以治身也,诸子为经籍之鼓吹,文章乃教化之黼黻,皆为治之具也。"修藏经典之目的在于个人修身和国家治理。

可以说,既然官方扶持文化的动机和目的在于政教,重视知识性、文字类书籍便是必然,而其他文艺样式如舞蹈,甚至绘画等,与政教远,便主要作为宫廷与市井的娱乐,难以受到大力扶持。

4. 当然,就我国古代官府文化扶持的客观价值与作用而言,仅强调政治这一项功能,恐怕也有失于简单化。肯定政教目的的首要性,并不能否认诗乐、典籍之累积、传播所具备的更多样的价值,即综合性的文化价值,如提供娱乐与审美、促进学术等。可以想见,如果只是为了给官方,尤其是君王提供一个方便实用的"治之具",典籍收藏其实不必太多。就《四库全书》而言,清廷也无须收藏七套,置于南北七个藏书楼。之所以这样做,其文化积累与传播的目的是非常显然的。故此,我们不能否认古代帝王官府欲以保障、促进文化事业的公心善意。

5. 其实,西方亦然,从路易十四全面而深入地支持文化事业,其政治动机可谓至显至明。但纵观西方文化史,文化赞助的目的与动机也表现出多样与丰富的一面。对于意大利文艺复兴时期的文化赞助,彼得·伯克揭示了三种动机:虔诚、名望和快乐。

与此有关,西方文化赞助的对象也是比较多样、丰富的。提起意大利文艺复兴,人们较多想到的,是各类绘画、雕塑与建筑,这些都是时人大力赞助的文艺样式,而书籍却不是最主要的。路易十四及其前后时期,文化赞助虽然有其政治目的,但我们可以想见,在法国君王的心目中,文化的政教功能不在于文字作品直接提供的经世致用的知识与思想,而是丰富多彩的文化园地所具有的多元化功能与价值,除了知识与思想,还有娱乐与审美;除了书籍,还有绘画、歌剧、舞蹈等等。

当然,赞助、促进文化的目的并非决定一切的问题。无论政府、还是企业与个人,无论其目的何在,只要其重视、赞助了文化事业,便都是对文化的贡献。就此而言,任何促进文化的行为和措施,都有其功劳。

6. 法国君主赞助范围的宽泛性日益突出,远远超出了对文艺家创作活动的资助,也超出了文艺作品收藏、文化设施建设等。可以说,只要是有助于文化发展的手段和措施,法国王室几乎都已经开始实行。尤其是,建立文化机构如各类艺术学院、注重艺术人才培养等,必然从根本体制上为文化艺术发展提供稳定的助力。所以说,17世纪法国王室实施的文化赞助,其途径与手段已经具有多样化、制度化、机构化特点,为现代文化发展奠定了重要的制度基础。

7. 总体而言,重视文化的本体价值、重视文化样式与风格特征的多样性、重视文化促进方式多样化与制度化、重视公共文化建设是晚近时代文化促进的发展趋势。这一趋势比较明显地出现于近代西方。当然,这一点与社会政治经济发展的阶段性不无关系。

今天,中国各界对文化促进的重要性不乏认识,各方也一直在从事着各种方式的资助与支持。值得强调的是,文化的繁荣不仅需要文化促进,更需要设计出合理、高效的文化促进体制。在这方面,欧洲、美国的现代文化促进树立了样板,值得深入研究并予以借鉴。

二、界定文化促进

(一)文化促进释义

文化促进是指为文化创作、传播、收藏、获取和享用等文化活动提供经济资助或制度性扶持,以确保其发展,即顺利、活跃、繁荣与多样。这就是说,凡是为达到文化发展之目的,采取各种措施,为各类文化活动进行赞助、资助、扶持、支持、保障等,均属文化促进的题中应有之意。

文化促进所欲达到的目标是文化发展,其理想状态可描述为顺利、活跃、繁荣与多样。具体可描述为,文艺家积极从事文化创作与传播,公众与各类机构积极从事文艺作品的收集与传播,文艺作品和文化产品、文化场馆量多质优、方便易得、丰富多样,所有个人主观上乐于、客观上能够便利地参与各类文化活动,并对此感到满意、获得享受。不过,任何社会都可能难以完全达到文化发展的这种理想状态,却必须在朝着这一理想状态努力、迈进。

促进文化发展的主体可以是任何个人或机构,机构可以是企业、基金会或政府。在现代社会,越来越多的国家法律将文化权利视为基本人权,将文化繁荣视为社会发展、民众幸福的重要指标,从而依法为实现文化权利和文化繁荣采取措施,文化促进已成为一项重要的政治经济政策。所以说,政府正成为促进文化事业的重要义务主体。在法律上,公民个人与各类团体一般不为文化发展承担法定义务。但在文化实践中,众多的私人或社会团体或基于慈善目的,或为了获取相关利益,也一直充当着推动文化的重要主体。在这方面,2009年瑞士通过的《联邦文化促进法》(Federal Law on the Promotion of Culture)第3条规定了文化促进的目标:"联邦政府的文化促进应该具有下列目的:a)增强瑞士的凝聚力和文化多样性;b)推进丰富多彩、品质显著的文化活动和供应;c)为文化工作者和文化机构建立良好的环境;d)向瑞士居民提供文化接触,并推动帮助这种接触;e)向国外宣传瑞士的文化作品"。其第8条还确立了政府文化促进所优先发展的事项:"联邦首先支持的项目应该是:a)向居民提供文化接触,或推动这种接触;b)特别致力于保护和发展文化与语言的多样性。"

几年前,我国提出了文化事业与文化产业之分。那么,文化促进的对象是文化事业,还是文化产业?关于这两个概念之异同和关系,文化与学术界多有讨论,但并无统一认识。① 其实文化事业与文化产业作为概念固然可加区分,但并非指称两个截然不同的客观事物或现象。它们既交叉又重叠。我们认为,文化事业是对所有文化现象的整体性泛指,文学艺术作品、文化创作、传播、接受活动以及从事这些活动的各类文化机构等,都属于文化事业的具体表现。文化产业的概念中心是产业——以文化为内容的产业,即从事文化生产、传播与提供,并参与市场交易、从中营利的产业门类与领域,如图书的出版与销售、影视制作与发行、各类商业性文艺演出等便是文化产业的载体。

显然,文化事业与文化产业之间的核心区别在于,文化产业是一种经济与经营性活动,而文化事业这一概念不考虑其经营性。两个概念的联系在于,文化产业既属于产业经济领域,也属于文化事业——至少是文化事业的一种表现方式,是其在经济、产业领域的体现。

这样,本文采取宽泛的文化促进概念,文化事业与文化产业两方面的发展都是文化促进的对象。相应地,文化产业促进必然也促进文化事业,而促进文化事业也可表现为促进文化产业。

(二) 文化促进的类型

由于实施促进活动的主体与对象不同、以及促进方式上的差异,文化促进表现为各种类型。尤其是在现代,文化现象渐成庞然之体系,文化促进需要取得法律的支撑与规范,立法与治理者就需要对文化促进进行类型化、层次性区分,形成更为合理、高效的文化促进制度体系。

1. 文化活动不同环节的促进

以文化促进之对象领域的差异为依据,文化促进面对文化活动的各个环节,

---

① 参见张翔鹏:《文化产业与文化事业的区别》,载《中国文化报》2001年5月23日;李正元:《文化事业与文化产业的区别与联系》,载《出版科学》2012年第6期;艾菲:《文化事业与文化产业的关系》,载《人民日报》2004年5月11日。

具体包括:(1)文艺创作促进,即赞助文学艺术家的创作与表演活动;(2)文化生产促进,即扶持各类文艺产品的生产,获得扶助者可以是从事出版、广播电视、电影制作等活动的机构或个人;(3)文化传递渠道促进,如资助电影发行、扶持广播电视信号传输、资助各类作品流通、提供文化设施如博物馆与图书馆等;(4)文化遗产保护与传承,表现为文化遗产的保存、修复、研究、开发等方面;(5)具体文化样式发展促进,如专门针对电影、戏剧、音乐以及网络游戏发展等领域的促进等。

一般而言,所有文化领域都有其价值,也都值得促进。但一个国家,乃至国内一个地区或城市,在不同的历史时期,或基于特殊的现实需要,可能要对某些文化形式采取特殊的促进手段。比如,在现代社会,文化遗产保护有着特别重要的意义,尤其是在战争期间以及之后,在文化全球化、城市开发过程中,文化遗产保护显得特别重要。在电视以及其他流行文化冲击下,电影艺术具有特别促进的必要性。在数字网络发展的初期,促进网络游戏等网络文化,具有重要的文化与产业意义。

基于文化之精神价值优先的原则,在文化发展日益市场化、娱乐化的背景下,政府应特别关注那些日益被市场冷落的高雅文化与边缘文化。高雅文化以其较高的审美性与思想性价值而具有受到特别鼓励的必要,而边缘文化或称亚文化可能面临着灭失的危险,因而常受到政府文化政策的偏好。比如,在电视与网络发达的今天,电影艺术正在受到较多的支持;而在娱乐电影日益主导市场的情况下,很多国家就特别支持艺术探索性影片的制作;学术性作品、与文化遗产保护有关的文化类型等,也都是文化促进的重点。

2. 特殊文化主体的特殊利益促进

文化主体是指文化活动的参与者,包括创作者、传播者与享用者等。一方面,所有人都是文化活动的参与者;另一方面,基于某种原因,有些人的文化利益应该得到特别关注,成为文化促进的重点对象。这样的主体主要包括:(1)青少年;(2)老年人;(3)弱势群体如残疾人;(4)少数族裔等。

3. 政府促进:直接参与、资金供应与体制支持

就促进方式来看,政府实施的文化促进可区分为:

(1)政府以直接参与的方式促进文化事业,系中外古今所常见。政府参与文化的具体做法是,建立专门的文化机构、雇佣专业人员,从事文化创作、生产与传播等活动。中国古代官方的乐府就是此类方式,而当代中国也建立了直接从事文化活动的制度体系,主要表现为,各级政府设立文学艺术联合会、作家协会等各专业机构(以民间团体的形式),设立并管理出版社、博物馆、书店、演出团体等传播媒体;尤其是,政府部门具体领导、指示文化活动的开展,为文化机构及其工作人员确立具体的文化活动任务。这些文化机构属于政府机构或准政府机

构,而其中的文化工作人员也可能属于政府职员或准政府职员。

(2) 资金供应向来是赞助与扶持文化发展的基本手段。文化事业发展需要耗费大量钱财,同时却又难以获利,尤其是在文化事业发展的初期阶段、萧条阶段,向文化活动参与者提供资金支持,往往是政府实施文化赞助与促进的主要与首要的手段。

(3) 体制支持是指政府通过制度设计促进文化事业的发展。典型的体制支持,如源自西方欧美国家的文化艺术基金会制度,如今广泛存在的文化博览、比赛及教育活动等。其中,税收优惠制度尤为突出。对于政府,税收是实行文化促进的体制支撑制度;影响及于文化领域,则是得到体制激励的资金供应,它们来自全社会范围的机构和个人。

而在现代法治环境下,政府促进文化事业的趋势在于,逐渐淡化、甚至放弃对文化事业的直接参与,越来越多地依赖资金供应与税收体制的结合:较少的公共财政投入与更积极的税收政策激励。

4. 政府主导与市场主导的文化促进体制

文化促进的主体是谁?文化资助的基金来源何在?基于现代国家各自不同的制度理念与文化体制,答案通常有两个:政府和市场,或是二者之结合,即政府+市场,但总是会以其中一方为主。这便产生了两种不同的文化促进体制模式:政府主导与市场主导。

抽象地说,政府主导模式即政府全面规划并以公共财政支持文化事业发展。与之相反,市场主导意味着以市场机制引导、协调文化事业发展,政府对文化很少或不进行干预或资助。实践中,各国政府都会关注文化事业发展,而政府主导与市场引导的体制差异只是相对而言。比较来看,法国和美国实施的文化促进体制分别是政府主导与市场主导模式的代表。

我国学者指出,法国模式属于"国家扶持"体系,表现为"以公共投入为主,国家扶持,地方支持,多方合作";而美国模式属于"自由制度",以文化的市场发展为主导。[①] 美国各级政府也以公共财政资助文化,但金额很少,只面向非营利性与公共性文化项目。美国文化发展的主要资金来源,一是市场上的企业投资,如美国电影的繁荣完全是文化市场运作的结果;二是政府以税收制度引导下的社会捐赠,其对象主要是非营利性文化项目。

5. 政府促进对于文化的干预程度:管制式、放任式与选择性支持

在政府促进文化的过程中,依其干预文化的立场与程度,可分为这样三类:

(1) 管制式支持是指政府以其官方意识形态为标准,对不同类型、不同内容的文化实施扶持或压制。比如,清乾隆帝曾借编纂《四库全书》之机,在保存一些

---

① 张敏:《"法国模式"应对金融危机下的文化事业》,载《法国研究》2010 年第 1 期。

典籍的同时,也销毁、删改了许多其认为有害的作品。中国"文化大革命"时期,八部官定的京剧"样板戏"占据舞台,而大量的中外文化经典、广大的民间创作等都受到压制。

（2）与管制式支持相反的做法是放任式支持。政府不为其支持文化的行为设定主观性标准,凡是符合客观标准的文化活动和作品均可享受平等的支持;作为例外,只在法律规定的特殊情况下,某些内容有害的少量文化才可能受到压制,如淫秽品。而所谓客观标准即不以任何人的主观判断为依据,如电影基金只资助电影,便是此种标准。

（3）选择性支持介于管制与放任式支持之间。一方面,政府扶持不设定任何政治或道德标准,更不会在支持某些文化的同时压制其他文化;另一方面,政府只为其支持行为设定专业性标准,并依民主程序、由专业人士具体执行文化支持行为,如选择合乎专业标准的支持对象等。

事实上,大多数文化促进都具有程度不同的选择性。在现代法治社会,政府管制式的文化扶持已经大为减少(很难说其已经灭绝),而完全放任的支持并不多见。比较常见的是,政府在对全社会的文化发展需求进行整体衡量的基础上,对文化事业实行具有专业倾向性、同时又具有意识形态中立性的支持。比如,针对艺术电影、传统文化遗产传承、青少年项目的政策与资金支持,便属于选择性的支持。

6. 西方艺术赞助分类:家庭雇佣、艺术品定做、市场、学院与资助金或基金会

艺术赞助是西方文化史研究常用的概念,依其研究,西方历史上曾经出现的艺术赞助可分为五种模式[①]:

（1）家庭雇佣制,即有钱人家雇用作家、艺术家到其家里长期工作,满足该家庭之文艺方面的需要;

（2）艺术品定做制,即文艺作品需求者委托某文艺家,按其要求创作具体的作品,并支付报酬;

（3）市场体制是指文艺家大量创作作品后,向公众销售,也可通过中间商代理销售。比较而言,前两种体制下,委托在先、创作在后;而市场体制相反,先有作品、再行销售。

（4）学院体制是由政府设立的文艺家组织控制文艺资助;

（5）资助金或基金会体制是指由非政府的基金会实施中立性的文艺资助。

西方所谓艺术赞助是一个比较宽泛的概念。如西方学者称,艺术赞助人

[①] 参见〔英〕彼得·伯克:《意大利文艺复兴时期的文化与社会》,刘君译,东方出版社2007年版,第94页。

(patron)是指"提供恩惠和保护的人,或是为增进某人、某事业、某机构、某艺术家或某行动的利益而提供财富或运用权势的人"①。比较而言,上述五种艺术赞助体制中,兴起于近代之前的家庭雇佣、艺术品定制,产生于近代市场经济兴起过程中的市场机制都应被归于艺术品交易方式,而不是现代社会的艺术赞助或文化促进行为,因为后者具有非直接交易与营利性质。尤其是,现代政府所倡导的文化资助主要是非营利性的,学院体制与基金会制因而成为当今最常见的文化支持与促进体制。

三、现代文化促进法的正当性与基本原则

文化促进自古有之,但在现代社会,政府实施文化促进必须依法而行,并需符合现代法治的基本原则。

(一) 政府文化促进的正当性:文化权利与国家义务

现代政府行为以保障人民利益为基本出发点和目标。同理,现代政府采取措施、促进文化发展,其正当性也必须在于人民利益的保障。具体而言,依法实现公民的文化权利是国家的文化义务,是其实施文化促进的正当性基础之所在。

依据国际人权宪章以及国内基本法,作为人权的文化权利属于复合型的权利,即它包括两方面,即文化自由权和文化受益权,同时具有消极自由与积极权利的效力。为此,面对文化权利的保护与实现,一国政府必然承担起两方面的义务:消极的不作为与积极的作为。而政府实施文化促进,则是其履行积极文化义务、落实公民文化权利的必然要求。

国际公约方面,在规定公民享有的文化权利之后,《经济、社会和文化权利国际公约》(ICESCR)第15条第2款要求成员国"为充分实现这一权利而采取的步骤应包括为保存、发展和传播科学和文化所必需的步骤",第4款提到了文化合作的重要性:"缔约各国认识到鼓励和发展科学与文化方面的国际接触和合作的好处"。这就是说,政府应为实现公民文化权利承担起积极作为的义务,即文化义务。

经济社会和文化权利委员会第17号和第21号一般性意见都曾明确指出,公民文化权利的实现要求缔约国承担三种类型的义务:即尊重、保护和落实的义务。其中,履行文化权利的落实或实现(fulfill)义务,要求政府实施积极的文化促进,即采取立法、司法、行政、财政、促进及其他措施,使公民对其文化权利的享

---

① 〔美〕玛乔丽·嘉伯:《赞助艺术》,张志超译,中国青年出版社2013年版,第10页。

有真正成为现实。① 这就是说,落实文化权利的义务是政府文化促进的正当性基础。

进而,对于政府应承担的文化权利落实义务及其应采取的相关措施,经济社会和文化权利委员会第21号一般性意见细分为三个方面:

(1) 提供便利的义务(to facilitate),政府应采取积极的财政等措施,推动文化权利的实现。比如,向艺术家、文化协会等公私机构提供财政或其他援助;鼓励艺术家等参加国际文化研究活动如专题座谈会、研讨会等。

(2) 推进的义务(to promote),采取有效步骤,确保开展针对文化权利的教育和宣传,尤其是在农村地区和城市穷人区,以及与少数族裔有关的特殊情况下。

(3) 提供的义务(to provide),在个人或社区因无法控制的外部原因而无法自行实现其文化权利时,要求政府为落实这一权利提供一切必要的条件。比如,保证每个人都能毫无差别地接触使用博物馆、剧院等设施,参与文化活动与服务等。②

(二) 文化自由权优先保障原则

文化自由是文化法治的"第一原则",自然也是文化促进法的前提性原则。③

不同于文化受益权,文化自由权排斥包括政府在内的一切外在的干预,其法律效力要求政府履行消极的不作为义务。而政府在采取积极措施,介入公民文化生活时,其行为如果不当,就可能违反公民的意愿,甚至对公民文化生活造成消极影响。所以,政府文化促进必须以优先保障文化自由为前提。

文化自由以表达自由为基础,或者说,二者内容相重叠、或交叉。在国际人权学说与实践中,表达/文化自由权与文化受益权被分别视为第一代和第二代人权。规范文件上,二者还分别被纳入《公民与政治权利国际公约》和《经济、社会和文化权利国际公约》。虽然很多人不承认,这种区分还是表明了两种权利的法律保障力有先后与高下之分。如果政府为促进文化发展而采取的措施同时损害了文化自由权,如文化扶持含有意识形态标准、带有文化歧视等,显然不具有宪法上的正当性。

文化自由权的这种优先性直接体现于相关的国际规范文件中。《经济、社会和文化权利国际公约》第15条在正面规定文化受益性权利与国家的文化义务之后,第3款要求各国尊重创造性活动所不可缺少的自由,这暗示了其对自由权优

---

① See Committee on Economic, Social and Cultural Rights, General Comment No. 21, Right of Everyone to Take Part in Cultural Life (2009), Art. 48.
② Ibid., Art. 51—54.
③ 参见宋慧献、周艳敏:《论文化法的基本原则》,载《北方法学》2015年第6期。

先性的肯定。文化合作显然有助于文化权利的实现,但《国际文化合作原则宣言》第11条要求,"本宣言之基本原则的适用,应该充分考虑到人权与基本自由"。政府应采取必要措施,促进文化多样性,而《世界文化多样性宣言》第4条、《文化多样性公约》第2条都要求,任何人不得以促进文化多样性为由侵犯人权、或限制其范围;只有确保人权以及表达、信息和交流等基本自由,并确保个人可以选择文化表现形式,才能保护和促进文化多样性。

(三) 文化促进与社会、经济发展相协调

政府文化促进措施应该与社会、经济发展水平相协调,当经济与社会发展水平较高时,政府应该积极提升文化促进的力度;相反,当经济与社会发展水平较低时,政府可以、甚至应该采取低投入、低目标的文化促进政策。或许可以说,政府实施文化促进的力度没有绝对的标准,需在整体的社会与经济发展背景下做协调性衡量。

国家促进文化发展,必须具有一定的能力——尤其是经济能力。而对于不同的国家、其内部不同区域、在其不同的历史时期,这种能力有大小与强弱之别。如此,无条件地要求一个国家在其管辖范围内促进文化发展,以普遍、平等、充分地落实文化受益权,显然具有客观上的难度甚至不可能。从文化促进的法益目标上来说,一方面,当经济与社会整体发展水平很低时,如果社会就业率低、居民收入水平低、社会保障难以充分实现,高投入、高目标的文化促进措施可能会超出了公民文化需求,同时还可能阻碍经济发展与社会建设。另一方面,当经济发达、社会整体发展水平较高时,轻视或弱化文化发展将无法满足公民的文化需求,政府则难辞其怠于履行文化义务之责。

这种协调性原则体现于有关规范文件中。《世界人权宣言》第22条在规定文化权利时指出,履行实现文化权利的义务,需要"通过国家努力和国际合作",而这种努力又需要"符合各国的组织和资源",表明政府实行文化促进是有条件限制的。我国《宪法》第14条第3款规定,"国家合理安排积累和消费,兼顾国家、集体和个人的利益,在发展生产的基础上,逐步改善人民的物质生活和文化生活",体现了文化促进与社会整体发展相协调的原则。

(四) 公共文化服务均等化提供

均等化是公共服务的基本原则,它要求政府在提供教育、医疗、社会保障等基本公共服务时,要让所有公民享有同等的待遇。当国家将文化权利视为基本权利,从而向公众提供公共文化服务时,也应贯彻均等化原则,即公共文化服务应做到全境之内、全民之间平等对待,无差别、无歧视。

公共文化服务均等化原则是政府公共服务均等化原则在文化领域的具体体

现,也是全体公民待遇平等之宪法原则在文化领域的贯彻。既然文化权利是公民的基本权利,政府就应该向所有公民履行平等义务,保护和落实这一权利。"基本公共服务的均等化供给,是为了保证不同区域之间、城乡之间、居民个人之间享受的基本公共服务水平一致,使全体社会全员的生存权、发展权等基本人权得到保障。"①

另一方面,基本公共服务的均等化不是平均化,不是在任何时间和地点都必须向所有公民提供绝对相等数量与形式的同类服务。实践中,由于各种客观原因,基本公共服务提供难以整齐划一;同时,公共服务提供必须在考虑到原有不均等的基础上,向不同地区、不同人群提供差异化的公共服务,以达到结果上的基本均等。

可以说,为了弥补城乡、地区之间的历史性差别,实现公共文化服务的均等化目标,我国政府已经采取了有关政策和措施,如通过国家财政转移支付等手段,扶助中西部地区文化设施建设;广播电视"村村通"政策等。

国际公约、各国法律都强调,文化政策要特别关注青少年、残疾人、少数族裔的文化获取,都是在借政策手段的差异化,对特殊对象予以特殊对待,最终达到文化权利的均等化实现。另外,国家对特殊文化领域予以重点扶持,如资助艺术探索类电影、古代典籍的整理与出版等,也是以手段差异化实现目标均等化原则的另一种体现。

(五) 市场运作与政府促进相协调

文化事业的发展总体上离不开市场调节与政府促进两个方面;而对于公共文化服务而言,政府通常发挥着主导性的作用,以实现文化事业的良性发展与文化权利的普遍实现。

首先,市场是配置一切社会资源的最活跃的方式,一个国家也应该建立健全推动文化事业发展的市场化机制,让参与文化活动的各方,通过自愿、公平的交换,实现各类文化资源活跃与充分地进行配置。

其次,市场毕竟不是万能的。基于趋利原则,市场根本无法全面满足全体公民多方面的文化需求。经济发展水平、文化参与主体的自身因素、文化自身的特性等,都限制了文化发展与普及的平衡性,这就需要政府以各种手段弥补市场机制之不足即"市场失灵"。这就是说,政府应在市场之外提供公共文化服务。而公共文化服务的提供通常遵循政府主导的原则,即由政府制定政策和体制,决定公共文化服务的供应。

如何做到市场运作与政府促进之间恰到好处的关系协调,没有一定之规,政

---

① 陈第华:《基本公共服务均等化的正义性探析》,载《山东科技大学学报》2008年第6期。

府应该在遵循文化法治的其他基本原则的基础上,综合衡量一定时期文化发展过程中的各种因素,依据一定的社会与文化发展目标,制定公共文化服务政策。

在国际上,法国与美国在政府文化促进方面代表着两种迥异的体制模式:前者更主要发挥着政府主导与干预文化作用,而美国则较多依靠市场机制,并以政府政策引导文化促进的市场化的运作。

四、文化促进法的主要构成

文化促进法的构成可从形式与内容两方面来考察。

综观世界各国,文化促进法律在传统上的形式特征是,统一的文化促进成文法十分罕见,而较为常见的立法形式是,在制定各文化领域的特别法时,就该领域的发展促进制定专门条款。比如,在法国,虽然政府向来重视对文化事业的促进,却并未制定形式统一的文化促进法,而是在各类文化特别法中规定文化促进,如《电影法典》《遗产法典》《建筑法典》以及《知识产权法典》等;同时,法国还在一些普通法中规定有关文化的条款,如《劳动法》《教育法》等,也以政府法令的方式对特殊领域做出促进性规定,如各类大众传媒、图书定价、表演等。可以说,这种以分散性单行法包含文化促进条款的做法,是各国常见的立法形式。

不过,鉴于文化促进的重要性日益凸显,近年来,已经开始有个别国家颁布专门的文化促进法或相类似的成文法。韩国则早在1999年通过《文化产业振兴基本法》(第5927号法律),其核心目标是致力于文化产业的促进。瑞士联邦于2009年通过、2012年开始实施《联邦文化促进法》(Federal Law on the Promotion of Culture)。亚美尼亚共和国于2002年开始实施的《文化基本法》是一部综合性的基本法,其立法宗旨包括了文化促进。[①]

就其实体规范来看,文化促进法的内容主要涉及文化财政资助法、文化设施提供法、特殊人群文化利益促进法、文化遗产法以及特殊文化领域的发展促进法等。

(一)文化基金与财政资助法

仓廪实而知礼节。所以说,促进文化发展,首要方式便是经济资助。而政府更需通过法律,为文化发展的经济扶持提供制度依据。政府资助文化的方式多种多样,大致可以区分为政府财政资助与社会资助。通过对不同方式的选择和组合,很多国家依法构建了具有本国特色的文化资助制度模式。

比较而言,美国实行的是以法律激励下的社会性资助为主的文化资助模式。

---

① 参见钱家骏、潘攀:《亚美尼亚共和国〈文化基本法〉概览》,载《山东图书馆学刊》2014年第4期。

一方面,美国联邦政府每年都要通过国家艺术基金会与国家人文基金会等机构向非营利性文化团体、文化基础设施提供直接的资金投入;同时,各州政府和地方政府也在本辖区内提供文化拨款。这属于美国文化发展资金中的公共财政拨款部分。

但是,美国公共财政拨款只占全国文化事业所获资金的一小部分,而大部分文化发展资金来自政府之外的社会力量,它们是各类非政府性质的基金会以及个人的资助。社会性资助金的提供与法律设计的制度分不开,属于政府采取的制度性支持机制。美国主要通过税法体制,鼓励所有企业和个人资助文化事业发展,比如,在开征遗产税的背景下,美国联邦税法规定,向文化事业捐款赠物者,享受税收减免优惠。

美国实施的法律主导下的社会资助模式直接体现了其整体的制度理念。按照法律规定,美国公共财政资助金需通过国家艺术基金会等拨付,政府及其部门无法在拨款过程中直接参与任何选择和决定的过程。对于申请资助的人或文化项目,政府款项最多只占所需资金的一半,其他则必须依靠非政府的资金来源。而且,作为获得政府拨款的配套资金,非政府资助的获得又是必要前提。由此,在美国的文化资助体制下,文化发展不可能依赖政府拨款;而且,政府也无由借拨款来选择、控制文化事业的发展。

法国也通过税收优惠政策支持文化事业。法国有多种增值税率,普通增值税率为19.6%,而影院、博物馆和文化场所的增值税率为7%,图书租售、艺术表演场所的增值税率为5.5%,出版、广播许可费、某些新创作品的表演票价等增值税率为2.1%。但是,法国及其他一些国家更加强调文化事业的政府主导,较多实行政府对文化事业直接资助体制。法国政府为其文化事业提供资金保障,其资金投入采取直接拨款的方式,即通过文化部等政府部门,对文化领域的主要机构团体、基础设施和院校,同时也对重要的文化活动直接拨款。

与此同时,法国政府通过契约的方式对资金投入实施管理,保证实现其预定的目标;采取公共资金拨付与会计管理由两个机构分头执行的体制。并且,法国政府会在资助中体现其文化政策与发展的理念和目标,如支持数字化、增强法国文化竞争力、实现地区文化分散等。

我国基本采取了政府直接参与控制下的文化资助模式。我国文化机构与设施以国有为主,大多数的文化团体、传播媒体和文化设施等都由各级政府直接拨款。

关于文化资助模式的区别,有学者指出,"在对法国的文化模式与美国的文化模式比较中,我们可以看到:政府资助越多,干预越多,按市场规律的文化产业体系就越不易确立,如法国;政府资助越少,受约束也越少,按市场规律的文化产业体系就越容易确立,如美国。法美两国政府文化资助的经验,对目前我国正在积极推进的文化体制改革很有启示,最基本的一条是,必须划清公益性文化单位、准公益性文化单位和经营性文化单位的界限,对不同类型的文化单位采取不同的资助方式,把有限的资金用在最需要的地方。"①

(二) 文化设施提供法

作为人们参与文化生活、满足文化需要的物质设施,文化设施主要包括图书馆、博物馆、影剧院、音乐厅、综合性文化服务中心、广播电视传输设施、互联网设施、科技馆等,它们既包括外在的活动场地、建筑物和设备,更包括其中提供的文化项目、产品和节目等。其中,作为满足公民文化基本需求、从而得到国家重点资助的文化设施主要是图书馆、博物馆、文化服务中心、广播电视传输设施等。通过法律规范文化设施的提供,为政府设定提供文化设施的义务,目的在于保障和落实公民参与文化生活、享受文化成果的权利。

如上所述,文化设施的类型是多样的,不同设施的建设、维持与使用也不可能采取整齐划一的方式。从公共政策与法律的角度来看,文化设施的提供与利用方式大致可分为两类:市场运行与政府保障。一方面,国家应该建立市场体制,允许并激励文化设施的市场化运行;另一方面,政府应该本着普及文化设施的公共服务原则,依据公共力量,弥补市场失灵造成的文化设施缺位。这种情况主要包括两种情况:一方面,某些文化设施具有功能基础性、享用普遍性、资源稀缺性等特征,政府供应应该发挥较大的作用,如图书馆、博物馆及其他大型文艺场馆的建设与利用;另一方面,由于各种原因(如地区性经济基础薄弱),文化设施的提供都可能发生市场失灵的现象,此时就需要更多地依赖政府保障,尤其是在农村及远离城市的边远地区。

依据经济社会和文化权利委员会第 21 号一般性意见,为落实公民文化权利,政府应采取各种必要、可能的文化促进措施,其中之一便是提供文化设施,比如,在个人或社区因无法控制的外部原因而无法自行实现其文化权利时,政府须提供必要、可能的条件,保证每个人都能毫无差别地接触使用博物馆、图书馆、电影院和剧院,并参加文化活动、服务和重要事项。②

在法律形式方面,有的国家制定了文化设施提供综合立法,即在一部立法中对多种文化设施的建设与提供做出规定。如匈牙利 1997 年通过了《关于保护文物、博物院馆、公共图书馆和文化教育供应的法令》,对多种文化设施提供做出规定;作为一项基本权利,该法规定,"人人有权……使用公共图书馆系统、博物

---

① 王海冬:《法国的文化政策及对中国的历史启示》,载《上海财经大学学报》2011 年第 5 期。
② See Committee on Economic, Social and Cultural Rights, General Comment No. 21, Right of Everyone to Take Part in Cultural Life (2009), Art. 51—54.

馆和文化教育机构的服务……"法国的《遗产法典》(Heritage Code)就是一部包含文化遗产保护与文化设施建设的综合性法律,规定了图书馆、博物馆、档案馆等设施的提供。而更多国家就主要类型的文化设施提供制定了单行法,主要包括图书馆法、博物馆法、广播法等,如美国、瑞典等国的《图书馆法》,英国的《博物馆和美术馆法》等。

美国对公共图书馆建设与服务的法律保障走在世界的前列。马萨诸塞州1848年通过的《公共图书馆法》是世界上第一部公共图书馆法;而1956年通过的联邦《图书馆服务法》(Library Services Act,LSA)则被称为世界首部国家图书馆法,其主要目的是提高图书馆覆盖面和普及率,解决城乡图书馆服务不均,促进乡村地区图书馆服务。该法于1966年被《图书馆服务与建设法》代替,后者立法目的是解决馆舍陈旧问题,财政拨款范围拓展到所有地区。1996年美国又通过实施至今的《图书馆服务和技术法》,主要目的之一是增加信息技术方面的拨款,同时取消馆舍建设拨款。[①] 总体来说,美国图书馆领域一百多年的法律实践的目的在于,为所有公民提供平等、开放、便捷、实用、不断发展而且免费的阅读服务。

我国至今没有制定任何文化设施提供方面的法律,但一直通过政策文件促进文化设施建设与提供。2009年,我国颁布《国家人权行动计划(2009—2010)》,其中明确提出有关文化设施建设的目标:"实现大城市和中心城市有大剧院、公共图书馆、博物馆、美术馆、电影院、群众艺术馆,县(市)有文化馆、图书馆、电影院,行政村有文化活动室,社区有文化中心。在中西部地区新建、改扩建2.67万个综合文化站。每年建设农家书屋7万家左右,到2010年底,全国共建设农家书屋23.7万余家。国家财政投入11.15亿元,建成覆盖城乡的数字文化服务体系。"

(三)特殊人群文化保障法

与正常人相比,特殊人群是指客观上具有不同特征、从而在某些方面表现出能力欠缺的人。基于基本权利普遍保护、平等实现的法治原则,特殊人群之文化权利的落实需要政府和社会采取特别措施。

国际上,经济社会与文化权利委员会第21号一般性意见曾经强调,要平等而普遍地实现人人享有的文化生活参与权,有一些个人和社群需要特别保护,他们包括妇女、儿童、老年人、残疾人、少数群体、移民、土著人民和生活贫困的人,共八种人。其中,该一般意见强调,儿童作为文化价值观代代相传的承受者和传播者扮演着一种最基本的角色,各国应采取一切必要步骤,在文化生活领域充分

[①] 参见孙冰、张丽:《美国联邦公共图书馆立法》,载《中国图书馆学报》2011年第2期。

促进和开发儿童的潜力;特别注意增进和保护老年人的文化权利,鼓励各国政府和国际组织支持旨在更便利年长者使用各文化设施的方案;政府应确保残疾人有机会发挥其创造能力,促使各种文化表演和服务场所对残疾人开放并做到无障碍,承认他们有权以无障碍形式获得文化材料、观看电视节目、电影、戏剧,参与其他文化活动,进入文化表演或服务场所如剧院等;少数群体应有权保持其文化差异、传统、风俗、语言、传媒及其文化特性;确保土著人民维持、保护和开发其文化遗产和传统文化表达方式;政府必须毫不拖延地采取措施,确保贫困人群享受和参加文化生活的权利得到足够的保护和充分的行使。①

各国文化促进法律实践的通常做法也是这样,残疾人、青少年、老年人、少数族裔以及发展滞后区域的文化权利往往普遍受到特别的关注。

(1) 保障残疾人利益已经成为世界各国法律的重要内容,文化权利也在其列。残疾人即身体具有生理缺陷的人,这种缺陷使他们难以或不可能像正常人那样参与正常文化生活,故其文化权利的实现需要政府实施特征政策。

联合国 1993 年《残疾人机会均等标准规则》第 10 条规定:"各国应促使各种文化表现和服务场所,诸如剧院、博物馆、电影院和图书馆,对残疾人开放并做到无障碍。"各国内法也都对残疾人的文化促进做出了具体规定。我国 2008 年《残疾人保障法》第 41 条第 1 款明确指出:"国家保障残疾人享有平等参与文化生活的权利。"该法第五章还就残疾人的文化生活做出了具体规定,要求政府和社会采取措施,丰富残疾人的文化生活,以切实保障残疾人接触文化、参加文化活动、进行文化创作等权利。

(2) 少数族裔在很大程度上是一个特殊的文化群体,这决定了他们具有特殊的文化需要。由于人数较少,他们在历史、文化与语言等各方面具有的特殊性,往往使他们占据社会的边缘、甚至占劣势地位,故应得特殊关注。政府应为少数族裔提供特殊的措施,尤其是要为他们提供具有特殊的历史、文化、语言特征的文化设施。很多国家都制定了保障少数族裔文化权利的法律。如,拉脱维亚 1991 年颁布了专门的少数族裔文化权利保障法,即《少数民族和族裔群体自由发展及其文化自主权法》;匈牙利 1993 年颁布的《关于少数民族和族裔权利的第 77 号法》也包含了文化权利保障问题。

我国一直重视少数民族问题,自然也重视其少数民族人民参与文化生活的权利保障。1984 年《民族区域自治法》明确规定,少数民族享有保持、发展其民族文化的权利,并规定了保障少数民族文化权利的具体措施。第 38 条规定:民族自治地方的自治机关自主地发展具有民族形式和民族特点的文学、艺术、新

---

① See Committee on Economic, Social and Cultural Rights, General Comment No. 21, Right of Everyone to Take Part in Cultural Life (2009), Art. 25—38.

闻、出版、广播、电影、电视等民族文化事业……收集、整理、翻译和出版民族历史文化书籍,保护民族的名胜古迹、珍贵文物和其他重要历史文化遗产。国务院2005年通过的《实施〈民族区域自治法〉若干规定》第24条规定:上级人民政府从政策和资金上支持民族自治地方少数民族文化事业的发展,加强文化基础设施建设,重点扶持具有民族形式和民族特点的公益性文化事业,加强民族自治地方的公共文化服务体系建设,培育和发展民族文化产业。

(3)因各种原因引起的地区发展不均衡,也是实行特殊的文化促进措施的理由。这种区域差别与上述族裔差别可能会重合,并且主要表现为城乡差别、核心地带与边缘区域差别。这种差别普遍存在于世界很多国家和地区。

1956年美国首部联邦《图书馆服务法》的主要目的便是为了解决城乡图书馆服务不均,促进乡村地区图书馆服务。法国文化事业虽然已很发达,区域差别依然存在,比如,法国较为重要的文化设施大多集中于首都巴黎及其他少数大城市。针对这种不平衡现象,法国政府曾于20世纪末提出"文化分散"政策,促进文化设施向全国各地分散。前任总统希拉克曾宣称,其任内不再在巴黎开建大型文化设施。文化部也决定,此后10年,法国政府的文化投资的2/3将用于外省,重要文化设施也主要建于外省。2011年初,在法国政府已经为全国博物馆年度发展计划投入4.9亿欧元的基础上,法国文化部公布《2011—2013年地区博物馆发展规划》,为扶植地区博物馆事业,计划3年内投入7000万欧元,用于79个博物馆的扩建和翻新。其中,80%的资金拨给地方政府,而20%直接划拨给博物馆。①

20世纪80年代以来,我国政府提出"县县有文化馆、图书馆,乡乡有文化站""电视村村通"发展规划,逐步实现文化设施跨越城乡的全覆盖。2005年通过《关于进一步加强农村文化建设的意见》,重点支持农村文化建设。2015年,文化部七部委《"十三五"时期贫困地区公共文化服务体系建设规划纲要》,全面而系统地实施文化扶贫。该规划实施范围包括从秦巴、武陵到大兴安岭南麓、燕山—太行等山区的集中连片特困地区和已经明确实施特殊政策的藏区、新疆南疆等,以及其他的国家扶贫开发工作重点县。

(4)青少年的年龄特点决定了其文化利益的特殊性。青少年往往不能像成年人那样参与正常的社区文化生活;而其年龄特点、尤其是其成长状态往往具有特殊的文化需要,应该取得重点满足。

我国《未成年人保护法》第29条要求,"各级人民政府应当建立和改善适合未成年人文化生活需要的活动场所和设施,鼓励社会力量兴办适合未成年人的活动场所,并加强管理。"

---

① 参见教莹:《法国政府如何促进博物馆均衡发展》,载《中国文物报》2011年6月22日第4版。

（5）老年人的年龄与身体特点需要特别关照,尤其是,其逐渐不便的身体特点使他们难以或不可能像正常人那样参与正常文化生活。

针对老年人,1995年经济、社会和文化权利委员会关于老龄人的经济、社会和文化权利的第6号一般意见鼓励各国,采取"更有利于年长者出入各文化机构(博物馆、剧院、音乐厅、影院等等)的方案"。

我国1996年《老年人权益保障法》第32条要求,国家和社会采取措施,开展适合老年人的群众性文化、体育、娱乐活动,丰富老年人的精神文化生活。

另外,女性因其生理特征、家庭与社会地位,也因某些历史性原因,具有独特的文化需要,应该受到特别对待。我国《妇女权益保障法》第三章对妇女的文化教育权益做了明确规定:国家机关、社会团体和企业事业单位应当执行国家有关规定,保障妇女从事科学、技术、文学、艺术和其他文化活动,享有与男子平等的权利。

(四) 特殊文化领域的发展促进

原则上,所有文化领域的存在与发展应具有同等的法律地位。但是,不同文化领域的价值、作用以及发展状况等是不一样的。而基于全面且平衡发展的需要,某些特殊的文化领域往往受到较大力度的支持。

综观文化促进法的实践,受到特别支持的文化领域主要包括,传统文化遗产传承、少数民族文化领域、高雅与小众艺术、新生类或具有潜在价值的文化形式等。

传统文化遗产的传承与发展促进法最集中地表现于文化遗产法,即文物保护法与非物质文化遗产保护法。并且,这种特别促进也体现在其他方面,比如,我国对古典戏曲的表演、古代典籍出版等,一直实行重点资助,比如我国政府实施了中国民族音乐舞蹈扶持发展工程、专门设立了国家古籍整理出版资助项目等。

高雅与小众艺术主要是指具有较高的艺术水准和探索价值、但缺乏市场流行度的文化艺术领域。这类文艺作品因受众较少而市场价值较低,文化企业不愿投资,大多数文艺家也不愿意投入创作。但为了鼓励文艺探索,政府往往对此类文化实行重点资助,或通过税收等机制,激励社会力量参与艺术探索。如法国政府文化部门通过各种政策扶持艺术探索类电影的拍摄与发行,即属此类。

新生类文化形式因处于发展的萌芽阶段,值得社会予以重视。尤其是,如果一种新生的文化形式有着普遍看好的发展前景,甚至有着较大的经济价值潜力,也会受到政府文化促进政策的重视,比如20世纪与21世纪交替时期的动漫和网游发展之所以受到广泛重视,就主要基于这一原因。

五、我国文化促进依法治理的现状与未来

概括而言,我国政府一直在延续着重视文化事业发展的历史传统,尤其是在今天,我国实施了范围广泛的文化事业促进。不过,当前我国文化领域的制定法体系还缺乏完善,文化促进工作所依据的规范主要来自各类行政性文件。近年来,由于公共文化与文化产业发展迅速,立法工作得到了高度重视,多部立法被提上议事日程。首部以"促进法"命名的法律即《电影产业促进法》已于2016年11月颁行,《公共文化服务保障法》(草案)也正处于立法机关的审议中。

(一)现行文化促进法治的主要特点

我国政府实施文化促进的制度与体制可谓"举国"式模式;但是,我国政府实施文化促进的规范依据主要是行政法规与政策文件,而立法很少,其中能为文化促进提供直接法律依据的法律则更少。并且,我国实施文化促进的法律体制之合理性与有效性程度,也值得进一步深入研究。

第一,成文法的形式构成方面,我国涉及文化促进的法律规范主要包括三大类:(1)《宪法》涉及文化促进的条款(如第14条、第19条等);(2)文化领域的专门法共四部:《电影产业促进法》是唯一以促进法命名的法律;《文物法》《非物质文化遗产保护法》致力于文化遗产保护;《著作权法》旨在通过保护著作权、调控文化市场,以间接促进文化发展;(3)其他相关法律,如《残疾人保护法》《民族区域自治法》《老年人权益保障法》和《妇女权益保障法》等,均就特殊人群的文化促进做出了原则性规定。总的来说,我国还没有颁布过专门的文化促进法,大多数文化领域(如国家文化基金的运作、博物馆与图书馆等)缺乏必要的成文立法。

第二,在成文法普遍缺乏的情况下,国务院法规、行政部门规章以及各类文件(统称行政法规)包含了大量有关文化促进的规定,是我国实施文化促进的重要规范依据。这样的行政性文件数量巨大,几乎涉及文化领域的方方面面。

(1)文化领域的国务院法规主要是管制性规范,其中涉及权利保障与促进的规范大都属于原则性规定,可执行性不足,如《出版管理条例》中的"保障与奖励";《广播电视管理条例》只是原则性规定,国家对为广播电视事业发展做出显著贡献的单位和个人,给予奖励(第七条),并未规定相应的实行措施。

(2)大量的行政性文件是当代中国实施文化发展促进的规范性依据的主体部分。这些行政性文件大致可分为两大类:① 党和政府中央机关发布的宏观规划性文件,如2011年中共中央《关于深化文化体制改革、推动社会主义文化大发展大繁荣若干重大问题的决定》、2012年《国家"十二五"时期文化改革发展规划纲要》、2006年国务院《关于进一步支持文化事业发展若干经济政策的通知》等;

② 国务院或各部委就具体执行文化促进发布的执行性文件,它们大多针对具体的文化领域和专题,如 2015 年文化部等《"十三五"时期贫困地区公共文化服务体系建设规划纲要》、2015 年国务院办公厅《关于支持戏曲传承发展的若干政策》、2015 年文化部等《关于做好政府向社会力量购买公共文化服务工作的意见》、2012 年财政部《文化产业发展专项资金管理暂行办法》等。可以说,后一类行政文件直接为政府文化促进提供了可行性规范,发挥着文化促进法的直接效力。

第三,就文化促进的实体制度来说,我国实施的是政府主导、且直接参与下的全方位文化扶持体制。

(1) 首先,我国政府保障文化事业发展的最普遍的基础性体制与措施是,以庞大的文化行政系统,全面领导、指导、扶持着全国公共文化服务与文化产业。我国在各级行政管理层面都设有文化行政部门:国务院组成部门文化部,省、地市与县级文化局,其法定职责与权力就是确保全国文化事业的正常运行。以最高行政机关文化部为例,其职责包括指导、推动艺术创作与生产,推进公共文化服务,规划、引导公共文化产品生产,指导国家重点文化设施建设和基层文化设施建设;指导、协调文化艺术产业发展,推进对外文化产业交流与合作;指导图书馆、文化馆(站)事业和基层文化建设;指导协调动漫、游戏产业发展。① 而这些工作也都需要地方各级文化部门予以具体落实。

(2) 值得强调的是,文化行政部门直接参与了文化事业的促进工作,既宏观又具体而微。以文化部为例,如在 2015 年,文化部致力于积极推动出台《关于支持戏曲传承发展的若干政策》,扶持"三个一批"戏曲剧本、"名家传戏"师徒;实施中国民族音乐舞蹈扶持发展工程,扶持"一带一路"主题采风;组织直属艺术单位、文艺工作者深入基层,开展创作采风等活动;通过政府采购,组织艺术表演团体进行各类公益演出;组织国家艺术基金年度立项资助活动等。文化产业方面,文化部推动了特色文化产业发展纳入中央财政文化产业发展专项资金重点支持范围;落实《藏羌彝文化产业走廊总体规划》,推进有关地区文化与生态、旅游的融合发展;扶持成长型小微文化企业发展;深化文化金融合作,联合财政部实施"文化金融扶持计划";建设国家文化产业项目服务平台。②

(3) 在文化财政投入方面,我国长期存在的体制是,政府部门作为公共文化资金的实际支配者,直接决定着资金的具体流向。

我国政府还设立或管理着多项文化发展基金与奖励项目,主要包括国家艺术基金、国家出版基金、国家古籍整理出版资助项目、中国电影基金、中国文化艺

---

① 参见文化部官方网站 http://www.mcprc.gov.cn/,最后访问时间:2017 年 2 月 20 日。
② 参见中华人民共和国文化部《2015 年文化发展统计公报》,来自文化部官方网站。

术政府奖(包括戏剧类的文华奖、繁荣群众文艺创作的群星奖)、中华社会文化发展基金会、中国华夏文化遗产基金等等。在这些基金或奖项的运作过程中,政府部门大都发挥着主导者、参与者的角色功能。

(二) 文化促进法治的未来展望

完善立法、建立合理而高效的文化促进法律制度,是摆在未来我国文化治理过程中的紧要任务。不过,理想的文化促进法治模式的形成绝非可以一蹴而就,概括来说,如下几方面是最为值得期待的:

首先,制定完备的文化促进成文法体系,是文化法治的重要基础。除了上述几部立法,《公共文化服务保障法》(草案)正在立法机关审议中,《公共图书馆法》(草案)处于调研和起草阶段。此外,我国还需制定多个文化领域的促进法,尤为必要的如,为文化产业发展提供一般性支持的文化产业促进法、规范文化基金设立与运营的文化基金法、广播电视法、互联网领域文化促进法等。

其次,比之于成文法形式体系的健全,建立合理而高效的文化促进制度与机制,是文化促进法治化的关键环节。

文化促进制度设计的基本原则应该是合理与高效性。"合理"要求文化促进制度能体现文化法治的基本原则,尤其是要实现文化领域的民主参与、保障公民文化权利的平等实现、文化基金使用的公开与公平、尊重文化发展的价值规律等;"高效性"原则要求文化促进制度实现效果最佳。

尤其要强调的是,我国文化行政部门应该通过体制改革,转变其在文化促进体系中的角色和地位。比如,在文化扶持资金的分配与使用过程中,由于各文化业务机构大都是文化行政部门的下属机构,文化行政部门可谓身兼整个文化领域的管理者与参与者双重角色,既分配又利用资金,既是裁判员又是运动员。[①]

鉴于我国财政资助文化事业的体制特点,2014年启动的国家艺术基金致力于体制改革,切入点便是资金运行的管办分离,将已有的直接划拨机制转变为基金模式;基金投向将努力满足艺术发展的多样性需求,基金管理将走向透明化。[②] 这一改革举措表明,我国政府文化资助管理中,政府主导并直接参与的机制根深蒂固,而国家艺术基金的机制健全也仍需时日。

再次,我国文化促进制度应该有助于充分调动社会性力量。文化事业发展不能全靠政府,而发展多渠道的社会性支持,已经是各方面的共识。而截至目前,促进我国文化事业发展的各种资源主要来自政府,这远不符合文化发展的需

[①] 参见韩业庭:《国家艺术基金:文化治理体系的现代化创新》,载《光明日报》2016年8月13日第9版。

[②] 参见松雨:《中国国家艺术基金模式探析》,载《艺术评论》2014年第7期;张玉玲:《解密"国家艺术基金"》,载《光明日报》2013年12月31日第9版。

要。可喜的是，审议中的《公共文化服务保障法》草案的有关条款规定，国家鼓励和支持社会出资兴建、捐建公共文化设施，参与公共文化设施运营和管理，参与提供公共文化产品等。但还应看到，这些条款主要还是原则性的宣示，即使其中提出的若干制度设立，也仍缺乏具体可行的操作性设计。

最后，文化促进法律制度的设计要全面而具体，尤其要做到权利、权力与责任的确定和明晰。比如，《电影产业促进法》第四章"电影产业支持、保障"，大多属于原则性规定。审议中的《公共文化服务保障法》草案将提供公共文化服务确定为政府部门或有关机构的义务和责任，但在这些义务和责任未能得到履行的时候，在公民认为其权利或利益受到损害的时候，公民如何以法律程序寻求救济？草案没有为此设计切实可行的救济程序。显然，这样的法律制度设计缺乏完备性，难免使权利趋于落空，也使立法目标难以实现。

第九章 电 影 法

　　1895年12月,法国人卢米埃尔兄弟在巴黎首映电影《工厂大门》,被视为世界电影史的正式开始。只用了几十年,甚至更短的时间,电影就成为了绝大多数人日常生活中的宠儿,给人们带来的快乐远远超过其他大多数文化形式。

　　同时,电影也比其他大多数文化与媒体样式引起较多的官方关注:政策介入、立法调控、司法讼争等等,有限制、也有扶持,既涉及经济、更涉及道德,还影响到国际间的利益关系等。原因是多方面的,主要还在于,电影是对普通大众有着广泛而深刻影响的文艺与娱乐形式,是重要的思想教育途径,也是带来较大经济利益的产业领域。

　　有关电影的法律焦点在于,是否并如何对其电影的内容实行控制;当电影作为产业逐渐兴盛之后,国家又需要考虑,如何控制可能的垄断,如何提高其产业产值,并增强本国电影的国际竞争力。所以,电影法领域的审查法与促进法以及著作权法等,都引发广泛争论。

一、电影的特性与电影法的构成

　　电影法以电影活动为调整对象,所以,电影法上的规则设计必定以电影的属性与特征为基础,这自然也是我们理解电影法的起点。

(一) 电影:娱乐、艺术与产业

　　简单而言,电影首先或主要是指电影片,而电影法的调整对象则包括电影片以及以电影片为核心的一系列活动,即影片的拍摄、制作、发行与放映、观看等。

　　电影最初诞生于一系列的科学技术进步,所以电影常常被视为一种技术:它以"视觉暂留"原理为依据,运用照相以及录音手段,把外界事物的影像与声音摄取、记录在胶片上,通过放映技术,在银幕上还原这些影像和声音。[①] 无论是制作还是观看,离开技术,电影是无法存在的。所以,我国法律法规有关电影的定义就凸显了其技术特征:"摄制在一定介质上,由一系列有伴音或者无伴音的画

---

① 参见许南明等:《电影艺术词典》有关词条,中国电影出版社2005年版,第23页。

面组成,并且借助适当装置放映或者以其他方式传播的作品"(2002年《著作权法实施条例》第4条);"运用视听技术和艺术手段摄制、以胶片或者数字载体记录……的作品"(2016年《电影产业促进法》第2条)。

上述界定同时也显示,电影属于作品即著作,具体是由一系列有伴音或者无伴音的画面组成。这就是说,技术是电影存在的前提和基础,就电影本体而言,它是一种活动性、可能伴有声音的图画作品。所以电影在美国被称为动画,即活动的图画(motion picture)。人们的一切电影活动都是以这个活动图画为目的与目标而开展的,这也是我们思考电影法的核心所在。

作为作品,电影就属于反映生活、表达思想情感的信息和文化现象。这就决定了电影的文化属性,电影的创作、传播与观赏都属于文化活动。但就其在各类文学艺术形式中的归属而言,电影作品又具有一定的复杂性:它虽属于图画,却不是静态图画,而具有活动性;后来,电影里有了声音,甚至产生了电影音乐,进而还生发出一个新的术语,即视听作品(audiovisual work),以涵盖电影和其他类似于电影的文艺形式;就电影作品的主流部分——即故事片来看,其内容是对故事情节的表演,所以电影属于表演艺术,与戏剧近似;电影往往以剧本为基础,影片中包含故事情节、人物对话等,所以电影也属于语言艺术即文学的成分。但是,电影并不能单纯地归入任何传统文艺形式,因为它实现了对这些文艺形式的超越。电影就因此被视为综合性艺术形式,甚至被称为"第七种艺术"[①]。总而言之,电影借助预演与预录的活动图画与声音,结合了戏剧的直观性与文学的丰富性,全非其他任何文艺形式可比拟。尤其是,在电影表演、拍摄与制作过程中,通过各种技术与艺术手段,电影参与者和制作者不仅能够把电影做得与客观生活逼真,其观赏效果甚至比普通真实更加具有感染力。

从其产生开始,主要是基于电影的技术性特征,电影观赏需通过大银幕显示,即放映,让众多观众聚集于特定的空间场合,集体观看(无论是在室内还是室外)。同时,前所未有的视听感染力使电影超越传统文艺形式,成为了一种几乎没有任何观赏门槛、真正大众化的文化活动形式。所以,从拍摄到观赏,电影都真正成为了一种集体参与的大众狂欢。

也正是基于上述特征,电影作为一种文艺形式,甫一产生,便迅速得到普及和发展,受到世界各地的广泛欢迎。而这也使得电影显现出其他特征:娱乐性与产业性,这些特点使人们不只将电影单纯地视为一种文艺样式。

在其刚刚诞生之初,电影几乎被视为一种逗乐的杂耍。无论其技术性有多么高深,甚至获得了专利,而普通人只能就其所见所闻来对电影做出评判。更何

[①] 1911年,意大利电影理论家利西奥多·卡努杜发表《第七艺术宣言》,宣称电影是一种艺术,是综合建筑、音乐、绘画、雕塑、诗和舞蹈六种艺术的"第七种艺术"。

况,电影早期没有声音,主要是看着好玩儿。并且,初期影片内容单调,数量不足,缺乏文学、戏剧那样的丰富与深刻。这为电影的娱乐忄奠定了观念性基础。即使到了后来,电影有了较大的发展,影片基本上一直佩戴着娱乐的标记。从表演者到制作者、从观众到官员,都有这样一种认识。在1915年的一个美国判例中,当 Mutual 电影公司认为电影也应该像其他出版物一样享有宪法上的出版自由时,最高法院的法官对此竟然以9∶0做出了全票否决,其理由在于,"电影放映是商业活动(business),纯粹而简单,源自利润并受其引导,就像其他表演景观(spectacles),而不能也不应指望被俄亥俄州宪法视为国家出版(press)的一部分,或公共舆论(public opinon)的器官"。法官甚至还认为,电影具有"邪恶的能力",由于其"吸引力和放映的方式",该能力被大大增强。[①] 可以说,正是由于电影本身固有的现实直观性、强烈的情绪感染力,导致它更多地被视为娱乐,从而也影响了其社会地位。

另需指出,时至今日,电影这一概念已经有了多种形式,如我国2001年的《电影管理条例》第2条所列举的电影类型包括"故事片、纪录片、科教片、美术片、专题片等电影片"。世界知识产权组织(WIPO)有关文件指出,无论以何种形式呈现,这些都属于电影作品:可以有声或无声的,使用方式可以是剧院放映或电视播放,体裁类型可以是故事片、纪录片或新闻短片等,制作方式可以是表演拍摄或漫画等,载体可以是透明胶片、录像带或 DVD 数字光盘等。[②]

不过,自始至今一直在电影界以及人们文化生活中占据核心地位的,主要是供影剧院放映的电影片,尤其是故事片(feature film)——即以剧本或脚本为摄制基础,由演员扮演角色,或以漫画表现,叙述一定的故事情节,表达特定主题,具有特定的时间长度,并以影院公开放映为主要或首选公开方式的影片。所以,我国《电影产业促进法》第2条以内涵解释的方式将电影定义为运用视听技术和艺术手段摄制、以胶片或者数字载体记录、由表达一定内容的有声或者无声的连续画面组成、符合国家规定的技术标准、用于电影院等固定放映场所或者流动放映设备公开放映的作品——各国电影法所着意规制的,通常就是这种形式的电影类型。纪录片、新闻短片等也属于电影类型,与故事片并列,但都处于相对次要的地位。

(二) 电影作为产业

电影产生不久,就被视为一个市场潜力不可低估的产业领域。如今这一产

[①] Mutual Film Corporation v. Industrial Commission of Ohio, 236 U.S. 230 (1915).

[②] 参见 *Intellectual Property Handbook: Policy, Law and Use*, WIPO Publication NO. 489 (E), 2004, Second Edition。

业更在不少国家的国民经济产值以及国际贸易领域中占据着重要地位。所谓电影产业,就是以电影片的制作、发行、放映以及各种衍生形式的利用为中心所形成的经济集合体。电影产业发展到今天,其产业内容大致可以区分为三类,我们将它们分别称为核心电影产业、衍生产业与外围产业。

核心电影产业包括电影制作、发行和放映三部分,是与影片本身直接相关的产业,即其产业功能直接指向电影片的产生与利用。

电影衍生产业是指以影片内容的二次使用为基础形成的产业,主要包括音像制品、影片内容出版物、内容衍生品产业、主题公园以及其他使用作品内容的产业。值得注意的是,此类产业的特征在于,它使用了影片的内容,本身具有文化价值,并仍可归入文化产业。

另外,作为当今重要的传播方式,影片通过广播电视播放和互联网传输应归入核心还是衍生类电影产业,不无疑问。我们认为,电影作为一种媒体的独特属性正在于它被用于影院播映,而其他任何形式的传播都已属于不同的传媒和产业领域。另外,以广播电视和互联网传播影片,需适用其他相关法律,不属于电影法的调整范围。

电影外围产业即为上述电影产业提供硬件或软件、以及因上述产业的带动而兴起的产业。电影制作需要生产资料等硬件设施、放映需要场馆、放映带动相关服务、旅游等,都属于此类产业。与上述衍生性产业不同,这些产业不使用影片内容,其产品与服务本身不具有文化价值,不属于文化产业。

从产值与规模而言,电影产业已经构成国民经济的重要组成构成,而且,作为知识经济的典型代表和经济发展的有力引擎,它有着巨大的增值潜力。作为电影产业强国,美国电影业年总产值早已超过600亿美元,已成为仅次于航空航天业的第二大经济支柱。

如上述,从其核心产业到衍生性产业,电影产业已是一个长长的链条。这就是说,电影产业的产值不只是电影片直接带来的票房收入,还包括电影片的进一步使用所产生的相关产品开发与服务行业的产值,这种所谓"后票房"收入甚至达到了票房收入的3—6倍。比如经典卡通片《狮子王》的票房是7.5亿,而它的后票房收入已达100多亿美元。后票房收入主要是影片版权带来的延伸性产业利益。比如,迪斯尼的著名电影形象米老鼠在其产生几十年后的今天,一直魅力不减,每年给迪斯尼企业带来巨大的营业额。

电影业既需要大量高素质的科技、管理、创作人员,也需要大量一般性的劳动力和服务人员,为解决就业问题发挥着重要作用。比如,美国2003年的电影从业人员60万人左右,而依托于影视文化产业的就业人口近1000万。一部电影所调动的人数相当于一个城镇的人口。电影对旅游也有着极大的刺激拉动作用,一个名不见经传的地方因为一部电影而成为旅游胜地的事例在电影史上屡见不鲜。如好莱坞的环球影城、世界各地的迪斯尼乐园等便是其中的翘楚。

很显然,电影产业已在 GDP 总值、就业、其他相关产业拉动等各方面做出了巨大的经济贡献。

在中国,自 2003 年启动电影产业化改革以来,电影市场规模一直保持每年 30% 左右的增长。2010 年,中国电影全年票房首次突破百亿元;2014—2016 年总票房分别为 296.39 亿、438.4 亿和 457.12 亿元。截至 2016 年底,中国银幕总数已达 41179 块,成为世界上电影银幕最多的国家。[①]

从国际上看,中国已是全球第二大电影市场,同时也是增长最快的市场之一。所以,电影产业强国美国对中国市场的觊觎由来已久,电影也成为中美之间多年的经贸谈判的重头戏。2012 年,中美双方曾就解决 WTO 协议下的电影产业问题达成谅解备忘录,中国每年增加 14 部美国大片,以 IMAX 和 3D 为主,并将美国电影票房分账比例从 13% 提高到 25%。2017 年,中美之间将重新谈判 WTO 协议下电影引进问题。业内人士推断,中国可能进一步放开大片引进的数量和合作模式。美国电影界和官方对此一直乐观期待。美国电影协会(MPAA)主席达德(Chris Dodd)还曾说:"作为美国电影协会一直以来的首要任务,这是美国电影出口中国的一个重大进展,同时对于数以百万依赖于娱乐产业的工作者和商人来说,这都是一个天大的好消息。此次里程碑式意义的达成将会为美国片方带来丰厚的票房回报,还将改善引进机制,使得进入中国市场的美国影片涨幅超过 50%。"[②]

(三) 电影法的构成

综合上述,电影传播与电影产业发展产生了诸多需要法律加以规制的问题,其中比较突出的是,电影可能对社会产生的负面影响、产业利益与文化利益之关系平衡、本国产业与文化利益的保护、产业参与者之间公平与自由竞争的保护、电影产业链各环节上的版权保护等等。

1. 电影法中最突出的部分是电影审查法。如上所述,电影综合了各种艺术手段,而主流的电影故事片则以叙述故事为主体,直观地、全面地再现生活本身的方方面面,并借助声与光,对观众情感生活产生极大的感染力和影响力。而这种生活再现与情绪感染难免对观众,尤其是未成年观众群体产生精神与道德方面的消极影响。所以,较之于传统文艺形式,电影的特殊性必然产生特殊的社会效应,为法律干预提出了需要。这就是电影内容审查法产生的现实基础。对此

---

① 参见新华社北京 12 月 31 日电,http://www.gov.cn/shuju/2016-12-31/content_5155313.htm,最后访问时间:2017 年 2 月 30 日。

② 引自 http://www.chinafilms.net/news_detail1/newsId=658.html,最后访问时间:2017 年 2 月 30 日。

我国电影学者指出:"电影的审查缘于电影的特性。这种特性就是电影艺术传播方式的大众性、通俗性以及电影表现形式的直观性和逼真性。"①

2. 鉴于电影产业对本国文化与经济所具有的重要价值,不少国家为本国电影业提供资金、税收等方面的资助,并制定各种形式的法律,以保障、规范电影产业促进。

3. 著作权制度赋予电影制片人及其他参与者以著作权,维护各自应得的市场利益,以达到促进电影产业长远发展的目的。在各类文艺作品的著作权制度中,电影作品著作权制度最为引人注目,原因也正在于电影作品的特性和电影产业的重要性。

4. 电影业的反垄断法。

5. 在国际贸易领域,电影进出口日益重要。为了促进本国电影的海外传播以及本国电影产业的国外市场,或为了保护本国国内的文化利益和电影产业,国际社会往往通过国际贸易法的方式对电影进出口制定法律规则。这可谓国际电影贸易法。

二、电影审查与分级制

像其他文化领域一样,有关电影的管制法也包括多个方面,比如电影从业资格管制、内容审查等。不过,国际社会对于电影管制关注最多,也最能体现电影行业特点的,是有关影片内容审查的法律。可以说,提起电影法制,人们首先想到的就是电影审查问题。为此,我们对电影审查问题做集中讨论。

(一)电影审查制度概述

通常所说电影审查,不是宽泛意义上的电影管制,而是对影片内容的审查,即对电影故事、画面、对话甚至主题等进行检查,以法律、政策或公共道德为依据,就其是否适于公众观看、或适于哪些公众观看判断,进而对电影公映做出决定,即决定是否允许其公映、限制性公映、禁止公映以及删除或修改等。也就是说,电影审查的对象是影片内容,核心是影片画面,同时也涉及故事、对话和主题等。电影内容审查是电影控制的一部分,其目的在于对那些不适宜完全公开的内容进行控制或限制。

电影审查制度是电影法的重要部分,普遍实行于各个国家或地区。但是,由于社会制度、法律传统、文化理念等差异,不同国家和地区采取了不同的审查体制,其区别表现在审查主体、审查效力、审查依据等方面。

---

① 贾磊磊:《用标尺取代剪刀:百年电影分级制与审查制的分野》,载《艺术百家》2005年第5期。

1. 政府审查与行业组织审查

这是基于审查主体不同而进行的区分。政府审查即由政府部门负责电影审查,具体的审查机构往往是由政府组建的、下属的、派出的专门机构,如我国新闻出版广电总局成立的电影审查委员会、我国台湾地区的电影片分级审议会、印度信息与广播部下属的中央电影分级委员会(Central Board of Film Certification)等[①]。行业组织审查则由电影行业组织实施审查,比如,英国负责审查的是英国电影分级委员会(British Board of Film Classification);美国的审查机构是美国电影协会,具体由其下属的"分类与评级管理处"(Classification and Rating Administration)实施审查;德国负责电影审查的机构是非政府机构电影自愿审查委员会(Freiwillige Selbstkontrolle der Filmwirtschaft),是德国电影业总会(SPIO)的下属机构。

2. 无区别审查与分级制审查

无区别审查是指所有影片的审查结果不作任何区分,以统一标准实行审查,最终对影片做出"一刀切"式的审查决定。这种审查的结果往往有三类:准予公映;不准公映;修改后可以公映。我国就采取此种审查机制。我国《电影产业促进法》第17条规定,审查合格的影片,准予公映;需要修改的,修改后再行审查;审查不合格的,不予公映。

分级审查制对影片实施差别待遇,即根据影片内容性质和观众年龄特征,将影片内容区分为不同的级别,并与不同年龄的观众相对应,最终对一部影片的观众适宜范围做出级别认定。分级审查的结果是对影片做内容级别区分,以限制影片的观众范围。在不同国家和地区,分级制的性质和效力有两种:强制分级制——属于行政管制措施,由官方实施,并具有强制性,未经分级的影片不得放映;自愿分级制——不具有行政强制性,由官方或行业组织实施,制片商和放映商均可自愿决定是否执行。我国台湾地区采行强制性分级制,而美国分级制则由行业协会组织实施,其属于自愿执行。

比较而言,世界电影审查走过了一个从无区别审查向分级审查的过渡。

电影分级制不是从根本上否定电影审查制度,而是要打破审查标准、方式与效力的统一性。它不再刻板地决定一部电影是否被禁止,而是对电影内容作出区分,从而指导电影的发行与观众选择。其优势很显然,既能体现对表达自由的保护,又能尊重不同人群的需要、保护青少年利益,且有利于电影公司的利益。如今,分级审查已在大多数国家得到接纳。关于分级制的性质,如我国学者所言,"分级制是电影审查制的延续和变型。或是说,它是电影审查制的现代形

---

① http://cbfcindia.gov.in, last visited June 5, 2016.

态"①。

3. 强制审查与自愿审查

强制审查是法律或其他规范性文件要求电影在公映,甚至拍摄之前必须首先接受审查,未经审查或审查不合格者,不得公映。自愿审查则是由电影制片人自行决定其影片是否提交审查,政府不作强制性要求。

我国印度等均采行强制审查制度,而美国等实行的是自愿审查。

4. 公映审查与拍前审查

公映审查又称完片审查,是在影片拍摄完毕或进口之后、公映之前提交审查;而拍前审查或称投拍审查,是指电影在投入拍摄之前就其剧本提交审查,未经审查则不准拍摄,该审查的对象是剧本或其梗概,故亦可称之为剧本审查。其实,实行拍前审查的体制同时也会要求公映前再行审查,所以,拍前审查体制意味着双重审查。总的来看,大多数国家和地区实行的是公映前的完片审查。

我国《电影产业促进法》第 17 条规定了公映审查;而第 13 条又规定了拍前备案或审查程序。具体是,电影摄制之前应将剧本梗概交由有关部门备案,主管部门对符合内容规定的梗概进行公告,然后出具备案证明文件或者颁发批准文件。其实,这道程序相当于拍前审查;另外,特殊题材的剧本则需要将剧本报送审查。所以说,我国电影审查制度实行的就是双重审查。

5. 审查依据差别

电影审查总是要有依据和标准的,由于制度、文化等差异,各国和地区的电影审查依据存在差别。总的来说,这种差别可区分为法定标准与非法定标准。法定标准即由国家法律或其他规范性文件明确规定审查标准,如我国《电影产业促进法》在第 16 条规定了禁止电影包含的八项内容。很多国家、尤其是采取行业机构审查、自愿审查的国家或地区则没有制定统一的法定标准,具体由审查机关根据实际情况拟定内部规则。可以说,相当普遍的情形是,内容审查很难有确定的标准,即使法律做出明文规定,也难以避免模糊性,所以实践中只能采取具体影片具体对待的原则。

6. 审查范围差别

审查范围即作为审查对象的内容的范围,通常包含政治、文化、道德、宗教、种族等。区别在于,有的国家实行全面审查,如我国《电影产业促进法》在第 16 条以及《电影管理条例》第 25 条、《电影剧本(梗概)备案、电影片管理规定》第 13、14 条规定的就是一种全面审查。而欧美国家普遍强调的是公共道德的审查,同时,宗教、种族歧视、法西斯等方面的内容也在不同的国家受到特别重视。分级制是一种家庭中心的审查机制,审查宗旨主要是考虑电影内容对青少年的

---

① 贾磊磊:《用标尺取代剪刀:百年电影分级制与审查制的分野》,载《艺术百家》2005 年第 5 期。

适宜性，而政治等问题不会成为家长们的考虑范围。

总体来说，当今世界各国和地区大都实行电影审查制度，而基本的模式区分可以概括为自由模式与管制模式：前者往往实行行业组织审查、自愿审查、分级审查和非政治审查；而后者则多采行政府审查、强制审查、无区别对待和强调政治性的全面审查。

这种模式差别往往集中体现在其是否实行电影分级制上。分级制的优势在于，它拒绝一刀切的审查决定，对内容不同的电影作级别认定，从而可以产生多方面的法律后果：第一，将某些影片明确认定为少儿不宜，为家长提供观前提示，有助于保护青少年利益；第二，对于内容具有不适宜性的电影，其观众范围虽受到限制，却不至于禁止公映，其经济利益与文化价值都能得到实现；第三，进而，无论是电影创作与制作者还是观众，分级制使他们的文化自由权得到尊重和实现，虽然是有限制的。

（二）从"一刀切"到分级制：电影审查在境外

自从电影产生至今，电影的内容审查一直在很多国家和地区普遍实行，但审查方式却历经变化。总的来说，世界电影审查经历了从无差别的"一刀切"式审查到分级审查的转变。下文对境外电影审查制度的衍生历程，以及现行的分级审查机制作简要介绍。

1. 英国电影审查与分级制

世界电影领域第一部专门法律是 1909 年英国议会通过的《电影法》(Cinematograph Act)(9 Edw. VII c. 30)。该法虽没有规定电影审查问题，其具体实施却导致 1912 年英国电影审查与分级制度的建立。

电影业兴起之初，放映场所都是临时搭建。由于电影胶片属于高度易燃物，威胁公共安全。所以，英国 1909 年法律规定，所有商业性影院都必须符合安全条件，并需取得地方政府的许可。在 1910 年伦敦郡政府(London County Council)指控伦敦大桥图画宫和电影院业主的判例中，虽然业主认为 1909 年法律只为确保健康和安全，政府无权为影院许可证附加无关条件，但法院认为影院许可不限于安全问题，伦敦郡胜诉。① 该案创设了一个先例，政府许可的范围被扩大。

之后，全国地方政府开始依据 1909 年法律赋予的许可权审查电影内容，这让电影业为其命运感到忧虑：不一致的审查政策将对电影业造成损害。依据当时的体制，制片人没有办法预知其潜在市场的规模(也即多少个地方政府将会允许或禁止其影片)；与相对比较自由的地区相比，审查严格的地区影院主将会遭

---

① LCC v. Bermondsey Bioscope Co., [1911] 1 K.B. 445.

受经济损失。于是,电影业宁愿主动选择自我审查,于1912年成立了英国电影审查委员会(British Board of Film Censors)。这是一个非政府机构,按照可在全国认可的标准审查影片,并进行分级、颁发证件。

从那以后,英国地方政府对于影院播映什么电影享有决定权,但它本身不审查影片,而是接受电影审查委员会的分级,并在它发放的影院许可证中规定,影院只能放映经审查委员会审查通过的影片。实践中,地方政府总是遵从审查委员会作出的分级,虽然偶尔会有例外。可以说,英国1912年开始形成的电影审查机制成为现代西方具有代表性的电影审查制度的雏形:即民间性、自愿性、分级制的审查。当然,自愿性与民间性略有区别,比如,与美国相比,英国电影审查与分级具有一定程度的半强制性和半官方色彩。①

英国1952年的《电影法》赋予电影审查委员会对公映电影发放许可证的权力,正式以成文法的形式承认了其地位。该法规定,未经分级的影片不得进行放映或做广告宣传,电影放映或宣传时必须显示其分级标志,并禁止儿童观看不适合的电影。1982年修改后的《电影法》规定,"在商业性的俱乐部放映的所有影片必须经过审查、分级",未经特别许可,影院不得放映任何未取得英国电影分级委员会分级证明的影片。在审查委员会的工作中,分级比审查占据更重要的位置,于是,电影审查委员会于1985年更名为电影分级委员会(BBFC)。

1912年开始的英国电影分级制度比较简单,所有电影被分为两个级别,即适于所有人的U类(即普通类,Universal);只适于成年人的A类(即成人类,Adult)。后来分级不断细化,指导价值也不断增强。

英国现行分级体制将电影分为7个级别,分别是:

- U级(Universal),即普通级,适于所有观众。在该级中只能偶尔使用"damn"(该死)、"hell"(见鬼、混蛋)这类轻微的咒骂语言,极少使用其他温和的咒骂语言。
- PG(Parental Guidance),即父母指导级,其中有些场面可能不适合年幼的儿童。
- 12A(12 Accompanied/Advisory)级,适于12岁以上;12岁以下需成人陪伴。
- 12级,适于12岁及以上的观众。
- 15级,适合15岁及以上的观众。
- 18级,适合18岁及以上的观众。
- R18级(Restricted 18),即限制级,18岁以下禁止观看,且只能在被许可

---

① http://www.theguardian.com/film/2002/mar/13/filmcensorship.seanclarke, last visited June 8, 2016.

的影院和性商店才可以观看或获得。

2. 美国电影审查与分级制

美国是世界上首屈一指的电影大国与强国,它在对电影行业进行规制过程中形成的法律机制也是令世人瞩目的。历史地看,美国电影审查走过了从无差别到分级制、从政府干预到完全行业自律的演变。

(1)探寻时期(1930之前)。1896年,电影《梅·欧文和约翰·赖斯的接吻》放映,美国电影首次出现吻戏、也首次招来声讨,审查的呼声开始喋喋不休:"除非法律进行干预,就像它对肉类制品和纯净食品的生产进行监督那样,否则电影将继续向我们的社会肌体注入腐败元素"①。于是,1907年从芝加哥开始,很多城市和州先后出台电影审查法,并成立电影审查委员会。1914年,一项提议设立联邦电影审查委员会的法案在美国国会得到表决,但未获通过。所以说,美国早期的官方电影审查仅局限于地方层面。

而最高法院的态度对于电影审查制度的实施与强化起到推波助澜的作用。

1915年发行的《一个国家的诞生》由于主张白人优越、美化三K党而第一次在全美引发呼吁审查的狂潮。也在1915年,在呼吁审查的舆论潮流中,联邦最高法院对Mutual电影公司起诉俄亥俄州一案做出一个划时代的判决,被告实施的电影审查得到联邦最高法院的肯定。② 此前的1913年,俄亥俄州通过了电影审查法,规定了"道德的、教育的、娱乐的或者无害的"审查标准,并组建了电影检查委员会,要求所有电影在放映之前经其审查、批准。否则,擅自放映可能面临罚金或监禁。

而Mutual电影公司认为,电影是"出版物",是"胶片化的书",应该享受美国宪法第一修正案保护的言论自由权利。按照《美国宪法》,言论自由制度禁止事先限制,如果电影能被认定为言论,那么俄亥俄州的事先审查就是违宪的。最高法院最终以9:0的票数驳回了Mutual公司的诉求,其理由在于,"电影放映是商业活动(business),纯粹而简单,受利润驱动与引导,就像其他表演奇观(spectacles),不能,也不应指望被俄亥俄宪法视为国家出版(press)的一部分或公共舆论(public opinon)的器官",因而无法享受宪法关于言论自由的保护,所以禁止事先限制的原则不适用,俄亥俄州对电影事先审查理所应当。判词主笔者麦肯纳大法官还写道:"由于电影的吸引力和放映的方式,使它本身具有的邪恶本能被放大了。"

该判决一出,各地电影审查委员会的权力迅速扩张,美国电影业从此历尽压抑。

---

① 参见熊崧策:《好莱坞:尺度是用来突破的》,载《国家人文历史》2013年第2期。
② Mutual Film Corporation v. Industrial Commission of Ohio, 236 U.S. 230 (1915).

由于审查由各地官方自行其是,全国乃至一州之内缺乏统一的审查标准,主观性、模糊性在所难免。同一部影片,一个地方受禁,其他地方却很可能自由放映。这在实践中产生不少麻烦,也使审查制度面临尴尬。1920年,在喜剧明星罗斯科·阿巴克尔事件引发的针对电影业的抗议浪潮中,有人建议设立中央电影审查机构。

(2) 海斯审查时期(1930—1968)。1922年,美国制片人与发行人协会(MPPDA)成立,其重要目的是以自律免除官方控制。电影界聘请了官方背景深厚的威尔·海斯出任总裁,希望借其地位协调电影界与政府的关系。海斯上任第一件事就是永远禁映阿巴克尔的电影。面对持续的审查呼吁,海斯采取过一系列审查措施,最终于1930年主持通过了《电影制片准则》(Motion Picture Production Code)①,为电影内容规定了严格而详细的道德审查标准。

《准则》规定了三项原则:不得制作降低观众道德标准的电影;必须反映正确的生活标准;不得嘲讽自然与人类法则,或对违反法则产生同情。然后规定了这些原则具体适用的各种情形,如犯罪、性、粗俗、淫秽、渎神、服装、舞姿、宗教、位置(如卧室)、国民情感、标题和令人反感的话题(如活生生的暴力)。《准则》甚至还详细列举了一系列不得出现的"污言秽语",如 sex(性)、whore(妓女)、hot(性感)、Slut(荡妇)等,甚至禁止使用如 hell(地狱)、damn(该死的)等之类的俚语。按照这样的苛刻规定,电影几乎无法表现真实生活的原貌,无法对各类丑陋现象进行揭露。电影界虽然心怀不满,却也只得无奈接受。

为使《准则》得到落实,1934年MPPDA成立了《准则》执行局(PCA)。与以往的审查规则不同,执行局的决定具有约束性:剧本须在开拍前送审;影片最后剪裁版必须与获批剧本吻合;违背《准则》的影片不能加盖执行局的许可章,并不得播映。制片商或发行人擅自放映者,将受到罚款。执行局甚至派人到摄制现场检查。在严厉的审查下,美国电影界渐趋平静。此后30多年的美国电影史,由此打上了深深的海斯审查的烙印。

自MPPDA实行电影业内部审查以后,政府审查也渐趋松动。虽然很多州建立了审查制度,但行业自律一直是美国电影业管制的重要特点。《准则》是由电影行业组织制定的内部规范手册,不是真正的国家法律,由会员自觉遵守,最终还需受法律监督。1945年海斯退休后,MPPDA改名为"美国电影协会"(MPAA)。

二战之后,世界电影市场状况以及整个产业生存环境发生转变。在当时宏观的政治、经济、文化与法律背景下,电影审查制度也开始受到质疑。在其拍摄的电影《月亮是蓝色的》未被审查通过的情况下,制片人兼导演普雷明格与联谊

---

① 参见 http://www.filmratings.com,最后访问时间:2016年6月8日。

公司决计挑战《准则》。联谊公司宣布退出 MPAA，并得到很多电影院的支持。《准则》的地位受到前所未有的挑战。普雷明格等呼吁修改《准则》，制定分级制度，为成年人影片打开市场的绿灯。而电影业支持分级制的一个根本动机是，在市场潮流的推动下，借成人影片把更多的观众拉回影院。

法院的态度也开始发生重大改变，最高法院的一系列判例同时开启了美国电影法律规则与电影产业发展轨道的重大转变。该转变是从电影《奇迹》案的审判开始的。

纽约州政府以渎神为由，决定撤销电影《奇迹》的放映许可证，发行商 Burstyn 提起诉讼，纽约州法院以 1915 年最高法院对 Mutual 一案的判决为理由，否认电影受表达自由保护。而最高法院却推翻了它在 1915 年的意见。最高法院这次明确承认，"不容置疑，电影是传递思想的重要媒介。他们可以以很多方式影响公众态度和行为——从对政治或社会学说的直接支持，到对所有艺术表达的思想发挥微妙的塑造。作为公众舆论的器官，电影的重要性不能因为它们既传递信息又制造娱乐这一事实而受到削弱"，并最终申明，"我们的结论是，借助电影的表达包含在第一和第四修正案所保障的言论与出版自由的范围之内。关于 Mutual 案判决意见的语言表述与这里确立的观点不一致，我们不再坚持。"[①]

到 20 世纪 60 年代中期，大多数地方的电影审查法案被逐渐宣布违宪并废止，政府审查制度基本终结。1966 年影片《谁怕弗吉尼亚·沃尔夫》充满性的内容和语言，显然不符《准则》，却依然获得通过，并获得奥斯卡奖 13 项提名和 5 个奖项。然后，发行商、放映商开始接纳未通过审查的影片，《准则》下的审查机制显然失去了权威，已无存在的必要。

联邦最高法院判决的其他案例也促进了电影分级制度的最终实行。

1965 年弗里德曼诉马里兰州一案宣告了政府审查体制的终结。[②] 依据《马里兰电影审查法》，电影在放映之前必须交由马里兰州审查委员会事先审查，而该案原告故意挑战法律，未经审查就放映了一部电影。州政府承认电影本身没有问题，但原告程序违法。原告便指控该州法违反了宪法第一修正案。最终，最高法院法官们一致同意，政府审查委员会只能批准电影而无权禁止电影。对于提交审查的电影，审查委员会要么在合理期间内予以批准，要么交由法院决定禁映。这就是说，审委会不得未经司法审判就禁映一部影片。该判决意味着政府电影审查已经没有存在的必要。随后，大多数州的地方审查机构渐渐取消。

1968 年 4 月 22 日，最高法院同时对两个同类案件作出判决，其意见被视为电影分级制的重要推手。

---

① Joseph Burstyn, Inc. v. Wilson, 343 U.S. 495 (1952), 501—502.
② Freedman v. Maryland, 380 U.S. 51 (1965).

在州际诉达拉斯(Interstate Circuit v. Dallas)①一案中,最高法院认定事先审查违反了第一修正案。按照1965年的法令,达拉斯成立了电影分类委员会,以是否适宜16岁以下少儿观看为标准,将电影分为两类,放映商必须事先取得许可才能放映少儿不宜的影片。本案原告的电影被归入少儿不宜类,发行商起诉后,州两级法院均支持被告,而联邦最高法院则认为,达拉斯市的分级标准模糊不清,不予认可,并视其违宪。最高法院同时也认为,如果分级标准更加严谨,分级是可行的。

在金斯伯格诉纽约(Ginsberg v. New York)②一案中,纽约州禁止向未成年人出售少儿不宜的淫秽书籍,原告诉称,被告纽约州剥夺了青少年的自由。联邦最高法院支持被告。它指出,对于成人而言虽非淫秽的内容,对于孩子而言仍可被视为淫秽。而保护青少年,限制淫秽品正是纽约州政府的权力。

将这些判决结合在一起,最高法院对于电影审查的观点越来越清晰:电影审查本身并不违宪,尤其是在保护青少年利益所必要时;而政府实行的预先限制则有违宪之嫌。所以,电影审查的问题在于,应该有一种既符合宪法,又保护合法利益的审查机制。这就为电影分级,而且是非政府机构主持下的分级制度的建立提供了支持。

(3)分级制时期(1968年之后)。最终,按照最高法院的司法意见,为了预防官方审查,也为了电影行业利益,美国电影协会时任主席雅克·瓦兰蒂适时提出建立电影分级制,并与全美影院协会、美国国际电影进口与发行协会一道,于1968年11月付诸实施。瓦兰蒂甚至由此被誉为"挽救了电影工业和艺术家之可怕命运的英雄"③。

可以说,美国实施电影分级制,是美国电影行业与官方在维护表达自由与电影审查的矛盾中痛苦探寻的结果。

(4)美国现行分级制简介。经不断修改,目前美国电影协会将电影分为五个级别:

• G(General Audiences-All Ages Admitted),普通级,全体适宜;

• PG(Parental Guidance Suggested),建议家长指导级。偶然可能会有恐怖与暴力镜头,允许有短暂的裸体,但均不超过适度范围,可能不适合儿童;

• PG-13(Parents Strongly Cautioned),13岁以下儿童家长特别谨慎级。介于PG级和R级之间,可偶尔出现毒品、暴力、裸体等场景,也可偶然使用粗言秽语,但程度必须有所控制;

---

① Interstate Circuit, Inc. V. City of Dallas, 390 U.S. 676 (1968).
② Ginsberg v. New York, 390 US 629 (1968).
③ 石同云、章晓英:《美国电影审查与分级制度》(上),载《电影艺术》2004年第3期。

• R(Restricted)，即限制级，17岁以下需要家长陪同。绝对含有成人内容，家长应先对影片有所了解；

• NC-17，即禁止级，17岁以下观众不得观看。系成人电影，具有强烈的暴力、性爱、吸毒或畸形变态内容。

负责美国电影分级工作的管理机构是美国电影协会下属的"分类与评级管理处"（CARA，Classification and Rating Administration），具体操作者则是由一群家长组成、地位独立的分级委员会。并且，这些家长的职业经历与电影行业无重要联系，其姓名不对外公布，从而避免了任何干扰。可以说，美国的电影分级制是以家长为中心的（parent-focused）审查机制，这与我国有着不同，后者的电影审查机构组成人员主要来自政府、行业与学界等。

电影分级的具体操作程序并不复杂：观看电影，集体讨论，投票表决，最终结果取多数意见。可以说，分级处的任务是，就电影内容向各个家庭做出提前警告，使父母们可以获得一种引导性工具，从而对孩子观影的对象范围做出有准备的决定。

美国分级制乃是基于这样一种理念，"电影行业不应该就观众应该看什么做出许可或禁止，相反，它应该致力于'清洁银幕（freeing the screen）'，引导父母、帮助他们为家庭做出观影决定"①。而分级制的实施体现了这一理念。

美国审查制度没有任何明确的法律依据，不受任何官方指示、指导、认可或干预，全无官方色彩。因而，美国审查制度更突出地做到了行业自律、当事人自愿。在审查内容上，以家长为中心的电影分级主要着眼于青少年观众的适宜性，而政治性审查通常是不会进入家长视野的。

但是，美国电影审查与放映的适宜性最终还要接受司法审查。这就意味着，按照事后追惩、司法审查的制度模式，一部影片如果存在任何方面的内容问题，都可能在公映以后成为法庭上的被告，最终难逃法律上的审视。

美国分级制的执行属于自愿，对制片人和放映商都不具有强制性，而且对于法院判案也不具有法律效力。但就最终效果来看，几乎大多数制片商和放映商都自愿遵循这一制度，那些未分级的电影只出现于观众范围狭窄的特殊影院。

由于分级制具有的多方面优势，美国之后，世界各地逐渐采纳了这一体制，并结合本地情况进行了修订。

3. 我国台湾地区的电影审议与分级

1983年，我国台湾地区颁布"电影法"，以取代中华民国1930年颁布的"电影检查法"。这是两部不同的法律。"电影检查法"题名即表明其立法目的就是电影检查，其第3条规定，"电影片持有人应于映演前向检查机关申请检查"，审

---

① http://www.filmratings.com/, last visited June 8, 2016.

查内容也相当全面,包括国家利益与民族尊严、公共秩序与善良风俗、迷信邪说等等。而"电影法"第 1 条申明的立法目的是全面性的,即"辅导、奖励及管理电影事业,促进电影艺术及文化发展",而不是为了单纯的检查;尤为重要的是,在审查方面,它以"分级审议"代替"电影检查",取消无差别的审查制,开始建立分级审议制。

依据"电影法",台湾地区制定了"电影片分级处理办法",对电影分级的具体操作做出规定。依照该办法,经检查核定准演的电影片被分为如下四个级别:

- 限制级(简称"限"级),未满 18 岁的不得观赏;
- 辅导级(简称"辅"级),未满 12 岁的儿童不得观赏,12 至 18 岁之间的少年需父母或师长辅导观赏;
- 保护级(简称"护"级),未满 6 岁的儿童不得观赏,6 至 12 岁未满的儿童须父母、师长或成年亲友陪伴辅导观赏;
- 普遍级(简称"普"级),一般观众皆可观赏。

其实,上述只是"经检查核定准演的电影片",这似乎意味着,四级之外还有一个类型的电影片是不准演的影片。

按照"电影法"规定,我国台湾地区电影分级审查的制度特征主要表现于如下几方面:

(1)分级审查具有强制性。第 9 条规定,电影片、电影广告片非经"中央主管机关"审议分级并核准者,不得映演。而教育行政机关主管之教学电影片,不在此限。

(2)审查具有官方色彩。如上述,电影公映需经"中央主管机关"审议分级并核准;而具体的电影片审议分级业务由"中央主管机关"组成的电影片分级审议会办理。审议会成员包括政府机关代表、各相关领域具有学术或实务经验之学者、专家。虽然法律同时规定,"中央主管机关"可委托民间专业团体办理审议分级业务,并不能改变该审议的官方背景。

(3)两级审查机制。依法,电影审议申请人对于审议申请结果不服的,可以在收到通知之次日起 5 日内向"中央主管机关"申请复审;复审以一次为限。

(4)审查定性具有时间性。依法,经审议分级之电影片,其公开映演之有效期间为四年。而准映期满仍要放映者,需要再行申请审议分级。

总而言之,我国台湾地区虽实行了电影分级审议制度,但仍保留了较多传统审查制度的特点,即实施政府主导下的强制性分级审查,且仍有一些影片可能因内容不适而被普遍禁演。可以说,与美国电影分级制相比,我国台湾地区的分级制完全属于行政管制措施,而非行业自律行为。

三、电影促进制度

(一) 概述

与其他类型的文化领域相比较,很多国家和地区十分重视电影业的发展,并为此采取各类政策性手段、颁行相关法律,欧洲各国以及欧洲共同体可谓其中的典范。按照美国联邦采取的文化制度模式,电影领域没有制定任何成文法,基本遵循市场规律自由发展,但美国有很多州制定了电影促进政策。之所以如此,原因是多方面的。

与其他文化艺术相比,电影属于大制作,因而也具有大影响。一部电影作品的生产大都需要较大的投入,包括人、财、物等各个方面。而一旦公映并做进一步的产业开发,其产业增值也十分可观。这样,一个国家或地区的年制片数量虽然只有区区三五百部,而其产值可观,在国民经济总值中所占份额巨大。所以说,促进电影产业,具有拉动经济、促进就业和国际贸易等作用。这是政府促进电影业所共有的动机。

电影的大投入、高产出自然也有着巨大的社会文化效应。尤其是在现代大众文化高涨、国际文化交流活跃的形势下,电影甚至成了一个国家或民族的文化象征。这是促进电影产业的文化意义所在。关键是,在国际电影进出口过程中存在着较大逆差的国家或地区,这种文化意义尤其突出,以至于促进电影产业有时还被赋予了维护民族文化的意义。具体而言,在截至今天的国际电影贸易史上,美国好莱坞电影一直雄霸天下,吞噬着其他国家和地区的电影市场。这在为美国挣得大量金钱的同时,也侵蚀了其他各国电影的文化地盘。所以,尤其是在以法国为代表的欧洲国家,促进电影产业,重要目的是维护欧洲文化和法国文化的传统。实践中,很多国家制定了专门的艺术电影促进政策,以鼓励电影艺术创新。在此意义上,我们对于电影促进的理解,不应只视之为一种"产业",而更应该重视其作为"电影",而这正是对文化法基本原则——精神价值优先、文化多样性原则的体现和维护。

促进电影的另一个理由是,20世纪中期以来,电视、电脑相继流行,将越来越多的电影观众拉出影院,电影业受到巨大冲击。在此背景下,各国各地区试图振兴电影,以防止它作为一种文艺和产业类型的式微与衰落。

总地来看,电影促进的方式方法主要包括下列几个方面:

(1) 以国家财政手段支持电影创作和产业发展,支持手段包括直接财政拨款和税收优惠,尤以后者为常用。比较而言,法国电影行业管理当局为电影产业促进设计了相对复杂而精密的制度。在美国,虽然联邦政府在国内实施自由化的电影产业政策，其各州却根据本州情况，通过财政措施支持电影业，税收抵免（tax credit）便是特别常用的手段。

（2）各国为促进电影产业，既包括对电影创作、制片、发行与放映的资助、扶持，同时也涉及电影文化的培育，如支持学校教育、职业培训，鼓励青少年走进影院，建设电影博物馆、资料馆等。可是说，电影促进措施已经涉及方方面面。

（3）国际社会普遍依法强化电影领域的著作权保护。在最基础的层面上，世界大多数国家和地区已经承认，参与电影创作的人就电影作品享有著作权，从而为其提供创作激励。尤其是，专门为电影作品设计特殊的著作权归属规则，便于电影制片人获得、行使电影作品的整体著作权，有助于电影作品获得充分的传播和使用。不少国家政府受电影产业利益驱动，其法律制定多受电影行业影响，其对外贸易政策注重本国电影著作权的海外保护。比如在美国，1998年通过的《著作权期限延长法》（CTEA）被人们称为"米老鼠保护法"（Mickey Mouse Protection Act），因为该法案的最大受益者、也是背后最主要的推动者是迪斯尼公司，它的第一部米老鼠电影《汽船威利》于1928年首映，著作权将于2003年期满，而新的法案则可使之延续20年。

在电影促进制度模式与法律形式方面，各国家和地区的情况差异较大。

美国联邦没有制定任何专门的成文法。尤其是，美国联邦以自由主义理念看待电影产业，任其遵行市场规律，自由竞争，政府既无审查、也少直接的促进措施，不对电影行业采取纵向的直接规制措施。《著作权法》虽是对电影产业发展具有激励作用，但政府立法的作用只是在民事主体之间形成交易、竞争关系，通过市场模式发挥其规范并支持产业的目的。

与美国联邦这种放任型市场模式不同，法国所代表的则是国家干预模式，即政府通过制定法律或政策，实施积极的作为，对电影产业采取纵向的直接介入，资助或以其他方式扶持电影发展。相应地，法国、英国、德国等都颁行了专门的电影法。我国电影产业的规制模式属于政府干预型。但长期以来，我国以行政法规和政策的方式对电影实行政府介入式支持与资助。直到2016年底，电影领域第一部法律即《电影产业促进法》才获得通过。在我国台湾地区，"辅导、奖励及管理电影事业，促进电影艺术及文化发展"的"电影法"于1983年颁布实施。

（二）欧盟：支持电影、捍卫文化传统

关于欧洲的电影促进，我国曾有学者指出，"欧洲的电影扶持体系非常复杂。小到地区文化机构的选择性补贴，大到欧洲委员会的公用基金，从国家税收的倾斜到银行的无息贷款，从电影节奖金到电视业的分摊费，欧洲电影扶持体系异常庞大"，"几乎整个欧洲的电影都离不开政府扶持，不同国体、政体的国家都在电

影工业上采取了国家干预,其区别只是形式、程度和效果的差异"。[1] 可以说,讨论电影产业促进,欧盟及其成员国两个层面都是最为值得关注的。

早在20世纪30年代,欧洲国家就开始提出电影促进问题。欧洲是电影、乃至整个西方文化的发源地。可是,电影产生不久,美国好莱坞电影以其举世瞩目的发展势头异军突起,并源源不断地涌入欧洲市场,大有喧宾夺主之势。这让欧洲人,尤其是法国、德国人深刻地认识到,这种势头所造成的,不仅是本土电影的式微,甚至连本土文化与语言都将受到排挤。于是,从共同体到各国,电影促进被提到了维护传统文化的高度,一系列发展措施不断出台。而且,欧洲各国大改其在经济领域的市场自由原则,大力推行政府对文化,尤其是电影的积极干预。

欧洲主要大国都重视从文化促进的角度支持电影业,为此都在政府管理下设立了电影行业的管理机构,负责拟定或实施有关电影促进的各类措施和方式,包括税收返还、专项贷款、专门资助金、奖励、教育等,资助对象涵盖了剧本创作、制片人、导演、发行、影院以及学校教育等。

在欧洲一体化的今天,为了振兴欧洲电影、捍卫欧洲文化,欧洲国际组织积极推进欧洲电影扶持工作。欧盟电影促进政策有着明确的目标,即在全球化背景下,保护欧洲文化个性,促进文化多样性。

欧洲委员会于1989年启动了欧影基金(Eurimages),每年预算经费2500万欧元,资助欧洲制作的专供影院放映的故事片、动画片和纪录片(最低70分钟),以支持欧洲电影,并鼓励欧洲各国之间合作制片。影片获得支持的一个重要条件是,一个项目需有两个以上成员国之间的合作。欧影基金包括四个支持体系:联合制片、影院发行、放映以及影院数字设施。支持形式上,对联合制片采取利率极低的软贷款(soft loans),发行和放映则是补贴(subsidies)。[2] 欧影基金以文化为目标,与以产业为目标的欧洲联盟传媒(MEDIA)项目相互补充。

欧盟另一个电影业资助体系是成立于1992年的"欧罗巴影院"(Europa Cinemas),其官网上自称是"欧洲电影发行国际院线"(International Network of Cinemas for the Circulation of European Films),是第一个以欧洲电影为核心的影院网络,目标是对那些致力于大量放映欧洲非国内电影的影院提供运行和资金支持。获得欧罗巴影院资助的条件是,影院全年有25%、而多功能院线则有30%以上的场次放映了本国之外的欧洲电影,而全年欧洲影片放映场次必须在50%以上。欧罗巴影院的资金来自MEDIA项目(Creative Europe)和Centre national du cinéma et de l'image animée(CNC)。由于欧影基金和法国外交部

---

[1] 李洋:《欧洲电影扶持政策及其分析》,载《电影艺术》2010年第1期。
[2] http://www.coe.int/t/dg4/eurimages/default_en.asp, last visited June 10, 2016.

的支持,欧罗巴影院也对东欧、巴尔干以及俄罗斯和土耳其产生影响。①

上述两个资助体系有交叉关系。欧影基金资助的影院属于欧罗巴影院网络,前者的影院支持项目委托给欧罗巴影院管理,以保证与欧盟 MEDIA 计划下的影院支持项目相互协调补充。依规定,只有位于欧影基金成员国境内、且没有获得 MEDIA 计划支持的影院才可以获得欧影基金的资助。

为使欧洲电影促进制度化,欧洲委员会(Council of Europe)于 1992 年通过了《欧洲电影合作制片公约》(European Convention on Cinematographic Coproduction),以促使各方采取措施,推动欧洲电影发展。该《公约》于 1994 年开始生效。《公约》第 1 条申明其目的在于,促进欧洲电影合作的发展。

(三) 法国:政府电影促进的样板

一方面,2014 年,法国影院卖出 2.08 亿张门票,人均 3.3 张。与之比较,同一年,英国销售影院门票人均 2.5,德国则只有 1.5。另一方面,在好莱坞电影全面侵蚀欧洲电影市场的大背景下,法国成为美国电影市场份额最低的欧洲国家。2014 年的法国电影市场上,本土电影的市场份额是 44.4%,而美国电影的份额(45.4%)虽然高于本土电影,却是欧洲国家最低的。这种状况是与法国促进电影发展的努力分不开的。②

20 世纪 50 年代开始,法国就曾出台《电影产业法典》以及其他一些分散的法律规定。2009 年颁布的《电影与动画法典》是当今法国电影领域最重要的法律文件。③ 该法对法国电影促进制度做出了多方面的规定,包括电影支持体系,国家电影中心(CNC)的宗旨、组织机构和运行方式,电影行业的竞争,税收与再分配,电影资助等。法国公共财政法包含与电影行业有关的税收条款。政府方面针对电影行业的现行法规包括 1990 年修订的《有关电影作品分类的法令》(*Decree n° 90-174*)、1998 年修订的《电影作品影院发行财政支持条例》(*Decree n° 98-750*)、1999 修订的《电影产业财政支持条例》(*Decree n° 99-130*)、2002 年 4 月修订的《有关艺术与实验影院的界定与分类的条例》(*Decree n° 2002-568*)等。

"法国模式几乎是欧洲国家电影扶持制度的样板,也是最成功的。"④其具体的支持机制表现在很多方面。

1. 完善的电影资助体制

从 1948 年开始,《法国财政法》就明确规定,法国电影业享受电影扶植资金

---

① http://www.europa-cinemas.org.
② 参见法国国家电影中心资料 CNC Dossiers, n° 332—May 2015, results 2014@www.cnc.fr。
③ Ordonnance n° 2009-901 du 24 juillet 2009 relative à la partie législative du Code du cinéma et de l'image animée, JO du 25 juillet 2009.
④ 李洋:《欧洲电影扶持政策及其分析》,载《电影艺术》2010 年第 1 期。

的支持。

国家电影中心（CNC，Centre national du cinéma et de l'image animée）是一个隶属于法国文化与通讯部的公共服务性机构，根据 1946 年法律创建，其目标是确保法国和欧洲电影在法国乃至世界影坛上的强大存在；致力于影视创作和传播的多样性和不断变革。

CNC 的基金来源是直接由它托管的三项税收：

a. 影院门票附加税（TSA，Taxe Speicale Additionelle）是法国财政法上的一项强制性税收。它规定，法国影院的每一张门票都要缴纳 10.72% 的附加税。该税费由影院申报，计入法国影视资助基金，由 CNC 监管并支配。在 CNC 的基金来源中，TSA 占比曾高达 90%，后为电视营业税超越。

b. 电视营业税（TST，Taxe Sur les services de télèvision）。电视行业的所有经营商（包括电视运营商、节目制作商和发行商）都要缴纳其营业额 5% 的营业税。随着电视业的发展，如今其数额已经超过影院门票附加税，成为法国影视产业基金的主要部分。

c. 录像制品销售税和视频点播（VoD）营业税，征收对象分别是录像制品销售和网上视频点播的营业额。法国从 1993 年开始对电影录像制品征收售价 2% 的税，2007 年 7 月开始对网上视频点播征税，税率也是销售额的 2%。

2014 年，上述三项税收额分别是 1.439 亿、4.985 亿和 0.225 亿欧元，除去管理费用，2014 年资助金净收入额为 6.328 亿欧元。

CNC 通过下面两种方式资助电影业，这种模式标志着法国电影促进的体制特点。

（1）自动性资助（automatic support）是所有制片人、发行商和放映商都可以凭自己的业绩获得的资助，它遵循普遍原则、市场原则和业绩原则，进行自动性、普遍性资助。影片放映后，依据其票房收入，CNC 会把通过 TSA 税款获得的收入分别划入制片人、发行商和放映商的专门资金账户，供其用于下一部影片的制作、发行，或影院设施建设，也可偿还债务。

（2）选择性资助（selective support）不是面向所有电影从业者，而是有选择性地对特殊对象予以贷款资助。受资助对象主要是新人新作、市场不看好的艺术电影，受资助的环节包括编剧、导演、制作与发行，同时也包括艺术影院，以及影院低覆盖地区的放映商。CNC 每年在全国范围内选择几十部剧本，发放贷款。制片人要用影片发行后的票房收入偿还债务；并且，影片失败就不再偿还。比较而言，选择性资助体现的是文化多样性与艺术价值优先的原则。[1]

2014 年，CNC 用于行业资助的资金总额达 7.727 亿欧元，其中，用于自动

---

[1] 参见舒叶：《法国电影产业国家资助体系浅析》，载《东方电影》2011 年第 10 期。

资助和选择性资助的金额分别为 3.832 亿和 3.56 亿欧元;用于电影领域的费用共 3.4975 亿。

从上述两种资助方式并行的资助模式可以看出法国电影促进的体制特点:

法国电影资助不是政府直接资助,而是一种制度性资助,即通过税费返还的方式,达到以电影资助电影的行业自助,这是一种政策调控下的市场规则。

CNC 采取的是一种区别性资助体制,主要表现在两方面:两种资助方式相结合,既普遍资助、又突出重点;以电视资助电影、以娱乐性资助艺术性,最终达到的是产业与艺术的全面推进。有人称法国资助模式为"市场竞争与政策调控的双规路线"[①],而这种表面"双轨制"的深层,贯彻的是文化法治的基本原则:以尊重创作自由和市场规律为基础,以政策促进行业发展和文化多样性,进而保障更高层次的创作自由、弘扬文化精神价值。

CNC 管理的资助项目多种多样,涉及范围广泛。在电影领域,针对影片创作的有剧本资助、故事片开发资助,针对电影制作的如原创音乐、国际合作、世界电影,针对发行领域的有处女作、老艺术片、青少年影片等资助,针对短片的资助涉及制作前资助、重写资助、短片开发、制作后资助等,针对放映领域的资助有影院建设、影院现代化、影院数字化、艺术影院、放映挑战性影片的影院等。[②] 据称,法国每年发行影片的 70% 得到 CNN 的资助,其中以新人新作、艺术影片占多数。

2. 突出艺术影片、电影新人,促进文化多元

虽然商业片、娱乐片与艺术电影的区分不是绝对的,但大体言之,如果说前者以娱乐大众、进而获得较大的票房为第一目标,那么后者则倾向于表现高水准的艺术技巧、更深刻的人生思索、更积极的教育意义。具有更高的艺术与文化价值,却往往难以卖钱,所以艺术电影更需要政府的扶持。

就法国的电影促进实践来看,其核心的价值取向不是电影产业的经济利润,而是以本国文化传承、发展为基础的电影文化多样性。所以,法国电影促进政策始终把艺术电影、新人作品放在十分突出的位置。如上所述,如果说自动性资助属于无差别式的普遍性资助,选择性资助则是有差别的资助,其对象主要就是能体现、弘扬文化多样性的艺术与实验类电影和新人电影。如今法国是欧洲拥有艺术电影院数量最多、放映最为活跃的国家,这与其资助政策分不开。

为促进电影多样化,尤其是艺术与探索类影片的创作与放映,法国对电影和影院实行分类管理,将放映一定数量艺术片、纪录片的影院评定为"艺术与实验影院",从而给予资助。《电影与动画法典》规定,影院对于电影场次的安排要遵

---

① 参见舒叶:《法国电影产业国家资助体系浅析》,载《东方电影》2011 年第 10 期。
② CNC 出版物"results 2014",@ http://www.cnc.fr,最后访问时间:2016 年 4 月 8 日。

循类型多样化原则,通过平均分配每日场次、延长电影档期等方式,给艺术片、纪录片、本土小成本电影等留出必要的放映厅与场次。国家影视中心设立专门委员会,根据每个艺术影院放映艺术影片的比例、安排儿童电影的活动和场次、对专家委员会推荐作品的放映以及排片表和各种活动等,计算出最后的参数,给予政策性的补助。

1955年法国电影界人士自发成立了"法国艺术与实验影院协会"(AFCAE, Association Française des Cinémas d'Art et d'Essai),1959年协会获得了官方地位。协会宗旨是推动电影多样性、支持作者电影、艺术电影的公众获得,推进对公众,尤其是青少年的电影文化教育。1991年10月,法国文化部正式通过法令,将艺术影院认定为独立的影院种类,纳入国家财政的扶持范围,并由法国国家电影中心统一管理。2002年4月,国家电影中心通过规定,艺术影院的扶持政策、定级标准及程序等逐渐得到具体化。[①] 在20世纪60年代开始实行影院分类管理之初,法国只有50块银幕获得艺术影院认定,其中约一半集中于巴黎。如今,法国艺术类影院数量超过1100多家(银幕数超过2000块),占全国影院总数的一半以上。单就艺术活跃的巴黎市中心,就有38家被认证的艺术电影院,大巴黎地区则接近120家。

艺术与实验影院评定采取的是具有差别性和动态性标准。比如,人口密度不同的地区遵循不同的标准,按年度提出申请并做出核定,评定申请由国家电影业中心的艺术与实验影院委员会受理。根据所在地区的人口规模,影院被分为五类,只要它们全年放映艺术与试验类电影的场次达到一定比例,就有资格被评定为艺术与实验影院。其中,人口最为密集的城镇(人数超过20万,中心人口超过10万)电影院需要满足65%的要求,而在人口较少的农村地区(人口在两万以下),满足这一资格要求的比例则是20%。如果艺术影院违规放映了商业影片,或不符合有关标准,其艺术影院的资格和补助将被取消。2014年,法国艺术与实验影院都获得了1000至8.6万多欧元不等的资助,资助总额超1460万欧元。[②]

具体操作上,国家电影中心委托艺术影院协会负责受资助艺术影片的评审工作。为此它们成立艺术影片推荐评审会,由100名成员组成,分别来自电影各行业、影评人、政府以及文艺界。

而且,政府也通过政策鼓励商业片制片公司投资艺术影片,其要求包括,每

---

① 参见 http://www.art-et-essai.org/;李宏宇:《欧洲艺术院线的两种生态》,载《南方周末》2003年2月27日。
② 参见王远:《法国电影院,影片很多元》,载《人民日报》2015年5月18日第14版;刘敏:《法国艺术电影院线侧记:和主流商业院线基本平行》,载 http://ent.163.com/12/0328/11/7TM9C0S9000300B1.html。

制作一部电影,将盈利的一部分用于一部非商业片的拍摄。"政府的干预之下,商业片和艺术片之间形成了某种循环机制。"①

另外,电视台应将每年盈利的15%投资一部非商业电影。

支持艺术类影片又是与支持新人新作分不开的,后者显然视为保持电影艺术不断创新的重要举措。据称,法国导演处女作70%的票房是在艺术影院实现的。② 对新人的支持表现在多个方面,尤其重要的是,国家电影中心把资助处女作放在重要位置,是其选择性资助的重要考量因素,每年都有很大比例的处女作影片获得资助。对处女作的支持表现于整个产业链的各个环节:除了资助创作与制作,也资助处女作的发行与放映。电影节也重视处女作的推出。为了推动新人新作,法国于1988年创办了专注电影处女作的昂热电影节(Festival de Premiers Plans d'Angers),这是欧洲唯一的处女作电影节。CNC还于2002年设立"最佳剧本冠军——新人希望奖",鼓励影坛新人踏足剧本创作、故事片导演。

这一系列政策曾于20世纪末推动了大批年轻导演和优秀作品的涌现,产生了"法国青年电影",或称"新新浪潮"。③

可以看出,在法国,制片商、发行人、院线、影院以及政府机构等,各方在其精心设计的法律与政策框架下,为艺术电影的发展打造了非常成功的产业链。有着这样的制度性激励,法国成为世界上艺术影院最多、也被视为艺术电影最发达的国家。

在国际贸易领域,为了达到其扶持本国电影的目的,法国坚决捍卫文化例外原则,将电影排除在国际自由贸易的范围之外。2013年5月,欧美之间曾就自由贸易展开新一轮谈判。法国政府在谈判之前就特别强调,包括电影在内的文化领域不得纳入谈判范围,以此作为谈判条件。这一倡议得到欧盟27国的普遍支持。④

3. 实施视听行业间资助

如上述,法国国家电影中心是一个致力于电影、电视以及多媒体视听行业全面发展的机构。而在其负责管理的所有视听产业中,电影业无疑是其支持的重点。比如,电视行业经营商缴纳的电视营业税(TST),已经构成国家电影中心基金的主要部分。

---

① 中国导演王小帅语,参见蔡晓玮:《王小帅:法国对艺术电影的国家扶持启示良多》(报道),载《东方早报》2012年4月19日第B16版。
② 李宏宇:《欧洲艺术院线的两种生态》,载《南方周末》2003年2月27日。
③ 徐枫:《在好莱坞与法国电影体系之间——支持艺术电影制作和发行的必要性》,载《当代电影》2014年6期。
④ News Wires, EU reaches deal on French 'cultural exception', http://www.france24.com/en/20130615-eu-deal-french-cultural-exception-usa-trade/, 2013-06-15, last visited Sept 1, 2015.

可以比较一下，2014年，CNC共收入扶持基金6.328亿欧元，其中1.439亿欧元来自电影票房，0.225亿欧元来自音像与视频点播商，而4.985亿欧元来自电视业，占比78.78%。这一年，它用于行业资助的资金总额达7.727亿欧元，其中用于电影领域的费用共3.4975亿，占比超过45%。电影业显然是整个视听产业中的最大受益者。

法国电视台是电影制作的重要投资者，占到法国电影总投资的40%以上。电视台预购影片版权，是重要的电影制作融资途径。预购者可以较大程度地享有该影片的使用权。收费频道法国电视4台是法国电影业重要投资人，它主要以合拍和预购两种方式参与投资，合拍的投资额不超过预算的8%，预购则是提前支付30%以上的影片预算。[①] 成立于1984年的付费电视台Canal＋负有投资电影的法定义务，具体是，它要将其20%的盈利额投资电影制作。作为利益分享，它所投资的电影可于1年后在其电影频道播映。而通常情况下，影片公映3年后才能由电视台播放，其他作为制片之一的电视台通常只享有两年的优惠期。

免费电视频道有一项义务，即资助电影制作。按有关法令，法国的TF1，France 2，France 3，M6，ARTE等主要无线电视台，必须将其营业额的至少3%投资电影，且至少2.5%投资法国电影。

4. 支持国际合作

推动电影制作与发行的国际化，是法国电影政策的突出特点。法国对国际合作的支持表现在多个方面：对外推广法国电影片的发行；支持投资来源国际化，以化解投资风险；支持外国导演与制片人。20世纪90年代以来，合拍片的数量已占法国电影年产量的近1/2。

法国和意大利早在1949年就签订协定，开始制片合作，希望以此推出跻身世界影坛的佳作。法国至今已和50多个国家（包括中国）签订电影合作协定。

1949成立的电影协会(Unifrance Films)归国家电影中心监管，其宗旨是致力于在世界范围内推广法国电影。目前共有将近1000个成员，包括制片人、导演、编剧、演员、出口商以及代理人等。[②]

法国文化部与外交部联合设立"南方基金"(Fond Sud)，目的主要是资助发展中国家导演拍摄艺术影片，借此扩大法国电影界对世界的影响，树立法国在国际影坛的地位，同时也推动世界电影的艺术进步与文化多样性。该基金由CNC管理，每年资助大约20多个项目，每个项目资助10多万欧元，主要是用于后期制作等。曾获得法国资助的中国导演王小帅就提到，法国更重视所谓的"电影穷

---

① 参见刘宇清:《法国电影产业的青春密码》,载《文汇报》2007年7月8日第8版。
② http://en.unifrance.org, last visited Dec 1, 2015.

国",因为他们知道,缺钱但不缺艺术、不缺创意的导演更应该受到资助。①

5. 促进电影文化与教育

除了直接扶持电影产业各个环节,法国,无论是其官方还是民间,都十分重视以各种措施提高其电影的"软实力"——即电影文化的促进。

世界上最大的电影库、收藏电影文档及相关物品的地方,是法国电影资料馆(Cinémathèque Française)。该馆初建于1936年,如今已发展成为兼具博物馆、档案馆、图书馆、放映厅与展映厅、交流与学术场所等多功能的电影机构,其核心是影片的保护、收藏与传播。进入数字化时代,该馆开展了卓有成效的电影数字化工作。2012年,法国政府启动"电影遗产数字化计划",斥资1亿欧元用于老影片的数字化。该计划致力于充分利用新技术与传播方式,确保电影遗产的传承并不断进入公众视野,为在网络环境下的老电影传播提供支持。

法国电影资料馆下设电影艺术史学院(Collège d'histoire de l'art cinématographique),经常性地开展电影研讨,加强电影交流与文化促进。

法国注重在青少年中间培育电影文化,这同时也是在培育电影观众和未来的电影人才。在过去大约20年的时间里,由CNC具体负责,法国实施了三个分别针对小学生、初中生和高中生的电影教育项目(École et cinéma, Collège au cinéma et Lycéens au cinéma),让孩子们去认识、发现电影。② 在2012—2013学年,差不多有150万学生参与并获益,约占法国学生的12.3%,并由此消费了共379万张电影票。法国教育部与CNC设立了一个名为Prix Jean Renoir des lycéens的全国性评奖活动,2012—2013年间有656名学生参与。

CNC向14个地区中心提供艺术教育和电影学习方面的支持。2014年,CNC为电影教育投入了一共220万欧元的预算。③

四、中国的电影制度

中国政府重视电影事业的发展,也重视对电影业实施必要的管制,并致力于以制度促进电影的发展,包括电影的制作与放映。但是,与电影业的发展相比,我国在健全电影业立法、完善电影业治理体制方面,一直比较滞后。本部分从电影审查与电影促进两方面概述我国电影业治理制度的基本情况。

---

① 参见蔡晓玮:《王小帅:法国对艺术电影的国家扶持启示良多》(报道),载《东方早报》2012年4月19日第B16版。

② Council of Europe/ERICarts: "Compendium of Cultural Policies and Trends in Europe", 16th edition 2015. Available from World Wide Web: http:// www.culturalpolicies.net. ISSN: 2222-7334, last visited Dec 1, 2016.

③ 参见法国国家电影中心资料 CNC Dossiers, n° 332—May 2015, results 2014@www.cnc.fr.

(一) 中国电影审查制度

1. 历史演变

电影传入我国不久,清政府便开始实行电影审查制度。清宣统三年即1911年6月,上海"自治公所"公布《取缔影戏条例》,是我国电影管制制度的滥觞,其中,"不得有淫邪之影片"便是电影内容审查的规定。

民国初期,北洋与国民党政府有关部门都曾颁布过电影检查规则。1923年,为适应电影业的发展,江苏省教育会成立了首个电影审阅委员会。1930年11月,中国历史上第一部电影法颁布,即民国政府《电影检查法》。1932年3月,民国政府内政部、教育部正式组成电影检查委员会,开始建立全国统一的电影审查制度。检查委员会颁布了共五项四十六条检查标准。其中列举了五种禁映影片:甲、有损中华民国及民族尊严者;乙、违反三民主义者;丙、妨害善良风俗或公共秩序者;丁、提倡迷信邪说者;戊、其他(取材于禁书,带有嘲骂性质等)。《电影检查法》后来在我国台湾地区延续施行,历经8次修改,后于1983年废除,代之以统一的"电影法"。

1949年中华人民共和国成立以后,政府重视电影发展,但电影不被视为经营性产业,未形成市场化运作,电影的制作与放映一直受到政府的严格管制,虽无成文法可依,电影审查都是政府电影工作的主要内容。规范性文件方面,文化部电影局于1950年4月颁布《中央电影局各厂剧本及影片审查办法》。1956年12月,电影局发布《关于改进艺术片生产管理的暂行规定》,将剧本等的审查权限下放给制片厂。1979年12月,文化部发布《电影剧本、电影审查试行办法》。随着我国电影行业的深入发展,管理部门一直致力于电影审查制度的建立和健全,先后制订实施了多种规范文件:国家电影主管部门先后发布了1993年《电影审查暂行规定》、1997年《电影审查规定》、2004年《电影剧本(梗概)立项、电影审查暂行规定》和2006年《电影剧本(梗概)备案、电影片管理规定》。1996年,国务院颁布实施《电影管理条例》,并于2001年修订,其第24条明确规定,"国家实行电影审查制度",并以专章规定了电影审查制度。2016年11月,我国立法机构通过《电影产业促进法》,第一次将电影审查制度纳入国家立法,是目前我国政府在规范电影审查方面位阶最高的规范性文件。具体的审查机制方面,1998年,广播电影电视部设立电影审查委员会、电影复审委员会,负责电影片的审查和复审工作。

2. 我国电影审查的主要特点

总的来看,当前我国实施电影审查的体制特点主要包括强制性、政府实施审查、内容全面审查、两审制、审查结果无区分等。

(1) 审查的强制性

我国实行强制性的电影审查,审查是电影公映,甚至是投拍的前置条件。《电影产业促进法》第 20 条第 2 款规定,未取得电影公映许可证的电影,不得发行、放映,不得通过互联网、电信网、广播电视网等信息网络进行传播,不得制作为音像制品;第 21 条规定,取得公映许可证的电影方可参加电影节或电影展。另外,按照《电影管理条例》第 24 条,未经审查通过的电影片,还不得进口或出口。

(2) 政府实施审查

我国电影审查由政府机构直接实施,不同于有些国家和地区实行的行业组织审查。

依据《电影产业促进法》第 17 条,我国实施电影审查的主体是"国务院电影主管部门或者省、自治区、直辖市人民政府电影主管部门",具体负责审查工作的是主管部门下设的审查机构,如中央层面的审查机构是 1998 年成立、下设于国务院电影主管部门的电影审查委员会、电影复审委员会。

(3) 审查标准上的全面性

全面性主要体现在两个方面,一是电影类型的全面性,凡是电影,无论是故事片、纪录片、科教片、美术片、专题片等,全部都需经过审查;二是在审查标准上,要实行各个角度的审查,包括合宪与合法性、国家利益、公序良俗、民族团结、宗教信仰、社会公德、他人权益和青少年保护等,具体体现于《电影产业促进法》第 16 条规定的八项禁止内容。其中第八项还规定,"法律、行政法规禁止的其他内容",这似乎为审查空间提供了更大的可能性。《电影剧本(梗概)备案、电影片管理规定》等有关条款还进一步细化,并对影片的删剪修改作了更具可操作性的规定。

另外,《电影管理条例》第 25 条还要求"电影技术质量应当符合国家标准",《电影剧本(梗概)备案、电影片管理规定》第 12 条原则性地规定,"国家提倡创作思想性、艺术性、观赏性统一",这些似乎都意味着,电影审查的范围可以超出思想内容,而涉及艺术与技术等方面。

(4) 审查程序上的两审制

所谓两审制,表现在如下两个方面:

第一,电影从拍摄到放映需要经过两次审查,即拍前审查与公映审查。

如前述,在电影投拍之前,我国实行剧本梗概备案制度,要求摄制者将剧本梗概报电影审查机构备案(《电影产业促进法》第 13 条)。按照该条规定,备案并公告后,报送人可获颁摄影批准文件,所以说具有强制性;尤其是,"涉及重大题材或者国家安全、外交、民族、宗教、军事等方面题材的,应当按照国家有关规定将电影剧本报送审查"。显然,备案实质上相当于一道审查程序。因为通常来说,备案是指将有关事项报告给权力机关,保存相关资料以备事后查考;负责备案的机关不必也无权对该事项及有关资料进行实质性审查和批准。所以,备案相当于登记,不同于许可。但剧本梗概备案的效力显然不仅如此。

第二次审查就是完片审查、公映审查。按照《电影产业促进法》第 17 条、第 20 条,电影公映前必须送经审查,审查合格者获得公映许可证,然后方可发行、放映。

第二,电影公映审查的具体程序分为审查与复审两次评审。按照《电影产业促进法》第 18 条规定,电影审查具体由 5 名以上专家评审;对评审意见不服的,主管部门可以另行组织专家再次评审。专家评审意见应作为作出审查决定的重要依据。

另外,实施审查的权力机关实行两级制。《电影产业促进法》第 17 条规定,法人、其他组织应当将其摄制完成的电影送国务院电影主管部门或者省、自治区、直辖市人民政府电影主管部门审查。

(5) 审查结果不做区分

即按照统一标准,对所有影片采取"一刀切"的审查。所有电影面临同样的审查结果:审查合格的,发给电影片公映许可证;需要修改的,修改后再报审查;审查不合格的,不予公映或投拍。与美国等国家和地区实行的分级制不同,这就是所谓"一刀切"体制。

值得一提的是,1989 年 5 月,当时的广播电影电视部颁布《关于对部分影片实行审查、放映分级制度的通知》,明确规定以下几种影片为"少年儿童不宜观看"的影片:① 凡有强奸、盗窃、吸毒、贩毒、卖淫等情节的影片;② 凡有容易引起少年儿童恐怖感的暴力、凶杀、打斗情节的影片;③ 凡表现性爱及性行为情节的影片;④ 凡表现社会畸形现象的影片。《通知》还对"少儿不宜"影片的发行、发映、观看作出了具体说明。这被视为中国开始以电影分级制的方式实行电影审查,但这一政策性规定仅实施了几年。

(二) 中国电影促进制度

2016 年颁布的《电影产业促进法》是我国文化领域第一部以"促进法"命名的法律,这表明了我国政府对电影事业的重视。实践中,在各个文化领域里,电影事业也一直是政府和社会各界着力较大的部门,从政策和资金等各方面给予了较大力度的支持。可以说,当代我国电影产业票房收入的大幅度的增长,与此直接关系密切。

1. 电影促进法概况

《电影产业促进法》第 1 条第一句就明确了该法的宗旨:"促进电影产业健康繁荣发展",第四章"电影产业支持、保障"专门就电影促进做出规定。总的来说,该法为促进电影事业做出了各方面的规定。

(1) 重点支持某些内容的电影制作：第 36 条规定，国家支持下列电影的创作、摄制：传播中华优秀文化、弘扬社会主义核心价值观的重大题材电影；促进未成年人健康成长的电影；展现艺术创新成果、促进艺术进步的电影；推动科学教育事业发展和科学技术普及的电影；其他符合国家支持政策的电影。

(2) 经济基础是电影发展的重要条件，因而也是促进法着力的重点。第一，引导专项资金支持。国家引导相关文化产业专项资金、基金加大对电影产业的投入力度；根据其发展情况，结合财力状况和经济社会发展需要，综合考虑、统筹安排财政资金支持（第 37 条）。第二，实行税收优惠。国家为促进电影产业实施必要的税收优惠政策，具体办法由财税部门另行制定（第 38 条）。第三，保障电影设施建设。县级以上地方人民政府应当支持电影院建设和改造，具体包括，要根据需要，将电影院建设和改造纳入发展规划、土地利用规划和城乡规划等；应当按照国家有关规定，有效保障电影院用地需求，积极盘活现有电影院用地资源（第 39 条）。第四，鼓励金融扶持。国家鼓励金融机构为电影活动、改善电影基础设施提供融资服务，通过信贷等方式支持电影发展；鼓励开发相关保险产品；鼓励向电影产业提供融资担保（第 40 条规定）。第五，支持到境外合作摄制电影，保障其用汇需求（第 41 条）。第六，调动社会支持。鼓励社会力量以捐赠、资助等方式支持电影产业发展（第 45 条）。

(3) 实施电影人才扶持计划（第 42 条）。

(4) 为特殊地区和人群的电影事业提供重点支持：即国家采取措施，扶持农村地区、边疆地区、贫困地区和民族地区开展电影活动；鼓励、支持少数民族题材电影创作，加强电影的少数民族语言译制，保障民族地区观影需求（第 43 条）。

(5) 支持中国电影的境外推广（第 44 条）。

在《电影产业促进法》之前，《电影管理条例》也为促进电影发展规定了支持性政策或措施。

尤为重要的是，该《条例》第 48 条规定，国家建立电影事业发展专项资金。依照规定，电影资金扶持、资助的项目主要是：国家倡导并确认的重点电影片的摄制和优秀电影剧本的征集；重点制片基地的技术改造；电影院的改造和放映设施的技术改造；少数民族地区、边远贫困地区和农村地区的电影事业的发展；需要资助的其他项目。截至目前，该专项资金成为我国政府促进电影业的最重要的举措。另外，《条例》第 7 条要求，国家对为电影事业发展做出显著贡献的单位和个人，给予奖励。

2014 年 5 月财政部等七部门联合下发《关于支持电影发展若干经济政策的通知》，提出了支持电影发展的若干经济政策，大致可分为三类：(1) 加强基金支持。基金包括三项：电影事业发展专项资金、电影精品专项资金、文化产业发展专项资金。(2)实行税收优惠。2014—2018年5年内,对制片企业销售电影拷贝和转让版权的收入、发行企业的发行收入、农村电影放映收入免征增值税。(3)实施中西部地区县级城市影院建设资金补贴政策。(4)对电影产业实行金融支持政策。(5)实行差别化用地政策,以多种形式增加观影设施,支持影院建设。

2. 电影基金

以专门基金的形式资助电影发展,是各国政府与行业普遍的做法,也是我国政府不断强化的电影促进措施。目前,我国政府直接主导下的电影基金主要包括电影事业发展专项资金、电影精品专项资金等。

(1)国家电影事业发展专项资金。早在1991年,国家物价局、广电部等五部门联合发文设立电影专项资金,在给予电影票价一定上浮空间的同时,从每张电影票收入里提取5分钱,用于补贴电影制作和放映等方面。基于《电影管理条例》规定,1996年财政部、国家广电总局联合印发《国家电影事业发展专项资金管理办法》;2015年财政部等又发布《国家电影事业发展专项资金征收使用管理办法》。据此,我国政府实行的电影资金制度得以建立、健全,为电影事业发展提供了规范基础。

电影专项资金属于政府性基金。中央和省两级分别设立国家和省级电影专项资金管理委员会,负责资金的征收、使用和管理。

资金缴纳主体是各类经营性电影放映单位;缴纳数额是其电影票房收入的5%,并按照4:6比例分别缴入中央和省级国库。

关于专项资金的资助范围,按照2015年的《管理办法》规定,主要包括影院建设和设备更新;少数民族语电影译制;重点制片基地建设;优秀国产影片制作、发行和放映;文化特色、艺术创新影片发行和放映等。

(2)电影精品专项资金。开始称影视互济金,发起于1996年,由国家电影主管部门从电视广告收入中拿出一定比例资金资助电影业,主要资助精品的主旋律影片。该资金与前述电影发展资金构成了我国政府主管的两项重要电影资助金。

按照2015年《电影精品专项资金管理办法》,精品资金主要用于支持优秀国产影片创作生产和宣传推广、电影人才队伍建设、国产电影新技术推广应用等,使用范围主要包括:电影华表奖和夏衍杯优秀电影剧本奖的评选、奖励;资助优秀国产影片的剧本创作、摄制以及宣传推广;资助国产电影"走出去",如组织海外推广、参加国际电影节、境外中国电影展等;在国内举办外国电影展;资助电影人才队伍建设;举办电影人才培训和研修活动等;资助电影新技术、新工艺的推广应用;资助购买农村电影公益性放映版权等。

（3）电影领域的其他扶持基金。除了上述两个政府性基金，民间捐献的电影基金也正在茁壮成长。创立于1989年的中国电影基金会（CFF），属于全国性公募基金会，业务范围广泛。创于2014年的吴天明青年电影专项基金，是中国电影基金会下设的支持青年电影事业的公益基金，重点培养青年导演、编剧、制片人。另外还有中国电影扶持计划，是文化部龙基金支持和管理下设立的专项公益项目，致力于为年度优秀电影新作提供纯公益性展映和推介行动，打破院线局限，让更多的优秀电影成片获得面向公众展映的机会。

（三）我国电影法制的特点

中国政府一向重视电影发展。在先后对其他国家、地区和我国电影法制的基本状况进行介绍之后，中国电影法制的主要特点可以清晰可见；同时，中国电影法制的不足也不容忽视。

1. 重视电影发展、电影立法滞后

至今，大多数重视电影发展的国家或地区就电影业制定了成文法。回顾历史，我国民国政府早在1930年就颁布了历史上第一部电影法《电影检查法》，后在我国台湾地区实施，几经修改。1983年我国台湾地区代之以新的、内容更加全面的"电影法"。而1949年以后，直到2016年新中国才出台电影领域的第一部法律《电影产业促进法》。在此之前，1996年的《电影管理条例》是国务院颁布的第一部法规。可以说，在60多年的时间里，我国电影业治理处于"无法"的状态；而在近半个世纪的时间里，我国政府完全以政策、通过行政部门的规章和其他文件，来管理和促进电影业的发展。

比如，我国政府于1991年开始设立电影事业发展专项资金，并为此提高电影票价、向电影放映企业增税，该措施固然有助于电影发展，但却是在没有法律依据的情况下实施的。严格说来，这种做法有违依法治国的基本原则。即使《电影产业促进法》已经颁行，但该法规定的粗疏之处显而易见，我国电影立法与制度的完善依然需要继续加强。其中，电影事业发展专项资金的设立、税额征收等却依然没有做出明确规定。这不能不说是其不足。

2. 电影管制严格

历史表明，我国政府所重视的电影法制首先是管制，从而建立了十分严格的管制机制；与此同时，促进重视不够，且体制有待健全。

新中国成立初期先后出台的行政规章多是电影审查，第一部国务院法规《电影管理条例》对电影制片、发行与放映、进出口以及电影审查做出了详尽的规定，而"电影事业的保障"一章则条文简练，规定粗疏。

电影领域第一部法律以"产业促进"为名，而事实上，《电影产业促进法》依然大量重复了《电影管理条例》中的管制性规定，而促进性规定依然条文简单、规定粗疏,几乎没有建立可行性强的电影促进机制;"法律责任"一章较多内容是针对电影从业者违反管制性规定的惩罚措施。可以说,这部法律显得名实不符。

我国电影管制体制的严格性表现在多个方面:制片企业设立门槛高,内容审查实行官方审查、强制审查、两级审查等,具体已如上文所述。

3. 内容审查采取"一刀切"式的审查

分级制已在大多数国家和地区普遍实行。实践证明,无论是从电影管制,还是从电影促进的角度,分级制的优势都是非常明显的。拒绝分级制,既不利于电影管制、不利于保护青少年的观影利益,也不利于电影的创作自由保障、不利于电影产业的发展。

4. 电影促进由政府全面主导,机制有待健全

与电影管制相比,电影促进可以较多地交给社会和市场,政府可为此制定制度,发挥引导与激励作用。而在我国,政府在严格管制的同时也全面主导了电影促进。甚至还可以说,政府几乎垄断了电影业的促进。

法律上,《电影产业促进法》第 45 条规定:"国家鼓励社会力量以捐赠、资助等方式支持电影产业发展,并依法给予优惠"。但是,对于如何鼓励社会力量,该法却没有建立更可行的机制。

一方面,实践中,我国电影领域的两大基金——即电影事业发展专项资金、电影精品专项资金均由政府设立,政府部门也对资金的征收与使用进行直接的参与和管理。比如,按照《电影精品专项资金管理办法》有关资金使用的详尽规定,政府部门直接参与资金审批全流程:新闻出版广电总局要每年提出专项资金预算和使用方案建议、发布年度申报通知、组织开展申报工作、对项目申请进行审核、最终确定资助方案等。

另一方面,对于政府电影促进的运作机制,立法以及国务院法规未做明确规定。《电影产业促进法》开列了多方面的电影促进措施,包括基金资助、税收优惠、电影院建设、金融扶持、特殊地区倾斜等,却仅仅停留于原则性宣示。对这些宣示性规定最终能否落实、如何落实,该法并无可行性办法或保障性规定;并且,我国也没有其他法律法规或行政文件做相应规定。可以说,这与管制性制度的可行性形成了鲜明对比。

我国采取内容选择性资助,即根据影片内容差异,确定资助重点和资助金额。《电影产业促进法》第 36 条规定,国家支持"传播中华优秀文化、弘扬社会主义核心价值观的重大题材电影"。更具体的是,按照《电影精品专项资金管理办法》,"重大革命历史题材和重点题材影片"被规定为资助重点;该办法根据影片内容的不同确定资助金额,重大革命历史题材或重点题材影片摄制每部不超过 2000 万元,而少儿、农村题材或少数民族题材影片摄制每部不超过 50 万。其可能产生的后果是,作为一种导向,大量制片人会涌向所谓重大或重点题材,而农

村与少儿题材,尤其是现实题材可能少人问津。

比较而言,与我国实行的内容选择性资助不同,当今国际社会(以法国为代表)普遍采取的选择性扶持主要面向艺术探索性影片(参见上文)。我国《电影产业促进法》规定支持的范围也包括了"展现艺术创新成果、促进艺术进步的电影",但该法以及其他规范性文件没有对艺术类影片的重点资助做任何规定。尤其值得一提的是,与《电影精品专项资金管理办法》对重大与重要题材电影提供的高额度资助相比,此种情形更显突出。

总之,如何对电影促进制度进行具体化,设计出既符合法治原则、又体现电影艺术规律和市场特性的可行性促进机制,尚需我国政府与电影行业未来予以重点关注。

第十章 广播电视法

广播电视法是指调控广播与电视台的广播活动及其相关业务活动的法律规范的统称,这些活动包括音频与视频广播、有线与无线广播、地面与卫星广播等。这样,包括无线电频率使用与广播台站的设立、节目的播出与转播乃至接收、广播机构的构成与业务运营、广告以及国家监管等在内,都处于国家依法治理的范围内。

广播一词有狭义与广义之分。我们通常并称的广播电视包括广播和电视,分别是指两种媒介,即声音节目和视听节目的传输。不过,依国际惯例,仅仅播放声音或播放视听节目都属于广播的范畴。就词义而言,中文广播一词与英文 Broadcast 对应,字面义即广泛性、大范围(broad)播放(cast),而无论其播放的是声音还是图像。这样,我们所谓广播电视法,即英文环境下的广播法(Broadcasting Law)。考虑到国内习惯,本书在指称两种媒介时以广播电视并称,但同时也会从广义的角度使用广播一词,尤其是在指称一种传输活动时,广播一词就包括了声音与电视两种广播,也即播放之意。①

一、概　　述

(一) 广播电视媒介

广播电视是通过无线电波或导线向公众播放声音或视听节目的技术性传播媒介,包括声音广播与视听广播两大类。作为强技术性媒体,广播的过程依次包含了声像转换、传送,最终还原为声像,为用户终端设备所接收。

与纸媒介如图书、报刊相比,广播电视属于电子媒介,这样就涉及电子通信(telecommunication)。因而,为了理解广播和电视,就需要理解它与电信的关系,尤其是区别。

通信是通过某种媒体进行的人际信息交流,它可以采取任何方法和媒介。

---

① 在我国,《广播电视管理条例》表明"广播电视"已是一个具有法律效力的正式用语。但是,我国规范文件也有在广义上使用广播一词的场合,即《著作权法》所称广播权中的广播,不仅仅指狭义的声音广播,同时也包括了电视广播。事实上,这里的广播一词意指播放、传播。

现代通信的主体是电子通信,即电信,是以电子媒介进行的通信,如电报、电话、短信、E-MAIL 等,而广播就是其中的一类。在国际组织如世贸组织、国际电信联盟的规范文件以及我国《电信条例》中,电信都被区分为公共电信、专用电信和广播电视传输。

那么,广播电视与其他电信的区别何在呢?

我国《电信条例》第 2 条解释说:电信,是指利用有线、无线的电磁系统或者光电系统,传送、发射或者接收语音、文字、数据、图像以及其他任何形式信息的活动。这就是说,只要是利用电子媒介的信息传输,就都是电信。而广播电视则有自己的独特性。我国台湾地区"广播电视法"第 2 条对声音广播和电视分别进行了简明扼要的解释:"广播者,指以无线电或有线电传播声音,籍供公众直接之收听","电视者,指以无线电或有线电传播声音、影像,籍供公众直接之收视与收听"。可以看出,广播电视传输构成的决定性因素在于,它必须是供公众直接接收,这就是说,广播之为"广",是面向不特定公众的一点对多点、点对面的传输。而普通电信则是点对点,即使它涉及多点,也只能是对象特定、且数量有限。这就是广播之为"广"的理由。也正因为这一特征,国家需要以特别的法律规范来调整广播活动。

广播最初产生时所依赖的技术前提是无线电技术,即通过无线电磁波传播信号的技术,19 世纪末被人类发现并投入应用,而作为大众传播媒介的广播电台的正式诞生则是 20 世纪 20 年代。1920 年 10 月,美国商业部向西屋公司颁发首个电台执照,呼号为 KDKA 的电台在匹兹堡诞生,并于 11 月 2 日正式开始定期广播,成为世界上第一个领有执照的广播电台。这一天被视为世界广播诞生日。1923 年 1 月,美国人在上海创办了中国第一座广播电台。到 1930 年,无线电广播几乎遍及全世界,人类传播史从此步入一个新时期,即电子传播时代。

人类于 20 世纪 20 年代利用无线电播放视听节目,发明了电视。1936 年 11 月 2 日,BBC 开始了正式的电视广播。这一天被视为世界电视诞生日。我国首座电视台北京电视台于 1958 年 9 月正式播出,1978 年改称为中央电视台。

传媒因技术进步而发展,作为电子媒介的广播电视更是充分体现了现代科技进步的影响、甚至是决定性的作用,而技术、传播行为方式及其所产生的人际关系差异等,也必然影响着法律规则的制定,电视尤为如此。通常,广播电视被做出如下区分:

- 最基础的划分方式是,基于传输渠道的差异,广播被分为无线与有线、卫星与网络广播等;
- 按照播出方式是否加密,可分为开路播出与加密播出的广播;
- 按照接收方式是否收费,可分为免费接收和付费接收的广播;

- 按照覆盖区域,可分为国际性、全国性、区域性和社区性的广播。[①]

这些划分大都在一定程度上具有法律意义。尤为突出的是,从最初的无线广播到有线广播、卫星广播,从声音广播到电视广播,微波技术、互联网技术在广播领域的应用等,都一次次地给广播领域的法律制度提出了挑战,迫使人们考虑现有广播电视法规则对于新技术的适用性,并不断做出必要的变革。

(二) 广播电视法简史

正因为广播电视传输属于电信之一种,所以,很多国家制定了统一的通信法或电信法涵盖广播电视,其主管当局也往往是统管所有电信传输。所以,讨论广播电视法,常常会涉及电信,但我们的侧重点依然是广播电视法。

1. 世界广播电视法简史

当今世界各国基本都制定了广播电视法,但是,与其广播电视业发展进程、整体法律体系相一致,各国广播电视法的立法体例、治理模式等,各有不同。比较而言,欧美国家的广播电视法律制度紧随广播电视技术与产业发展的步伐,历经修订、稳步发展,已经形成相对完善的规则体系。而随着广播电视业的全面发展,一些原本落后的国家也都开始建立起相对健全的广播电视法体系。

这里主要对欧美国家广播电视法的诞生与发展历程作简要回顾。

无线电从一开始就被寄予了信号自由、沟通无限的希望。20世纪初,当众多爱好者建立收发台站,当大功率无线电投入使用时,无线电的空间也发生了相互干扰。无线电对航海和海军的潜在价值特别受到官方的重视,而私人电台常常与海军发生冲突。为此,呼吁为无线电广播建立规则,就势在必行。大西洋两岸的情形是相同的。

在英国,政府将具有信息传输功能的无线电划归邮政局管辖。在邮政局局长的建议下,英国议会于1904年通过了《无线电报法》(The wireless Telegraphy Act),依其规定,无线电的发射与接收都要申请邮政局的许可证,邮政局为申请者设定相应的发射功率和播出时间。作为无线电事业历史上第一部法规,该法开了许可证制度之先例。不过,为防止广播领域出现混乱局面,经过有关各方的妥协,英国无线电行业与邮政当局终于达成共识,英国只成立一家由各大公司共同参与的垄断性广播机构,这便是成立于1922年11月的英国广播公司(British Broadcasting Company,BBC)。1927年元旦,英王为BBC颁发皇家宪章(Royal Charter),将它从私人企业改组为公共服务机构,受予它在全国经营无线电广播的特权。1954年7月,英国颁布《电视法》(Television Act),建立商业化运营的独立电视网(ITV network),开启商业性独立广播的新时代。

[①] 参见梁平:《简析广播电视的分类》,载《现代电视技术》2007年第9期。

但是，大西洋东西两岸的情形并非完全一样。

为规范无线电的使用秩序，经海军游说，美国第一部《无线电法》（Radio Act）于1912年通过（这一年4月发生的泰坦尼克号沉没事件发挥了推动作用）。根据法律，电台设立需要获得许可，美国商业部负责电台许可证的颁发。事实上，该审批权受到联邦法院的限制，不得拒绝任何人提出的广播许可申请。其结果，太多的台站争夺着太少的频率，让人们感受到广播频率使用中的混乱。为改变这种局面（有人认为，也是为了由政府有权控制广播内容），国会于1927年通过新的《无线电法》，将无线电管理的大多数职责转交给新设立的联邦无线电委员会（Federal Radio Commission，FRC）。委员会负责受理无线电运营申请，为被许可人分配频率和发射功率。①比较而言，1927年《无线电法》占据着重要的地位，有人甚至称它为美国广播领域的第一部法律，因为它创立了专门的政府管理机关，为美国20世纪的广播制度奠定了基础（如美国广播电视法中十分重要的机会均等规则）。

1934年出台《通讯法》（Communications Act）是美国广播法历史上又一个标志性事件。虽历经多次小的调整，并于1996年经过大改，该法一直支撑着美国广播业治理的制度框架，也深深地塑造着美国乃至全世界的现代广播业。该法创设了联邦通讯委员（Federal Communications Commission，FCC），直接对国会负责，全面监管无线电广播、电视、电信、卫星和电缆。与英国不同，美国法律下的广播业主要被交给了自由竞争的市场。所以，竞争激励的美国市场上很快就涌现出多个广播业"巨无霸"。

进入20世纪80年代，欧美政治与经济领域盛行自由市场理念。影响所及，广播业的垄断受到挞伐，各国纷纷引入市场化要素，开始了跨越性的改革。撒切尔夫人当政的英国更是面临着全面竞争的呼声。最终，1990年10月英国议会通过新的《广播法》，变革英国广播业，特别是电视行业的整体架构——这曾被撒切尔夫人描述为"限制竞争的最后堡垒"。英国广播体制从此经历全面调整，走向市场开放的多元化格局。2003年，英国通过了《通信法》（Communications Act），对新形势下的英国广播业管理进行了新的体制调整。一个新的英国通信管理机构——通信部（Office of Communications，Ofcom）成为英国广播业的新管家。作为一个超级管理者，Ofcom取代原有的多个媒体监管机构，对行业实行一站式集中管理。

1996年初，美国也通过了适应时代浪潮的《电信法》（Telecommunications Act），对1934年《通信法》进行大力度的修改。该法受到普遍关注的变化主要

---

① https://en.wikipedia.org/wiki/Federal_Radio_Commission#The_Radio_Act_of_1927，last visited Oct 10，2015.

是：(1) 打破电信业、传媒业与其他产业之间的壁垒，允许相互渗透；(2) 放宽传媒所有限制，旨在促进竞争；(3) 限制暴力、色情等低俗的内容的传播。①《华尔街时报》称该法是一个里程碑，因为它被寄予走出管制、重塑美国广播业的厚望。

今天的法国广播制度与其他欧美国家似乎并无实质差别。但是，20世纪法国广播制度先后经历了两次转型：从二战前的公私并存转向战后的高度国家垄断，20世纪80年代则又从政府控制转向高度私有化与市场化。② 在20世纪80年代前，法国广播业牢牢地掌控在政府手中。政府的干预是渗透性的，无处不在。在去管制化、市场自由化浪潮中，1982年，法国颁布《视听传播法》，完全开启广播媒介的独立化、商业化之路。经过所谓"野蛮的去管制化"(savage deregulation)，法国差不多成为欧洲广播业市场化走得最远的国家。③如今，依据1986年立法成立的最高视听委员会(Conseil supérieur de l'audiovisuel, CSA)负责法国广播业的全面管理。

德国现行的广播法律体系从二战后开始逐渐确立。鉴于德国的历史背景，其广播制度的建立可谓精心设计，以保证其独立性和多元化，远离政治势力和商业影响。20世纪80年代的去管制化浪潮下，德国的广播体制也发生了巨大变化，形成今天公共性广播机构为主导的二元化制度模式。

与发达国家相比，发展中国家的广播业及其法律制度均较滞后，但已于20世纪后期以来取得较大的进步。比较突出的是韩国。韩国曾于1963年制定第一部《广播法》，确定了国营与私营并存的广播体制。商业广播电视于1980年被依法禁止之后，1987年又通过《广播法》予以恢复。1991年通过《有线电视法》。尤其引人关注的是，1999年，韩国通过了涵盖大多数广播领域的统一《广播法》，取代了原有的分别调整不同广播领域的多个法律。该法2004年修改后，卫星数字多媒体广播业务得到允许。

2. 中国广播电视法简史

与世界相比，我国广播领域的法律制度建设尚有很大的差距。我国内地的广播领域至今没有一部可以称之为"法"的规范文件。所以，我国所谓广播电视法，只能是有关广播电视行业的各类行政法规、规章甚至政策中的规范。

1923年，美国人奥斯邦在上海建立我国境内第一家广播电台，第二年北洋政府就颁布了我国广播史上第一部法规《关于装用广播无线电接收机的暂行规则》。后来，民国政府先后颁布了《广播无线电台条例》(1928年)、《装设广播无

---

① 参见郭庆光：《二十一世纪美国广播电视事业新构图——〈1996年电信法〉的意义与问题》，载《国际新闻界》1996年第6期。展江《〈1996年电信法〉给美国带来了什么？》，载《国际新闻界》1997年第4期。
② 参见李波、胡正荣：《垄断与"解放"的历史：法国广播电视制度的两次转型》，载《现代传播》2011年第9期。
③ 参见赵月枝：《公众利益、民主与欧美广播电视的市场化》，载《新闻与传播研究》1998年第2期。

线电收音机登记暂行办法》(1930年)、《指导全国广播电台播送节目办法》(1936年)、《收音机申请登记办法》(1945)、《广播无线电台设置规则》(1946年)。

但总的来说,受政治与经济等因素的影响,中国广播电视业的法治建设非常缓慢。即使在广播电视已经很发达的今天,法律制度仍远非完备。

中华人民共和国成立之前,中国共产党就十分重视广播工作。1949年6月,中共中央广播事业管理处就发布《对各地广播电台暂行管理办法》,明确各地广播电台的名称、呼号等事项。新中国成立后,中共中央广播事业管理处改组为中央广播事业局,负责全国广播事业管理。此后,共和国政府完全依靠党和政府的政策管理广播,相当长的时间没有制定法律或其他法规。

广播国有化是新中国成立后的一项重要工作。1948年11月,中共中央就发表《对新解放城市的原广播电台及其人员的政策的决定》,其中明确指出,"新中国之广播事业,应归国家经营,禁止私人经营。"20世纪50年代初,所有广播机构都已经完成了国有化。我国广播机构至今不允许私有或私营。

在全国基层普及与发展广播电视,一直是政府最为重视的工作。1950年,中央人民政府新闻总署发布了《关于建立广播收音网的决定》,目的即在于促进广播的普及。1955年国务院颁发了《关于地方人民广播电台管理办法的规定》,明确了地方电台的管理体制。政府尤其重视广播在农村的普及,如此可以大大弥补报刊发行的不足。1955年第三次全国广播工作会议提出发展农村广播网的方针,具体包括"民办公助、从点到面、从简陋到正规、从集体收听到单独收听,依靠群众、利用现有设备、分期发展、逐步正规、先到村社、后到院户"。1956年国务院颁发《关于农村广播网管理机构和领导关系的通知》。

广播机构实施国有,其事业经费也全靠财政拨款。"文化大革命"期间,广告播出被禁止,直到20世纪70年代末恢复。

进入20世纪80年代,中国广播电视业经历了一个在体制管制中发展规模的过程,尤其是积极推动电视广播网的快速发展。同时,广播电视法律规制也被提到了议事日程。1987年,国务院颁布《广播电视设施保护条例》,这是新中国成立后第一部广播法规。遗憾的是,它仅仅涉及设施保护,而非就整个行业的基本问题进行规范。这一年,广电部召开第一次全国广播电视法制工作会议,开始研究"七五"期间立法计划。

20世纪90年代,我国广播业,尤其是电视业发展取得较大进展,有线电视、卫星电视也开始建设并普及。1990年,国务院批准发布《卫星地面接收设施接收外国卫星传送电视节目管理办法》《有线电视管理暂行办法》。1993年,国务院发布《卫星电视广播地面接收设施管理规定》。为了发展之需,政府开始允许有线电视网向用户收取建设费、维护费。并且,广电总局批准中央电视台开办体育、文艺、电影等加密卫星频道,电视节目日益丰富。

1996年,中共中央办公厅、国务院办公厅下发《关于加强新闻出版广播电视业管理的通知》,目的之一即在于"解决擅自建台、重复设台和乱播滥放"现象,以具体措施严控各地基层、企业广播机构的设立与节目播出,强化中央政府对广播业的集中管理。

1997年,国务院发布《广播电视管理条例》,这是我国第一部全面规范广播电视行业的行政法规,在我国广播电视法制建设史上具有里程碑意义。2000年,国务院修订发布《广播电视设施保护条例》。

进入21世纪,政府开始推动广播产业做大做强,推进广播媒体集团化,甚至提出多媒体、跨地区经营。2000年11月,广电总局下发《关于广播电影电视集团化发展试行工作的原则意见》,被视为集团化改革的指导性文件。它规定广电集团化的内容是广播、电视、电影三位一体;无线、有线、教育三台合并;省级、地级、县级三级贯通;加快推进大型影视集团的组建成为一段时期的广电改革重点。2001年,多部门联合发布《关于深化新闻出版广播影视业改革的若干意见》,要求推动市(地)、县(市)广播电视播出机构的职能转变,加快广播电视传输网络的有效整合。

在推进广播产业改革的过程中,有一点一直得到强调,广播企业属于事业性质,是独立的事业法人实体,但实行企业化管理。可是,这种说法引起有关我国广播电视事业或产业性质的模糊认识。所以,2005年以后,广电总局宣布不再批准成立事业性质的广电集团。这一点也说明,在广播产业制度建设过程中,其基本的法理问题有待探讨和厘定。

2001年,广电总局下发《关于加强广播影视法制建设的实施细则(试行)》,要求探索构建符合国家法制建设总体要求、符合广播影视基本规律和特点的广播影视政策法律新体系。2009年,广电总局印发《关于加强广播影视法制建设的意见》,明确了法制建设的总体思路、目标任务、保障措施等。[①]

广播业的行政管理机构方面,中国一直实行中共领导下的国家广播电视管理机构集中管理的方式,各省,然后各地市县也都成立了专门管理机构。中央行政管理机构的演变历程主要是:1949年11月成立广播事业局,1982年成立广播电视部,1986年成立广播电影电视部,1998年改成国家广播电影电视总局,2013年与原国家新闻出版总署合并,成立国家新闻出版广电总局。

总的来看,我国广播电视法的建设至今远远没有跟上行业发展的步伐。而法律制度的不完备则说明了,我国决策者对于广播电视机构之法律地位的认识不足,甚至还存在一些误解。可以说,如果观念不到位,且法律制度不完备,就难免制约我国广播电视行业的进一步发展。

---

① 参见涂昌波:《中国广播电视法制建设的回顾与思考》,载《中国广播电视学刊》2011年第7期。

(三) 当前广播电视法的构成

1. 广播电视法的形式

广播电视法的形式是指一个国家或地区的广播电视法律规范体系的存在与表现形式,如判例法和制定法之分、立法机关制法和行政机关条例之别等。与印刷出版领域大不一样,世界范围来看,广播电视法律形式方面的一个突出特征是,大多数国家或地区的立法机关制定了专门调整广播电视活动的单行成文法,即使以判例法占突出地位的英国与美国,也是如此。其间的区别是,有些国家或地区采用"电信法"或"通信法"的形式,对广播电视与其他电信形式做统一规定;有些国家或地区制定统一的"广播(电视)法",专门规定广播电视活动;有的国家或地区针对不同类型的广播电视,即公共广播、有线广播和卫星广播等,分别制定各类单行法;也有一些国家或地区则制定统一的传媒法,全面规范广播电视及其他传播媒介。此外,一些国家或地区在颁行法律的同时,还以行政法规的形式对广播电视领域的某些具体问题做出特别规定,可谓广播电视法的附属形式。

美国是判例法国家,但其《无线电法》却是世界广播领域最早的成文法,而且其立法一直连续不断,1934 年颁行的《通信法》统一规制全部电子通信活动,历经多次修订,尤其 1996 年进行了大规模修改,实施至今,成为世界广播电视领域最为完善的一部成文法。该法可谓一部"统一通信法典",每次以新法形式通过的条款都被整合入典,重要的如 1967 年《公共广播法》、1990 年《儿童电视法》、1992 年《有线电视消费者保护与竞争法》、1996 年《电信法》、2006 年《正派广播实施法》以及 2009 年《数字电视转换辅助法》等。

在英国,除了皇室每十年为 BBC 发布一次的"皇室宪章"之外,议会曾制订过多部专门的广播法或电视法。现行《通信法》是一部综合性法律,颁布于 2003 年,对 1990 年和 1996 年的《广播法》做出了较大修订。

法国现行法是 1986 年颁行,后经 2012 年修订的《通信自由法》。

如上述,德国广播领域有着多层次的法律文件。在全国范围内,无论是公共的还是商业性的广播,适用由各州共同签署的《州际广播协议》。以此为基础,各州在其责任范围内制定了规定更详细的州广播法。另外,1996 年生效的《电信法》、1997 年生效的《联邦信息与通信服务法》,以及表述并无实质区别的《州际媒体服务协议》对信息技术领域的治理做出了法律界定。

俄罗斯于 1991 年 12 月颁布的《大众传媒法》规制包括广播电视在内的所有媒体形式的传播。这种法典化的立法形式与俄罗斯法律传统有关,比较少见。在可以预见的较短时期内,这种立法形式难为多数国家所接受。

我国台湾地区广播领域的制度可谓比较完备,形式上采取的是分散立法。其最早的广播立法是 1975 年出台的"广播电视法",然后,随着广播技术与行业领域的不断发展,立法也逐步增加。至今,台湾地区广播电视领域除了2011年修改过的"广播电视法",还包括"公共电视法""有线广播电视法""卫星广播电视法""国立教育广播电台组织法"以及"通讯传播基本法""国家通讯传播委员会组织法"等,另外还有多个以"条例"为名的规范文件。[①]

在我国内地的广播电视领域,层级最高的规范性文件是国务院制定的三个法规:1993年《卫星电视广播地面接收设施管理规定》,1997年《广播电视管理条例》,均只在2013年做了一次非实质性改动;2000年新颁《广播电视设施保护条例》。

部门规章方面,1990年颁布的《卫星地面接收设施接收外国卫星传送电视节目管理办法》和《有线电视管理暂行办法》是最早的规范性文件,至今未作修改。我国广播电视行业最高行政管理机构发布过大量以"规定"或"通知"为名的具有规范效力的文件。经过近几年的清理之后,如今仍然有效的文件约有300余件。这种法律形式为法律的遵守和适用带来了极大的不便。

另外,各国的其他相关法律也包含了涉及广播活动的规范,如刑法对广播领域的犯罪行为作出了规定,著作权法会包含广播活动中的著作权利益规范等。尤其是,各国宪法的有关规定可以直接或通过解释适用于广播活动,但这些都不是专门的广播电视法。

我国涉及广播活动的其他法律主要包括:

《著作权法》及其配套法规有很多条款涉及广播电视,分别规定了作者享有的广播权,广播机构享有的著作邻接权,以及其他利用广播使用他人作品所应遵循的著作权义务等;

《广告法》有8个条款直接为广播媒介从事广告提出了要求;

《药品管理法》第7章为广播电视上的药品广告提出了具体要求;

《保守国家秘密法》(第27条)规定,广播节目、电视节目的制作和播放应当遵守有关保密规定;

《国家通用语言文字法》(第12、14、16条)为广播机构规定了语言文字使用规范;

《预防未成年人犯罪法》(第4、32条)为广播电视规定了在保护未成年人方面的义务;

《刑法》(第124条)规定了破坏广播电视设施、公用电信设施的罪与罚;

另外,《无线电管理条例》《电信条例》等法规也与广播活动相关。

2. 广播电视法的实质内容

法律的内容是法律所规定的特定主体的权利/权力、义务,及其在具体情况

---

① 参见 http://lis.ly.gov.tw/lgcgi/lglaw?@@1804289383,最后访问时间:2015年10月20日。

下应承担的责任。综观世界各国立法,广播电视法的规范内容大致包括如下几个方面,它们构成了现行广播法律制度的基本框架:

(1) 监管机构及其构成。各国都依据宪法与行政法的理念和原则,规定由哪个机构来监管广播,并具体规定该机构的组成、职权范围等。如美国的联邦通讯委员会、法国的最高视听委员会等。

(2) 营业主体制度,即什么人有资格开办广播电视机构,从事各项广播业务。立法通常要对几种主体做出规定:政府及其附属机构、法人机构、自然人以及外国机构或自然人。大多数国家在不同时期都对广播业的主体资格进行了规定。

(3) 许可证制度。发放许可证是广播业最早立法的核心,至今也是广播业的基础性制度。广播经营需要事先获得管理部门的许可证,主要内容是向其分配具体的无线电频率和发射功率,以保证无线电空间的有序。

(4) 所有权限制。该制度与上述主体资格具有部分重合,它解决的问题是,广播机构的所有权规模、经营范围是否、如何受到限制。为了防止广播垄断,立法往往要限制一个广播机构的经营规模,包括电台电视台的类别、数量、地区、节目覆盖范围乃至市场份额等。所以,这种制度就是广播领域的反垄断规则。

(5) 节目规制。虽然各国都承认广播机构的表达自由,但是,鉴于广播媒介的特殊性,各国都对广播节目类型、内容等进行必要的限制。节目内容规制的程度与类型在各国有较大差别,不过,在最低的程度上,那些"不雅"的内容是一定要受到禁止或限制的,哪怕是播出时段的限制。在保护民族文化的背景下,很多国家要求必须在重要时段播出本国制作的节目,欧盟也把这种规定写入其指令,要求各国执行。

(6) 广告制度。它包括一个广播台站能否播出广告、广告时段限制、广告最高收入额限制、广告类别以及内容限制等。

(四) 广播电视业的制度模式

大多数广播法都包含了上述几项具体制度,但因政治体制、法律体系以及历史文化传统等差异,各国家对上述各项制度的设计却有着很大的不同,由此在不同国家之间形成了不同的广播法律体系和制度模式。

广播业制度模式的差异往往表现为三个基本要素的具体配置方式,它们是政府权力、市场自由与公众利益。在这三要素的配置中,在整体法律制度的基础上,立法者可能会突出某一要素的决定性,同时弱化其他要素的影响。由此就形成了学界通说所认可的广播制度三大模式:

1. 公共服务模式

简单地说,这种模式强调广播电视业要为公共利益服务,以公共利益要素主导广播制度设计,将公共服务广播(Public Service Broadcasting)置于广播行业体制的中心地位,限制甚至禁止政府权力和市场自由对广播业带来直接的影响。

公共**服务**模式的主要特点是,国家只允许发展公共广播机构,或以其为主体;公共广播机构实行公共管理,既独立于政府,又不得营利;费用来自国家或广播服务项目。英国是实行公共服务模式的代表,英国广播公司(BBC)是公共服务广播机构的样板。欧洲国家以及受其影响的其他国家大都依法建立了公共服务模式的广播业。另外,现代各国都认识到广播电视行业的公共性,并建立了公共服务广播,但其广播业制度并非都属于公共服务模式。所以说,只有将公共服务广播置于整个广播业的核心地位的制度才是公共服务模式。

从广播业初创的1927年开始到1955年,BBC在英国可谓"唯我独尊"。按照皇家宪章,BBC作为国家所有的公共法人,其存在目的只为公共利益,宗旨是向全体公民提供资讯、教育和娱乐。为防止政府或其他可能的权力干预,BBC建立了权力制衡的内部治理结构,其理事会、经理层等依法组建、并相互制约。为杜绝任何物质利益影响,BBC不做广告,不播付费节目,经费来源于执照费以及收音机销售提取,还有部分国家财政拨款。英国政府对BBC拥有控制权,可依据法定程序禁止其节目播出、吊销其许可证。事实上,英国政府也未曾实施过此种权力。

1955年,为了打破BBC的垄断,英国立法进行体制变革,组建独立的商业性电视台,1981年还成立了第四频道,但就其依法运营的情况而言,这些都被视为英国公共广播电视的范畴。对此,英国学者指出:"所谓的商业广播还是由政府建立的,一开始就作为公共事业体制的一个部分出现的。独立电视局是由议会通过的法案创立的,是一个公共性的社团,独立电视台就是在它的管理控制之下的一个以影响、教育、娱乐大众为目的的电视机构。独立电视台事实上还是受制于国家的,并且它一再被责成要维持它节目的高标准"。所以,英国商业广播依然是"公共事业广播的一种延伸而非替代"。[①]

1990年《广播法》通过之后,英国广播体制逐渐走向市场开放的多元化,如今基本形成一个公共与多种商业形式并存的多元化、多层次的混合体系。人们甚至也说,广播电视商营模式已被提高到主导地位,而公共服务却降为"地位较低的伙伴",且前景难料。但无论如何,公共服务的理念与制度模式在英国依然根深蒂固。

2. 市场导向模式

依此模式,市场自由在广播业制度设计中居于显性的主导地位,而政府权力

[①] 参见〔美〕詹姆斯·柯兰、米切尔·占尔维奇:《大众媒介与社会》,杨击译,华夏出版社2006年版,第102页。

与公共利益则处于隐性状态。在这种体制下,以市场为导向,任何私人或民间机构均可以投资广播业,遵守市场法则和法律规则,参与市场自由竞争。国家只需依法维持广电业的发展秩序,不干预其供求关系。除了美国这个市场导向模式的代表,大多数国家不采取此种模式。20世纪80年代以后,欧美国家纷纷进行广播业体制改革,弱化公共服务属性,强化市场要素,但还未形成真正的市场导向模式。

自由竞争的市场模式下的广播业的实质在于,符合法定条件的任何人都可以申请获得经营许可证;广播机构是私人企业,以营利为目的,可从事广告等营利活动;电台电视台可以按照受众的喜爱、并在法律允许的最低限度内,制作、播出任何广播节目。所以,竞争激烈的美国广播业的代表是为数不多的媒介"巨无霸"。

当然,虽以市场为导向,美国却并未把广播与其他产业等量齐观,甚至也没有将它与出版媒体视为同类。所以,与英国的广播法理近似,美国也考虑到了广播活动中的公共利益,并对广播业实行特别规制。这就是,基于"公众利益、方便和需要"原则,美国成立联邦通信管理机构,规制广播许可证的颁发与撤销,限制广播机构的所有权、网络覆盖范围等,监督其节目和广告内容等。但法律规定的这种严格监管并不否认广播业的市场导向模式。

并且,即使作为市场导向模式的典范,美国广播业依然给公共服务广播留出了一席之地。1967年美国通过《公共广播法》,成立公共广播公司(CPB),专门管理公共广播活动,从而确立了公共广播的地位。随后,公共广播服务网(PBS,Public Broadcasting Service)和国家公共广播网(NPR)相继成立,它们作为非营利性机构,建立公共法人治理结构,独立于政府,代表公众利益从事广播活动。

但公共广播的存在又不能整体上改变美国广播业以市场为主导的商业性模式。可以说,虽然公共广播已是美国公众生活中不可缺少的一部分,却毕竟是补充性部分,在美国广播市场上只占很小的份额,美国广播市场仍为商业广播电视所主宰。

3. 政府控制模式

这种模式意味着政府权力在广播业制度中发挥着主导性作用或占据压倒性地位,而公共利益和市场自由两个要素的存在是隐性的,其对整体广播制度及各项规则的影响是间接的、次要的。在该模式下,全国广播业规模、机构数量等由政府决定,广播电视机构由政府投资、产权归政府所有,其管理者由政府委派或任命,其节目内容需符合政府规定的标准。二战之后到20世纪80年代的法国、1949年之后的中国广播业属于该模式。

需要指出的是,政府控制模式与公共服务模式具有实质性区别,就后者而言,虽说政府要对公共服务广播行使监管职权,却不能对其实行干预和控制。公共服务广播的成立与运作均以特别法律为依据,并接受公众或其代表的监督。在法理上,公共广播属于国家的公共部门,目的在于更好地服务于公共利益。

当然,上述三种模式的区分只是就一个国家广播制度的主导性特征而言。就目前世界各国的具体情况而言,没有哪个国家的广播制度绝对属于某一种模式。当某一种要素在某国广播制度中占据主导地位时,其他两种要素也都发挥着一定作用。

比如,在我国,政府权力因素并未绝对控制广播行业的各个方面,公共利益在广播业发展中居于重要地位,《广播电视管理条例》明确规定,广播事业要坚持为人民服务、为社会主义服务的方向,要有助于促进社会主义精神文明和物质文明建设。我国所有广播机构均可从事广告活动,而广告归市场调节;在实行制播分离的范围内,节目制作者大多不归政府直接控制。这表明,市场自由也影响着我国广播业的发展。只不过这两种要素并未主导我国广播业的政府控制格局。

同样,如上所述,在实行市场导向的美国广播业中,公共服务广播体现着公共利益要素的存在;而英国广播业早已走向多元化发展,市场因素越来越多地影响着其整体格局。同时,无论是在实施公共模式的英国,还是在采行市场导向的美国,其广播业,尤其是公共广播都少不了政府权力的介入,只不过这种介入更多采取了间接和隐蔽的方式。

二、广播电视运营主体制度

所谓广播电视运营的主体是指从事广播业务的机构或自然人,或称广播电视业者,既包括采编、制作并播放节目的电台、电视台,也包括转播台、差转台以及设备网络提供者等(但下文论述以电台、电视台为主)。运营主体制度主要包括市场准入制度或称经营资格制度、经营主体的组织规则以及所有权限制等。另外,运营主体只是广播电视法律主体之一类,后者也包括管理者与受众。

(一) 行业准入:许可制

1. 广电行业许可制是国际惯例

行业准入制度即获得行业运营或经营资格的制度,它所规制的是,谁可以、并依据什么条件和程序成为广播行业的运营者、投资设立并拥有广播电视机构。依国际惯例,商业广播与公共广播的准入是区别对待的,前者是许可制,后者则是特许制。不过,特许也是一种许可,而且是更加严格的许可,往往需要法律特别授权。

许可制被视为广播业规制的核心制度。商业性广播运营机构的设立实施许可制,即事先依法申请,并获得主管当局的许可,方可设立广播机构并从事相关的经营活动。即使在实行市场导向的美国,电台、电视台的成立与经营必须获得FCC颁发的许可证。所以说,发放许可证是美国FCC对广电业实施管理与监督的关键环节。

从最初的无线电立法开始,无线电使用就被规定了许可证制度。之所以如此,普遍认可的原因是无线电频率属于稀缺资源,任人自由选择使用必然导致相互冲突、干扰,所以必须依据统一安排,划定频段并进行分配,由特定的无线电台站使用特定的频率;并且,频率使用甚至要受到时间与空间的限制。这是许可制产生的技术性原因,即资源稀缺理论。

另外,许可制也有其社会政治的理由。广播电视媒体的影响具有广泛的覆盖性,以及对所有人日常生活的深刻渗透性。也就是说,广电节目随时随地都在影响着所有普通家庭、日常生活,所以其运营应该受到必要的限制。在强调公共服务与政府控制的国家,许可制的社会政治理论尤其受到重视。

广播电视许可制包含了多种业务的许可。也就是说,不存在可从事所有广播活动的单一许可。在美国等国家,依据广电技术与载体类型分类,广播行业许可被区分为地面无线广播许可、无线电有线电视许可、直播卫星许可、有线电视系统建设经营许可和开放视频系统经营许可等。还有一些国家则根据广播电视的覆盖范围和服务方式做出分类许可,如澳大利亚、瑞士等。①

比较而言,商业广播通常可由私人投资经营,归市场调节,其行业准入采取普通的许可制;而公共广播以及政府设立的广播机构则往往采取特许制,并由法律进行特别授权。比如,英国广播公司(BBC)的成立与运营系根据英国王室的特许状之授权。美国的两家公共服务广播网系根据美国1967年《公共广播法》之授权,其联邦政府设立的对外广播机构的成立系基于国际广播法之授权;1960年起草的《美国之音宪章》(VOA Charter)于1976年经福特总统签署成为法律,成为美国之音运营之依据。我国台湾地区通过"'中央广播电台'设置条例",设立"中央广播电台";"公共电视法"则授权成立财团法人公共电视文化事业基金会,并由它申请设立、经营公共电视台。

2. 境外法律有关许可条件的一般性规定

许可不同于登记,申请者需要符合法律规定的条件,并遵循法律规定的程序办理,才能获得当局的许可。同时,法律要求当局在发放许可时对一些原则性问题做出考量,注意到广播电视业的特殊性,并充分保障其间的国家与公众利益。

按国际通行做法,凡本国公民与法人均有资格申请设立广播电视台;同时,一些法律会对涉外情形进行限制,目的是为了保护信息传播与文化领域的国家利益。我国台湾地区"广播电视法"第5条规定,不具有台湾籍贯者不得作为广

---

① 参见涂昌波:《广播电视法律制度概论》(第2版),中国传媒大学出版社2011年版,第117页。

播电视的发起人、股东、董事及监察人。美国《通信法》第 307 条规定,在考虑公众便利、利益与必要的原则下,只要不存在法律限制事项,FCC 都将给予电台电视台许可。按照第 308 条,申请文件应该显示的事项包括运营者的公民身份、品质以及财务、技术等状况,所有权与位置,广播之目的,以供当局考察。第 310 条规定了所有权限制事项,外国政府、外国人及其代表人,依外国法律成立的公司,由外国人、外国政府及其代表、外国公司拥有 1/5 股本的公司等,不应获得许可。

为了保障广播电视行业的政治中立性,有些立法还对政府与政党官员参与设立广播电视作出限制。以我国台湾地区的"广播电视法"为例,其第 5 条及第 5 条之一规定:政府、政党及其捐助成立的财团法人及其受托人不得直接、间接投资民营广播电视。除法律另有规定外,政府、政党不得捐助成立民营广播电视。政党党务工作人员、政务人员及选任公职人员不得投资广播、电视。政府、政党、政党党务工作人员及选任公职人员不得担任广播电视机构的发起人、董事、监察人及经理人。

另外,发放许可时,广播业主管机关还需综合考虑广播电视台的设立目的、自然人的品质、经济与技术条件以及节目规划等。我国台湾地区的"广播电视法"第 10 条规定,主管机关需考虑有关申请的设立目的、开放目标、市场情况、消费者权益及其他公共利益之需要,采评审制、拍卖制、公开招标制或其他适当方式为之。美国法律特别强调的一个基本原则是,公众方便、利益和必要。

3. 我国广播电视行业的准入

我国广播电视行业也实行许可制。《广播电视管理条例》第 12 条第 2 款规定:建成的广播电台、电视台,经国务院广播电视行政部门审查符合条件的,发给广播电台、电视台许可证。不过,按照第 11 条第 1 款,"中央的广播电台、电视台由国务院广播电视行政部门设立。地方设立广播电台、电视台的,由县、不设区的市以上地方人民政府广播电视行政部门提出申请,本级人民政府审查同意后,逐级上报,经国务院广播电视行政部门审查批准后,方可筹建"。不过,这种许可制与西方广播法上通常所谓许可是不同的,更像是一种特许制,它与我国广播业整体上采行的制度模式有关。

我国广播机构被称为事业单位,就其非营利性而言,类似于境外的公共广播;同时,我国广播行业实行政府直接控制的体制模式。因而,我国广播行业的准入制不同于西方商业广播的许可制,其条件可谓既简单又复杂。所谓简单,我国一刀切式地规定,只有政府才能设立、运营广播机构,它不需要像普通许可制那样规定一套复杂的许可条件,概因其为政府行为、由政府为保障。除了相关法规的规定,国务院 2005 年有关文件重申,非公有资本不得投资设立和经营电台电视台(站)、发射台(站)、转播台(站)、卫星、卫星上行站和收转站、微波站、监测台(站)、有线电视传输骨干网等;不得经营广播电视频率频道和时段栏目;不得从事影视片等文化产品进口业务。①

可以说,我国政府设立电台、电视台及相关机构、网络的权力或资格具有专属性、级别性以及属地性。甚至可以说,运营电台、电视台及相关网络与设备是各级政府部门的权力,也是它们的义务。

具体而言,设立电台、电视台的行政性权力专属于县级以上的广电行业行政管理部门;设立教育电视台的权力专属于相关级别的教育行政部门。依据《广播电视管理条例》第10条第1款,"广播电台、电视台由县、不设区的市以上人民政府广播电视行政部门设立,其中教育电视台可以由设区的市、自治州以上人民政府教育行政部门设立。其他任何单位和个人不得设立广播电台、电视台。"

由于设立电台电视台的权力专属于行政部门,而行政部门是有级别的,所以它们只能设立本级别的电台电视台。依据《广播电视管理条例》第11条,中央一级广播电视台由国务院广播电视行政部门设立。县、不设区的市以上地方人民政府广播电视行政部门有权设立本级别的广播电台、电视台,但必须经本级人民政府审查同意后,逐级上报,最后经国务院广播电视行政部门审查批准。所以,我国的电台、电视台可分为中央、省、地市和县四个级别,除卫星电视外,其覆盖范围主要限于本行政区。教育电视台设立与此相同,设立者为各级教育行政部门,最终经国务院广播电视行政部门审查批准。

另外,乡、镇设立广播电视站,机关、企事业等单位设立有线广播电视站,也需遵循有关规定,经行政部门审核批准。

依国际惯例,我国也对外国人进入我国广电行业采取慎重或排斥的态度。依据《广播电视管理条例》第10条第2款:"国家禁止设立外资经营、中外合资经营和中外合作经营的广播电台、电视台。"可见,外国人不得以任何方式在我国参与设立电台、电视台。

同时,我国广电业许可制也有其所谓复杂的一面,因为我国相关成文法极不完备,主要依靠几部的法规和大量规章、文件规定了大量的许可事项(经过近年的几次删减,有关许可事项大小30余种)。②

按照国家新闻出版广电总局的网上公示③,其涉及广播电视方面的行政审批即许可事项约25个大项,其中很多项目涉及广播电视运营主体资格的获取,即电台、电视台的设立、终止;付费频道开办、终止;视频点播业务开展;境外广电机构在华设立办事机构;境外卫星电视频道落地;广播电视专用频段频率使用许可证(甲类)核发等。比较而言,除了与国际社会类似的许可,有些许可项目体现

---

① 参见《国务院关于非公有资本进入文化产业的若干决定》(国发[2005]10号)。
② 参见 http://www.sarft.gov.cn/art/2015/5/28/art_1625_673.html,最后访问时间:2015年10月30日。
③ 同上。

了我国有关广电行业规范的特殊考虑,如设立节目制作经营单位;设立电视剧制作单位;广播电视播音员、主持人资格认定等,它们源于我国对广电行业采取的政府控制型规制模式。

在实施直播分离制的背景下,我国已经放开了广电节目的制作与经营,非电台、电视台可以制作、经营广播电视节目。即使如此,法律对节目制作与经营仍规定较高的许可门槛。第一,按照《广播电视管理条例》第31条以及《广播电视节目制作经营管理规定》,除了电台、电视台,独立的节目制作经营单位的设立必须由省级以上人民政府广播电视行政部门批准,这是许可机构的级别限制。第二,申请人只能是独立法人,这就意味着个人或非法人组织不能获得节目制作与经营的许可。第三,独立的节目制作机构只能制作"时政新闻及同类专题、专栏等节目"之外的节目。第四,制作电视剧需另行取得电视剧制作许可,其中包括180天的单剧许可和为期两年的许可,后者需由国务院主管部门审批许可。

我国还有一项针对自然人的广电行业从业资格许可制度。按照有关规定,国家广播电视管理部门负责"广播电视播音员、主持人资格认定",在电台、电视台工作的新闻采编人员、播音员、主持人必须首先获得该认定。[①] 境外法律通常会对广播电视机构的负责人,尤其是高级管理人员做出资格规定,而对普通执业人员做资格认定的法律规定,并不多见。

除了节目制作与经营,我国对民间投资广电业的放开只限于边缘领域,尤其是远离内容的领域。2005年国务院有关文件规定,鼓励和支持非公有资本进入广播影视技术开发运用、电视剧制作发行。经有关行政主管部门批准,民间资本可以投资参股国有的音乐、科技、体育、娱乐节目制作企业(企业国有资本须在51%以上);可以建设和经营有线电视接入网、参与有线电视接收端数字化改造(国有资本须在51%以上);可以控股从事有线电视接入网社区部分业务的企业;可以在符合条件的宾馆饭店内提供广播电视视频节目点播服务。[②]

(二)所有权限制规则

所有权是指财产所有人对其财产享有的占有、使用、收益和处分的权利。法律上有关所有权的一般原则是保护所有权人在其权利范围内的自由与自治。但这种自由与自治不是绝对的,在特殊情况下,所有权要受到限制。因而,法律上特别规定的所有权制度往往就是针对特定所有权的限制制度。

比之于一般的所有权制度,广播电视领域所有权制度的特征在于,基于行业

---

① 参见《国务院对确需保留的行政审批项目设定行政许可的决定》(国务院令第412号)附件第313项。

② 参见《国务院关于非公有资本进入文化产业的若干决定》(国发[2005]10号)。

特殊性,法律对广播电视领域所有权人的行使权利的自由做出一定的限制,从而有利于广播领域社会公共利益的实现。在比较宽泛的意义上,广电领域的所有权内容包括:第一,谁能拥有广播机构、广播设施,并利用这些财产从事广播业务;第二,广播机构或设施的所有者对其机构或设施拥有何种权利,能否自由地使用、收益和处分。一般来说,前者与广播电视行业的准入制度解决的是同一个问题,所以后者才是这里要专门论述的广播电视领域的所有权限制制度。

广播电视法主要是针对商业广播机构实施所有权限制,因为这种限制的实质意义在于防止垄断,因广播垄断不仅是一个市场利润的垄断,还会影响广播电视节目供应结构的多样性,危及信息与文化领域的公共利益。通常,公共广播是国家设立的公益性服务,政府部门虽垄断其设立与拥有,却不能干预其具体运营;由于其内部治理与外部监督的民主性体制,公共广播的独立性、节目内容的自由与多样性很难因所有权而受到影响。所以,公共广播体系通常不需要所有权限制规则。

境外广播法对商业广播电视的所有权限制主要包括广播覆盖的区域范围限制、媒体类型限制、媒体数量以及市场份额限制等。跨媒体经营限制是指,规定一个广播公司在全国或某个地域是否可以同时跨媒体经营广播电台、电视台及报纸三类媒体,或者在何种条件下可以跨媒体经营。媒体数量限制是指,一个广播公司在全国或某地区范围内拥有的电视台、广播电台的数量是否受到限制;市场份额限制是指,一个广播公司在全国或某一地域范围内拥有的市场份额限制,通常是覆盖家庭比例的限制。比如在日本,广播实践中有一种排除大众媒体集中的原则,禁止民间广播机构跨地区经营,民营电台电视台的服务对象限定在本地区,禁止一个公司拥有多个电台电视台,禁止在同一地区同时控制电台电视台和报社三种媒体。

美国广播法确立了所谓"多种所有权规则(multiple ownership rules)",约束任何广播机构拥有大数量的电台电视台。按照美国现行《电信法》第303条,在全国范围内,一家公司的电视观众覆盖率不得高于39%。在地方市场上,如果一城市的电台数量超过45个,其中一家公司的经营、控制或拥有量最多8个,而且同类电台(AM或FM)不得超过5个;以此类推,城市电台总量如为30—40个,一家限于7个,同类限于4个;电台总数为15—29个,一家限于6个,同类限于4个;电台为14个以下的,一家限于5个,同类限于3个。原则上,一家公司不得在同一城市同时拥有电台和电视台,除非FCC以公共利益为理由允许例外。FCC还有权决定某一家公司能否在同一城市同时拥有无线电视台和有线电视系统。

在我国广播电视现有的体制下,我国不必像西方国家那样为防止垄断而制定所有权限制规则。依据行政法规,我国对广播电视业进行总量、布局和结构性限定,且实施条块分割式的管理。一方面,设立广播电视机构是各级政府机关的义务,政府一直致力于各类广播电视信号要实现行政辖区全覆盖;另一方面,除了卫星电视,其他类型的广播电视信号的覆盖范围被限于本行政辖区内。另外,我国广电领域民营资本的投资范围与规模非常有限,其影响力非常微弱,根本没有形成所谓商业广播市场,无需再做特别限制。

20世纪80年代开始,在自由主义思潮影响下,西方国家在广播电视业逐渐推行去管制政策,美国法律也大大放松了广播所有权限制规则,目的在于推动广播与电信市场的自由发展,但最终备受争议。原因在于,放松所有权限制的预期效果没有实现,反而引来大规模的媒体兼并,媒体业日益陷入垄断。[①] 而随着互联网的飞速发展,所有权限制制度的加强或与放松究竟如何去就,还有待继续观察。

三、节 目 制 度

简单而言,广播节目就是电台电视台向公众播放的内容,即电台播放的声音文件、电视台播放的视听文件。常言道,内容为王,没有节目内容,广播电视就不会成其为大众媒体和文化载体。广播是节目内容的载体。就此而言,广播法的一切规定最终都是以节目传播为规制核心。也就是说,广播法设计各项制度,要求广播机构、监管者如政府或公众予以遵行,其目无非是为了广播节目的传播能够符合法律规定的规则、实现法律确立的目标。与此同时,基于这些目标和原则,广播法还要节目内容本身做出直接规范,这就是专门的节目制度。

广播电视节目制度首先要体现文化法最重要的原则:即文化自由和文化多样性原则。由此,广电节目规制往往被视为最为微妙的法律问题:一方面,节目属于内容,节目规制容易犯及宪法上的文化与表达自由原则;但在另一方面,鉴于广播媒体的特殊性,世界各国广播法在强调自由原则的同时,依然允许对节目内容加以必要的规制。

比如,韩国《广播法》第4条之(1)强调"广播节目的自由与独立应受保障",其(2)则规定,"除非本法或其他法律有规定,任何人不应管制或干预广播节目",这为广播节目规制提供了依据。美国常被视为保护表达自由最为着力的国家,其《通信法》第326条专门对内容审查做出禁止性规定:"本法任何规定都不应被理解或解释为授权许可当局,对无线电通信或无线电台所传输信号进行审查,许可机构不应颁布或确定任何规章或条件,以干预通过无线电通信实施的言论自由权"。但是,该法多处提及针对淫秽、不雅的特别管制。比如,按照第531条,

---

① 参见展江:《〈1996年电信法〉给美国带来了什么?》,载《国际新闻界》1997年第4期。

"有线经营者可以拒绝传输含有淫秽、下流或裸露内容的公开节目、或其中之部分"。在实践中,各个时期的美国法院都曾承认,联邦通信委员会有权进行事后审查,即在广播电台申请延续其许可证时可对已播节目做出审查,而这不是法律禁止的审查。1978年的最高法院曾在一个判决中指出,"因此,我们的结论是,对那些从事淫秽、粗鄙或渎神广播的被许可者,第326条并未限制委员会实施制裁的权力"[①]。

不过,广播节目的规制有各种类型和方式,有些法律直接列举某些类型的被禁止或限制内容,尤其淫秽性内容;但在更多的情况下,广播法采用的是一种外部性、结构性的规制。

(一) 节目区别制度

区别对待即法律区分不同类型的节目内容、不同的受众年龄、不同的播出时段以及不同的广播电视类型,适用不同的管制措施。

(1) 法律将节目内容进行分类,给予不同的待遇,或鼓励,或限制,或禁止。不少法律根据内容性质对节目进行分类,那些时政、教育、公益性节目受到鼓励,且被要求较高的播出时间比例,而纯粹娱乐性节目则略受限制。比较典型的做法如我国台湾"广播电视法"第16条,它将节目分为四类:新闻及政令倡导节目、教育文化节目、公共服务节目和大众娱乐节目。前三类节目被强制性受到优待,在每周播出全部时间中,它们在电台上的播出比例不少于45%,电视播出比例则不少于50%。而大众娱乐节目则无最低时间要求,但要求以发扬中华文化,阐扬伦理、民主、科学及富有教育意义之内容为准(第17条)。

(2) 电视分级制(TV Ratings)是另一种节目区别制度。具体而言,该制度将节目内容的适宜性与受众年龄层、播出时间段相结合,依据内容的年龄适宜性(age-appropriateness)将节目分出若干级别,不同级别的节目在播出时间与收看者年龄、收看方式上受到不同的规范,并对家长提出建议。

世界上有越来越多的国家或地区在实行电视分级制度。其中制度比较成熟的当推美国。根据美国法律要求,美国业界制定了父母电视指南(TV Parental Guidelines),根据节目内容的暴力、色情和低俗程度,节目被分为7个等级,对应于各自不同的适宜受众。它们依次是① TV-Y,适于2—6岁所有儿童;② TV-Y7,适于7岁及以上;③ TV-Y7-FV,与TV-Y7相比,较多虚构性暴力画面;④ TV-G,适于所有年龄的普通节目,但非儿童节目;⑤ TV-PG,建议家长引导,可能含有不适内容。其中还可依内容再做分类:D-含暗示性对话(some suggestive dialogue),L-含少量粗俗用语(infrequent coarse language),S-含一些性场

---

① FCC v. Pacifica Foundation, 438 US 726, 736—738 (1978).

面(some sexual situations),V-含部分暴力(moderate violence);⑥ TV-14,严重警告节目,适于14岁以上,可能涉及不适内容;⑦ TV-MA,成人节目,17岁以下少儿不宜。同时,分级制还将不同的字母标识与级别警示相配合,以说明所含内容倾向,它们是4个字母、四类内容:V(暴力)、S(色情)、L(粗话)、D(暗示性对话)。

与节目等级制度相配合,美国法律强制性地要求,所有2000年以后销售的13英寸以上的电视机要安装一种"V芯片",用于识别电视节目上的级别讯号,又称"童锁",家长可以把不希望孩子观看的节目类别预先输入,包含相关内容的节目会自动被阻止。[①] 另外,依据法律,色情或成人节目只能放在有线台播放,家长可设定密码,防止孩子观看。

我国台湾地区"广播电视法"第26条之一规定,主管机关应依电视节目内容予以分级,限制观看的年龄、条件;电视事业应依主管机关制定的分级处理办法播送节目。相应地,台湾地区广播监管部门制定了"电视节目分级处理办法",将节目分为四个级别,即限制级、辅导级、保护级、普遍级,并标以不同颜色的图标,以警示播出机构和受众。其中,普遍级适合于所有观众观赏,任何时段都可以播出。对于保护级,6岁以下儿童不得观赏,6—12岁儿童须成年亲友陪伴,辅导观赏。12岁以下儿童不得观赏辅导级,12—18岁者需父母或师长注意辅导观赏。限制级即成人节目,禁止未满18岁者观赏。与美国比较,我国台湾地区的规则显然还失之粗疏。

(3)节目区别还表现在广播电视媒介的分类,不同媒介的节目受到不同的规制。具体而言,电台与电视不同,电视节目的规矩要多一些、严格一些;普通的与专业性电台、电视台不同;有线台与无线公共台不同,受众对前者具有较大的主动选择权,可以设定密码等,管制就松一些,后者直接面向普通大众,则必须严加管制。比如,成人节目只能在有线电视上播出。

我国法律中也包含有分类管理、区别对待的原则。《有线电视管理暂行办法》第10条规定:"有线电视台、有线电视站必须完整地直接接收、传送中央电视台和地方电视台的新闻和其他重要节目",《广播电视节目制作经营管理规定》第21条规定,广播电视时政新闻及同类专题、专栏等节目只能由广播电视播出机构制作,这体现了管理者对新闻类节目的重视。《广播电视管理条例》第44条规定,教育类电视台应当按照国家有关规定播放各类教育教学节目,不得播放与教学内容无关的电影、电视片。这是对公益原则的体现。此外,我国法律没有其他有关区别规制的条款,更没有适用于特殊内容与年龄的分级制度。

从上可见,可以说,统观我国零零碎碎的广播行业各类规范文件,除了个别

---

① 参见 http://www.tvguidelines.org/index.htm,最后访问时间:2015年10月20日。

规定,我国尚未就广电节目分类建立系统的制度体系,即使专门规制节目的文件《广播电视节目传送业务管理办法》《广播电视视频点播业务管理办法》也未涉及内容分类的问题。

近几年,多起电视剧"少儿不宜"事件引起人们的关注。2011年11月,我国台湾地区两家电视台的8点档播出大陆电视剧《水浒传》和《新还珠格格》,因集中出现暴力镜头而被台湾地区"通讯传播委员会"分别处以30万和21万新台币的罚金,在海峡两岸引发热议。2013年10月,中央电视台等媒体报道,《喜羊羊》等动画片存在暴力失度语言粗俗等问题引起关注。各地还不断发生少儿因模仿这些电视剧情节而导致伤残的事件。作为回应,电视制作方对电视剧进行了大量修改。很多专家呼吁,为从根本上解决这些问题,我国应尽快建立电视节目分级制度。①

(二) 禁止危害性言论

内容审查的一个极端性做法是,基于某些内容的严重危害性与违法性,法律明确而严格地予以禁止。总的来看,这些被禁止的内容通常可分为三大类:危害国家安全、损害公共利益以及他人利益。

我国法规可以说是这种管制制度的代表。《广播电视管理条例》第32条规定,禁止制作、播放下列内容的节目:(1) 危害国家的统一、主权和领土完整的;(2) 危害国家的安全、荣誉和利益的;(3) 煽动民族分裂,破坏民族团结的;(4) 泄露国家秘密的;(5) 诽谤、侮辱他人的;(6) 宣扬淫秽、迷信或者渲染暴力的;(7) 法律、行政法规规定禁止的其他内容。另外,其他规范文件中也都包含了表述上与此相同或近似的规定,如《广播电视节目传送业务管理办法》第17条、《广播电视视频点播业务管理办法》第21条、《广播电视节目制作经营管理规定》第22条等。

我国台湾地区"广播电视法"第21条禁止的节目内容与内地法规近似:损害国家利益或民族尊严;违背反共复国国策或政府法令;煽惑他人犯罪或违背法令;伤害儿童身心健康;妨害公共秩序或善良风俗;散布谣言、邪说或淆乱视听。

美国《通讯法》明确禁止内容审查,没有明确列举被禁止内容,但有一类内容多次出现于该法,而且都是采取消极态度,即淫秽、不雅、粗俗和裸露;并且,这些内容也经常在实践中引发争议,甚至诉诸公堂。但美国法律并未就此作出明确的禁止性规定。按照上述分级制度,成人节目只是禁止未成年人获得,同时允许

---

① 参见《内地剧集遇台湾分级制 电视台:戏剧失去很多火花》,http://ent.sina.com.cn/x/2011-12-01/18213496933.shtml,最后访问时间:2015年10月20日;《央视批〈喜羊羊〉粗俗暴力 专家呼吁建动画分级制》,http://news.xmtv.cn/2013/10/18/ARTI1382063735125310.shtml,最后访问时间:2015年10月20日。

向成年人提供,这就不同于一刀切式的处理方法。

德国《州际广播协议》在保护未成年人利益的情况下禁止某些节目。其第4条规定,为了青少年保护,某些节目被禁止;并指出,具体适用《青少年媒介保护州际协议》中对广播电视有效的条款。

可以说,西方国家的立法没有或较少要求绝对性地禁止任何内容,这与它们更加充分地实行事后审查原则有关。同时,西方立法明确的限制对象主要是涉及未成年人保护,而较少其他内容,尤其不以笼统的语言表述。其实,我国法规对上述禁止内容的罗列也并非都很必要,即使广播法规不如此规定,这些节目也因违反其他法律而被禁止,因为它们的传播对他人、国家以及公共利益构成绝对性危害。

另外,值得一提的是,为了不妨碍司法,我国台湾地区法律还规定了"侦查不公开原则"。其"广播电视法"第22条规定,广播电视节目对于尚在侦查或审判中的诉讼事件,或承办该事件的司法人员或有关诉讼关系人,不得做出评论;并不得报导禁止公开诉讼事件的辩论。

(三) 保护本国文化原则

在全球化、广播国际化的背景下,面对国外文化媒体在本国不断大肆扩张的态势,为保护本国文化的传承,很多国家法律都规定了保护本国文化的基本原则,区别对待自制节目与外国节目,并强制性地要求广播电视台以优先时段、较多时间播出本国节目,而外国、尤其是外语节目应受限制。

中国《广播电视管理条例》第32条规定,广播电台、电视台应当增加国产优秀节目数量,但并无具体规定。广电总局2004年颁行了《境外电视节目引进、播出管理规定》,对境外节目引进、播出做出了系统性规定。按其规定,我国广电机构不引进播出境外时事性新闻节目。各电视频道每天播出的境外影视剧,不得超过该频道当天影视剧总播出时间的25%;每天播出的其他境外电视节目,不得超过该频道当天总播出时间的15%。不得在黄金时段(19:00—22:00)播出境外影视剧,除非经广电总局批准。

另外,广电总局上述规定还建立了节目引进与播出管理机制。尤为关键的是,引进境外节目实行许可制,未经广电总局和受其委托的省广电行政部门审批的境外电视节目,不得引进、播出。广电总局对引进境外影视剧的总量、题材和产地等进行调控和规划。

欧洲国家都特别强调欧洲本土文化的保护问题。欧共体指令将更多地播出欧洲及本国节目作为各国法律的一项义务。1989年欧共体通过的"电视无国界"指令("Television Without Frontiers",TVWF Directive)的一个基本原则是,电视频道要将其超半数的广播时间用于欧洲作品,即所谓"广播定额"原则

（broadcasting quotas）。① 相应地，各国立法都对这一指令规定作出了响应。德国《州际广播协议》第 6 条规定："来自德语区或欧洲自制的节目、委托和合作制作的节目应该在综合频道中占重要份额。出于在节目内容上可能的侧重，专业频道的节目也应该达到这个要求。"法国要求电视台所播放的节目 40% 必须是国产；免费、付费电视台必须将营业额的 20%—18% 投资于法语影视节目制作。

（四）节目审查机制

就像其他文化领域的管制一样，广播电视节目的内容审查也分为事前审查和事后审查两种机制类型（参见本书文化管制一章）。美国是实行事后审查的代表，政府机构或其他任何权威部门依法均无权提前介入节目的制作与播出。只有当节目播出并产生特定的社会效果之后，政府机构才可以根据第三者——主要是受众的诉求，对不当信息的播出者采取干预，如警告、处罚、停发执照等。并且，这种干预是否合适，最终由司法系统裁判。可以说，节目分级与自我审查、他人举报、事后干预与司法裁判等共同构成了美国简单而有效的审查机制。

按照我国《广播电视管理条例》以及其他一些部门规范性文件，广播节目审查机制有如下两个方面：

第一，政府机构控制机制，这是我国广播法规最为着力的方面，包含一系列有关节目活动的许可制度，具体包括：（1）节目范围控制，《广播电视管理条例》第 30 条规定，电台电视台应当按照国务院广播电视行政部门批准的节目设置范围开办节目。（2）节目制作的限制与许可，其中，制作机构的设立采取许可制，上文已有介绍；并且，《广播电视管理条例》第 37 条第 2 款规定，乡、镇设立的广播电视站不得自办电视节目。（3）电视剧制作单位设立许可：《广播电视管理条例》第 35 条第 1 款规定，设立电视剧制作单位，应当经国务院广播电视行政部门批准，取得电视剧制作许可证后，方可制作电视剧。（4）电台电视台开办群众参与的广播电视直播节目审批。（5）跨省经营广播电视节目传送业务审批。（6）网上传播视听节目需经许可。（7）影视节目制作机构与外方合作制作电视剧，需经审批许可。（8）境外节目批准：《广播电视管理条例》第 39 条第 1 款规定，用于电台、电视台播放的境外影视剧，必须经国务院广播电视行政部门审查批准。用于电台、电视台播放的境外其他广播电视节目，必须经国务院广播电视行政部门或者其授权的机构审查批准。（9）以卫星等传输方式进口、转播境外广播电视节目，《广播电视管理条例》第 41 条对此规定，必须经国务院广播电视行政部门批准。

---

① 参见该《指令》第 4 条（Council Directive 89/552/EEC）。

第二,自我审查机制,主要是《广播电视管理条例》第33条规定,电台电视台对其播放的广播电视节目内容,应当依法依规进行播前审查,重播重审。

可见,我国对广播节目的制作与播出等规定了较多的政府审查环节,这与欧美国家的管理体制有较大区别。

四、广告制度

在市场经济环境下,电台电视台已经成为最佳广告平台。但广告需要治理,广播媒介上的广告播出更需要特殊的治理规则,以期不损害受众获得丰富节目内容的权利、保护受众作为消费者的利益,同时还要考虑到广播以及其他相关文化产业的利益。

各国都对广播媒介上的广告播出做出严格的法律规制。除了专门的广播法,这种规制还存在于广告法、食品药品以及烟酒管理等相关法律中。我国也是如此,目前除了《广播电视管理条例》《广播电视广告播出管理办法》等之外,《广告法》《药品管理法》以及大量法规与部门规章都有涉及广播电视广告的规定。这里择要介绍。

1. 广播广告的基本原则

广播媒介上的广告制度依其特殊的规则体现着广告制度的基本原则,其中最为重要的原则,是广告要真实、诚信,不得欺骗消费者;广告播出不得影响正常的节目播出,如时间不合适、任意插播等。这种原则体现在下文提到的一些具体规定中。

2. 公共广播与商业广播区别对待

商业广播机构以营利为目的,广告乃其经济命脉,且受众可选择性比较强,所以法律对它的广告限制比较少。而公共广播是非营利性机构,支出可依靠国家财政、受众以及捐助等;其存在的目的是公众的信息与文化利益,且面向所有受众,社会影响具有全面渗透性,其广告就多受限制。英国BBC一直禁止播出广告,即使在允许公共广播播出广告的国家,这种广告也受到更严格的限制。比如在德国《州际广播协议》中,公共广播与商业广播各自适用不同的广告规则。在根本制度上,德国《州际广播协议》第13条规定,收视收听费是公共广播首要的财政来源;而按照第43条,私营电视的经济来源首先就是广告,其次是电视购物和其他收入方式。

3. 时间规制

时间规制制度体现的是不影响正常节目的原则,它包括几个方面,如每天的广告总时长、重要时段限制以及插播等。

以我国法律法规为例,《广播电视管理条例》第42条第1款做了原则性规定,电台电视台播放广告,不得超过国务院广播电视行政部门规定的时间。按照《广播电视广告播出管理办法》第 15 条,每套节目每小时商业广告播出时长不得超过 12 分钟。其中,电台在 11:00—13:00 之间、电视台在 19:00—21:00 之间,商业广告播出总时长不得超过 18 分钟。

《广播电视广告播出管理办法》第 14 条规定,广告播出不得影响节目的完整性。除在节目自然段的间歇外,不得随意插播广告。第 17 条具体规定,播出电视剧时,可以在每集(以 45 分钟计)中插播 2 次商业广告,每次时长不得超过 1 分 30 秒。其中,在 19:00—21:00 之间播出电视剧时,每集中可以插播 1 次商业广告,时长不得超过 1 分钟。

按照德国法律,公共广播与私营广播的广告时间限制是不一样的。关于公共广播的广告时长,德国《州际广播协议》第 16 条规定,德意志广播电视联盟(ARD)第一套电视节目和德国电视二台(ZDF)每个工作日播送广告的时长最高限于 20 分钟。每个工作日 20 点以后、星期日以及所有法定节假日不允许播出广告。ARD 和 ZDF 的其他全国范围的电视频道以及各地第三套电视频道都不能播出广告。与之不同,依照第 45 条,私营广播机构播出的含电视购物节目等在内的所有形式的广告时间合计不得超过全天播出时间的 20%;而广告播放不得超过全天播出时间的 15%。

4. 广告标识

广告播出时应有必要的标识,受众可以很容易地将其与正常节目区别开来。这被称为广告的可识别性,该制度是广告真实、诚信原则的具体体现。由此,隐性广告与变相广告应受禁止。

我国《广告法》第 14 条第 1 款对此也规定,广告应当具有可识别性,能够使消费者辨明其为广告。作为该原则的具体化,法律禁止任何形式的变相广告。《广告法》第 14 条第 2 款规定,大众传播媒介不得以新闻报道形式变相发布广告。广告应当显著标明"广告",与其他非广告信息相区别,不得使消费者产生误解。第 19 条又规定,电台电视台不得以介绍健康、养生知识等形式变相发布医疗、药品、医疗器械、保健食品广告。

境外法律都很重视对隐性或变相广告的规制。比如,德国《州际广播协议》特别强调广告的可识别性。其第 7 条规定,广告必须清晰可辨(distinguishable),在电视中需以视觉手段、在广播中需以听觉方式与其他节目明确分开。按照第 2 条,当广播节目中提到或出现商品、服务、品牌、商标或商品生产者和服务提供者的活动,其真实目的是故意以受众为广告目标,尤其是还可能有收费交易,而受众却不知道其真实的目的,就构成隐性广告(Surreptitious advertising)。隐性广告被严格禁止。

我国台湾地区的"广播电视法"第 33 条规定,电台所播送之广告,应与节目明显分开。

另外,广播法以其他法律还规定了其他一系列制度,以规范广告活动,如广告活动的许可,广告内容的审查,特殊商品如食品、药品、婴幼儿用品、烟酒等适用的特殊规定,本书略去。

五、监管与治理机制

广播行业是各类传播媒介中受到最多监管的部门。广播电视时时刻刻都面对着各种利益之间的冲突与平衡;尤为重要的是,节目播出与否、播出方式等,都影响着公众利益的实现,而公共服务广播的法定目的就是要实现公共利益,所以广播电视的监管十分重要。总的来看,广电机构的日常监管包括两方面,即外部监管与内部治理,前者是政府或社会组织作为广播机构的外部力量,依法对广播机构的运营进行监督,检查其合法与合理性、防止其损害公共利益;后者则是广播机构的内部治理,通过建立各种机制与规则,依法实现自身利益与公共利益的最大化。

(一) 外部监管

外部监管是指政府或作为公众代表的有关公共部门从广电行业之外对其实施日常监督管理。在任何有广电业存在的国家和地区,都会建立相应的监管机制;大多数行业立法都对监管机构与机制做出了明确规定,即使在崇尚市场自由与媒体自由的国家,也不例外。

外部监管通常就是政府监管,有的国家则倾向于社会性公共监管。各国都建立了专门的政府监管体系。由于各国法律体系与政府体制不同,广播业与通信业密不可分,加之商业广播与公共广播的分类管理,各国对广电行业实行不尽相同的监管机制。如美国联邦通信委员会从一开始就对广播业与其他通信业实行统一管理,同时又另行建立了公共广播监管机制。英国于2003年合并此前已经存在的多个监管部门,建立了单一的通信部(Ofcom),但它又要受商务、改革与技能部和文化、传媒与体育部的主管,权威性不如美国FCC。法国的广播监管体制历经变迁,1986年成立最高视听委员会(CSA),集中负责广播业全面管理。韩国的监管机构几经变化,如今是统一的通信委员会(KCC),由信息通信部和广播委员会合并组建。不难看出,在电信业日益发展、尤其是各类电信网日益融合的背景下,很多国家和地区选择了大一统的电信管理机构,而且其权威度日益提高。

外部监管的主要目标是,保障广播资源得到有序、公平而有效的利用、促进公平与高效的行业竞争、保护公共利益与消费者权益等。对于监管机构的职责范围,各国或各地区法律规定虽有差异,其最核心的内容不外乎主要几点:广播机构的证照核发;监督广播机构的营运乃至节目、广告等之合法性;处理有关申诉与争议;制定有关政策和法规,协调广播业发展等,其他工作内容大都以此为中心。比如,我国台湾地区"通讯传播委员会组织法"有关该机构之职责的规定就具有一定的代表性,其范围包括:行业监管政策与法令的制定、修正及执行等;行业营运的证照核发与监督管理;系统及设备之审验;工程技术规范之订定;传输内容分级制度及其他法律规定事项的规范;资源管理;行业竞争秩序的维护;安全技术的规范及管制;行业重大争议及消费者保护;境外事务及国际交流合作的处理;相关基金的管理;有关业务的监督、调查及裁决;违反相关法律事件的查处,以及其他行业事项的监理(第3条)。

为了维护广播中的公共利益,尤其是广播独立、信息与表达自由、文化内容多元等,广播监管机构的建立与日常监管行为都依法遵循分权与制衡的体制,重点是排除或减少政府、党派以及大公司对广播业的干预。另外,很多国家对商业广播和公共广播采取了分别管理的体制。比较而言,对于商业广播机构,基于不干预其内部事务的原则,法律只对其外部性表现提出原则性要求,即只对那些可能损害公众和同业竞争者利益的做法,政府或公共部门的外部监督才是必要的;与此同时,法律对公共广播行业、乃至广播机构内部规定了较多的强制性治理规则。

举例来说,德国法律为公共广播精心设计了一个外部监管模式,其中,社会公共监管为主、政府监管为辅。依据德国《基本法》,广播业管辖权归属于各州,但各州政府也不能直接干预。政府监管只表现在,一是审批收视费征收标准;二是处罚其违规行为。政府不得干预广播机构的人事,不得宣布其破产、停业。为了准确确定公共广播机构的财政状况,广播机构需要委托独立机构进行审核,这就是广播电视资金需求调查和审核委员会(KEF)和广播电视费用集中收费中心(GEZ),前者负责财政需要的审核和调查,担负着财政监管的职能;后者负责广播电视费的征收。① 正如独立的第三方审计一样,它们代表社会公众对广播机构实施中立性监督。而政府的干预需要以这些独立审查为基础。

美国联邦通信委员会(FCC)差不多是世界上权力和影响最大的广播业监管机构。FCC根据1934年《通信法》规定而成立,负责授权和管理除联邦政府使用之外的射频传输装置和设备,在全国所有地区调控州际与国际电子通信,包括广播。为保证政府监管的公正性,美国法律首先为FCC的组织与行为做出严格规定。FCC由5个委员组成,由总统委任、参议院确认,任期5年。总统指定一

---

① 参见何勇:《德国广播电视的法律框架和监管体系》,载《四川理工学院学报(社会科学版)》2007年第8期。

个委员任主席。最多只能有3个委员属于同一党派,他们不能在委员会相关事务中拥有自己的经济利益。FCC向国会负责的独立政府机构,负责制定美国联邦的通信政策,也对美国《通信法》的制定有着巨大影响。就此构成可以看出,FCC虽是美国政府机构,而包括美国总统在内的任何政府部门都无权对其实施干预。这保障了其行为的独立性。与此同时,由于美国实施司法审查制,FCC经常在各级法院作为被告出庭,也常常被法院判决败诉。

鉴于公共广播的特殊性,美国为它另行设计了一套专门的监管体系。美国公共广播的关键机构是公共广播公司(Corporation of Public Broadcasting, CPB),依据1967年《公共广播法》成立,宗旨是促进美国社区公共媒体的发展。[①] CPB是一个非营利性的私立机构,不制播节目,不拥有、不经营、不控制电台、电视台,任务只是向全国电台、电视台直接拨付联邦基金,协调公共广播各机构之间的关系,制订公共广播政策和规划。在内部人事安排上,CPB理事会的每个理事经参议员确认后,由美国总统委任,任期6年。然后,理事会任命理事长和总经理,在指定其他官员。

体制上与CPB配套、因而几乎同时成立的公共广播机构是全国公共无线电组织(NPR)和公共广播服务组织(PBS)。这两家是全国公共电台、电视台的会员组织,也是非营利私立机构,制作并向其会员发行电视节目。特别值得注意的是,相互关系上,CPB和PBS、NPR三者之间各自独立,同时也都独立于全国各地的地方电台、电视台。这样,从最高层的政府到具体直播节目的底层电台、电视台,几个层次的独立机构阻断了政府对广播的控制,保证了各机构、尤其是广播实体的政治独立性。

(二) 内部治理

相对于外部监管,内部治理是指广播运营主体内部的机关组成与运营规则,即如何设置其内部机关,并处理相互之间的关系。任何法人机构都需要有一个合理、高效的治理结构,即组织架构和管理机构,以便于其决策、管理,最终实现其利益的最大化。在某种意义上,法人内部的治理结构是现代法人制度中最重要的部分。广播运营主体属于法人机构,同样需要有一个高效率的治理结构,需要有一套合理的内部治理规则。

广播电视机构分为商业广播机构和公共服务广播两种。由于其目的和功能,以及由此决定的法律地位的不同,国家法律对它们的内部治理也采取了不同的政策。商业广播虽然也被要求服务于公共利益,但它毕竟属于私人公司,并以获取商业利益最大化为目标,所以常常遵循一般公司法的规则,建立商业公司的

[①] http://www.cpb.org, last visited Dec 10, 2015.

内部治理结构,同时在涉及公共利益方面依法受到外部规制。

与此同时,法律对公共广播行业、乃至广播机构内部规定了较多的管制性规则。其法理上的依据是,公共广播的出发点是服务于公共利益,需要国家给予政策乃至财政支持,同时还要求其独立于政府、不参与商业性竞争,因而其内部治理也就具有了公共性,法律有理由进行比较深入而全面的"干预"。自英国建立公共服务广播体制开始,公共广播机构的内部治理就受到了极大的重视,很多法律为其设计了完备的组织规则,以保证其所服务的公共利益目标得到充分实现。在某种意义上,对于公共广播机构而言,内部治理与外部监管发生了相互融合,甚至难以做出严格区分了。

英国广播公司(BBC)是世界上最早的公共广播机构,所以它最早在公共广播机构内部治理体制方面进行了探索和实践。实践证明,BBC的内部治理结构已经被人们认为达到了可能的最佳状态。如何防止政府的干预以及市场利益的影响,同时又要为公众提供最佳广播服务,是BBC相关各方共同关心的核心问题。BBC依据皇家特许令成立,同时还要遵循它与文化媒体体育部之间的协议。BBC经费主要来自用户许可费,这些用户可以是家庭、公司等,它们使用任何类型的设备接收或录制电视播放。费用由政府确定、议会同意,用于BBC的英国境内的所有业务,如今也用于BBC世界服务。BBC内部的最高权力机构是BBC托管会(BBC Trust),制定公司战略,监督、评估执行委员会的工作表现,是"BBC许可费收入和公众利益的监护人"。托管会成员理事由政府推荐、女王任命。目前共12名理事,其中4名分别负责英国四个组成部分的事务。托管会不受政府的直接干预,自主任命总经理(Editor-in-Chief),总经理主持执行委员会(Executive Board)工作,是BBC的总编辑,负责日常事务,完成托管会确定的目标。执行委员会成员包括来自公司各部门的管理者以及其他人员。可以看出,BBC内部这种分权的制度架构保证了公司业务运营的理想状态。

英国政府定期审核和重新颁发执照,可随时予以吊销。它负责BBC的理事人选,并对其节目拥有最后的命令权。但是,依照英国法律以及习惯,政府向来没有采取过擅权的行为。

在德国,法律将广电机构管理的权责更多地交给了社会。这样,德国广播业、尤其是公共广播必须接受社会公共监管,并由此形成其内部治理机制。在德国广播机构的内部,来自州议会与社会各界的人士依法组成广播委员会,作为电台电视台的最高权力机构。委员们虽是来自社会各界,但他们并非代表其原来的界别,而是代表公众利益,依法行使选举、决策与业务监管等职权。广播委员会为广播机构选举产生行政委员会,行政委员会确定台长,由后者负责广播机构的正常运作。显然,德国广播机构内部机关的设计充分体现了其社会化公共管理的理念。可以说,在建立治理结构时,德国各州参照英国模式,为公共广播电视设计了内部控制机制,另外为商业广播媒体建立了外部控制机制,而公共广播内部的广播电视理事会便被视为公共广播之公共性的具体化。①

(三) 我国广播电视监管与治理机制

我国广播电视机构作为非营利的事业单位,优先承担着执政党的宣传功能和政府的信息发布功能,并几乎是政府广电管理部门的派生部分,较多以党委以及政府的组织原则为准。所以,与境外相比较,我国现有法规没有对广播业的政府监管和广播机构的内部治理机制做出太多的设计。

我国广播行业的监管机构是国家新闻出版广电总局(以下简称"广电总局"),属于国务院直属机构。广电总局的负责人是局长以及多个副局长,由国务院任命。其职责范围以及内部机构设置、人员编制等基本上由国务院确定。按照国务院的《国家新闻出版广电总局主要职责内设机构和人员编制规定》,广电总局负责的广播业管理职责共十多项,涉及范围广泛,从拟订有关方针政策、到把握正确的舆论导向和创作导向、扶助老少边穷地区广播建设和发展等等,可谓面面俱到。尤其能说明我国广电总局职责范围与权威度的是,它掌管着大小30多个行政许可项目(如上述);同时,广电总局经常性地发布文件,全面而深入地介入全国广播机构的播出业务。我们随意粘贴广电总局在其官方网站下发的几个通知的名称,以管窥其管理范围与方式:

- 关于进一步加强广播电视主持人和嘉宾使用管理的通知;
- 关于立即停止播出"长寿密码"等31条违规广告的通知;
- 关于2014年度优秀电视剧暨剧本扶持项目评审结果公示的通知;
- 关于立即停止播出"健康365"和"杏林好养生"等养生类节目的通知;
- 关于停止播出萱妃珠宝等13条违规广告的通知。

这些文件名称虽是"通知",但效力如同法律,往往强制性要求全国广电机构严格执行。基于公共利益需要,此类事项的管理具有一定的必要性;但在监管方式上,这些事无巨细的"通知"体现了我国广电总局的监管体制特征。与境外广电行业的政府或公共管理相比,尤其是网络快速发展的背景下,我国广播业监管体制显然存在着许多亟待解决的体制问题。

首先,如上面介绍所显示的,我国目前急需进行广电行业立法,以法律形式明确国家广电管理机构的职权范围与管理方式;

其次,广电行业监管中的一个关键性问题是,我国"条块分割"式的政府管理体制长期存在,已经给管理秩序的顺畅造成很大的消极影响,急需变革。我国广电行业共有四级管理机构,即中央、省、地市和县,而技术特点决定了广播不必做

---

① 参见顾芳:《德国广播电视监管和法律制度研究》,载《新闻大学》2007年第1期。

级别划分。如何协调从中央到地方各级广播机构之间的市场利益,是个问题。同时,我国广电行业归广电总局管辖,而其他类型的电信业务归工业与信息化部管辖,而在"三网融合"的背景下,广播电视网与因特网、通信网之间如何实现相互兼容、渗透,并整合成一个统一的网络,并且实现资源彼此共享、业务相互竞争的市场格局,是一个急迫的问题。为了三网融合,我国政府已经努力多年,但重重困难中,行政分割是一个重要原因。而此种局面严重影响了我国广播与通信各领域的发展,损害公众享用新技术带来之便利的权利。所以,我国有必要成立统一的电信监管机构,并且该机构应该对全国广播业实施统一管理,取消当前的条块分割格局,真正做到全国一盘棋,统一管理、协调发展。

并且,我国还可以探索建立广播行业公共管理与基金组织,负责普及、推动并监管公共广播机构的运营。

就广播机构的内部治理来看,我国广播电视台目前均未真正建立起完备的公益法人治理结构。在经过一段时间的摸索与探索之后,中央有关文件已经明确,我国电台、电视台均属于"公益性文化事业"[1],其功能与法律地位相当于境外的公共服务广播,国家政策对它的定位是,"要以政府为主导,增加投入、转换机制、增强活力、改善服务,实现和保障广大人民群众的基本文化权益"。为此,当前一项重要的任务是,我国广播电视台"要优化组织结构,整合内部资源,转变经营方式"。可以说,我国有必要积极探索,借鉴境外公共广播机构的管理与治理机制中的积极因素。

---

[1] 参见《中共中央、国务院关于深化文化体制改革的若干意见》(中发〔2005〕14号),2005年12月23日。

第十一章　文化遗产法

　　文化法的大多数分支领域都以文艺作品及其生产、传播和利用为核心，唯有文化遗产法与众不同。

　　在论及文化法的调整对象时，我们曾经指出，无论文化遗产原本是不是思想情感的表达，是否具有精神性价值，历经历史的沧桑之后，它们被后人赋予一种新的意义和价值，即被想象为历史的见证，成为一种转化性、追认性表达。因此，人类遗产被纳入文化的范围、并置于文化法的调整范围。与此同时，文化遗产毕竟是不同于文艺作品的特殊表达，有些文化遗产甚至不属于表达，文化法应该为其设计特殊的法律原则与规范：比如，文化遗产法的核心宗旨是保护文化遗产，而其他领域如电影法、广播电视法等则显然与此不同。

　　文化遗产法的独特性还表现在，从19世纪前期开始，尤其是进入20世纪中期以来，各国以及国际社会纷纷掀起了文化遗产保护的高潮，国内立法与国际公约纷纷得以通过、实行，并在许多制度设计上达成了基本的共识。这种情形是其他文化分支领域所少见的，如出版法、广播电视法、电影法等。这表明，保护人类文化遗产，已经是地球人共同的心声。

一、文化遗产法制简要回顾

　　可以说，人类对文化遗产的珍视可能像文化遗产本身一样古老。但是，试图就文化遗产问题制定系统的法律，则是人类进入近代以后的事。因为此时，不仅法律已经成为人类解决大部分社会问题的基本手段，而且社会发展已使人类开始自觉到文化遗产问题的不可回避。历经20世纪，国际与国内文化遗产问题的依法治理渐趋健全，其实践活动也取得了相当可观的进展。

（一）近代工业革命的产物

　　在某种意义上，人类的古代社会就已经有了重视并保存文化遗产的理念与实践。比如，我国古代官方与民间都很重视各种古玩、古旧图书的收藏，《永乐大典》《四库藏书》之编纂等则是国家实施的文化遗产大规模收藏活动。法律文件上，唐律、大清律中已有与文化遗产保护相关的规定。如《唐律疏义》第447条疏文说:"得古器、钟鼎之类,形制异于常者,依令送官酬直。隐而不送者,即准所得之器,坐赃论减三等。"在西方,文艺复兴运动已经包含了对古典文化及其载体的珍视。

但是,文化遗产实施系统的制度性保护,却始于近代。其间的主要逻辑是,人类社会历经长期发展,客观上已形成一定程度的文化遗产积累;人类自身的行为如战争、工业开发等开始造成古旧文化物品的损毁;思想上,人类已经有了文化自觉,开始意识到传统文化对于人类现代生活的重要性,以及保存、利用古旧文化物品、建筑的必要性。18—19世纪的欧洲,大规模的城市化、工业化以及不断发生的战争,对古旧物品、历史建筑造成了无法挽回的毁损时,多数国家开始运用法律手段保护文化遗产。

或以为,真正意义上的文化遗产保护始于工业革命如火如荼的18世纪英国,其标志是,该国政府最早以法令的形式确立了对罗马式圆形剧场的保护。[①] 1717年,英国成立了古物协会。1882年颁布的《古代纪念物保护法》(Ancient Monuments Protection Act),确立了古迹登录等制度。1900年颁布《古迹保护法修正案》,遗产范围扩大,包括了庄园、农舍和桥梁等。此时,英国现代文化遗产保护制度渐趋成熟。

法国是近代文化遗产问题的先觉者,并较早建立起了比较系统的文化遗产保护制度。18世纪末的法国大革命过程中,巴黎街头的破坏性行为造成大量文化遗产的损坏,唤醒了人们要求保护文化遗产的观念自觉。1830年10月,法国内政部大臣基佐(Guizot)提议设立"历史古迹监察委员会"。1840年法国颁布《历史性建筑法》,是法国第一部、据称也是世界最早的文化遗产保护法。[②] 后来的一百多年里,法国先后通过多部相关法律,保护相关领域的文化遗产,如1887年的《纪念物保护法》、1906年颁布的《景观地保护法令》,1913年《历史古迹法》甚至被人称为世界第一部文化遗产现代立法。

德国的文化事务向来属于各州的权力范围。当统一国家尚未形成时,黑森-达姆施塔特大公国曾于1818年颁布《关于保护现存文物古迹的最高法规》。一战结束后,北威州的利珀县针对建筑物和自然景观保护通过了第一部地方性法律《家乡文化保护法》。汉堡州1920年制定的《文物古迹和自然保护法》几经修改后实施至今。[③] 作为一个年轻的国家,意大利政府于19世纪末叶开始关注文化遗产保护,其1902年开始颁布文化立法,调整的核心问题是文化遗产保护,尤其涉及文化遗产的修复。[④]

---

① 郑育林:《国际文化遗产保护理念的发展与启示》,载《文博》2010年第1期。
② 顾军:《法国文化遗产保护运动的理论与实践》,载《江西社会科学》2003年第3期。
③ 参见白瑞斯、王霄冰:《德国文化遗产保护的政策、理念与法规》,载《文化遗产》2013年第3期。
④ 参见王云霞主编:《文化遗产法》,商务印书馆2012年版,第260页。

与其历史发展状况有关,美国的文化遗产保护走在了欧洲国家的后面,但其一百年来取得的成效却是令人瞩目的。美国1906年颁布了联邦第一部文化遗产法《文物法》(Antiquities Act),主要针对史前文化遗址的保护。1935年美国通过联邦《历史遗址与建筑法》(The Historic Sites and Building Act),赋予联邦机构保护文化遗产的责任,开始在全国范围内实行古迹遗产普查,并建立相关数据库。

日本走在了东亚国家依法保护文化遗产的前列。1871年,日本政府颁布《古器物保存法》,规范工艺美术品的保护,是其首部文化遗产保护法令。后来,日本先后颁布《古社寺保护法》(1897年)、《国宝保存法》(1929年)等,1950年又颁行了更为成熟的《文化财保护法》。韩国文化遗产法律制度萌芽于1910年的《乡校财产管理章程》。韩国真正意义上的文化遗产立法始于1916年的《古迹及遗物保存规则》,但该法是日本殖民的产物。

(二) 现代文化遗产保护国际运动

19世纪末、20世纪初,当工业革命与城市化全面展开,尤其是在经历两次世界大战之后,保护文化遗产的重要性与紧迫性得到各国普遍认可;并且,文化遗产领域的国际合作也显得日益重要。于是,以欧洲国家为主的国际社会开始了多种形式的合作,尤其是签订国际规范文件,在世界范围内保护人类共同的遗产。

最具重要意义的是,联合国教科文组织成立以后,积极推进国际性文化遗产保护,针对不同领域,先后通过一系列具有法律效力的公约,并发表了大量的宣言、建议等,从中可见现代世界有关文化遗产问题之基本原则与规则的形成与发展轨迹。

1931年,来自多国的历史古迹建筑师与技师在雅典召开会议,通过了具有里程碑意义的《关于历史遗迹修复的雅典宪章》,以推动古迹及其周围环境的保存与维护,并为此提出具体措施,极大地促进了历史遗产的国际保护运动。

《雅典宪章》侧重于历史遗迹的修复。30年后,随着现代城市化等各方面的社会变化,"保存胜于修复"的思想开始成为文化遗产界的主导性理念。在此背景下,1964年的《威尼斯宪章》应运而生,确立了有关文物古迹保护的基本原则与方法,并最早提出了历史街区的保护。①

上述两个文件为现代世界文化遗产运动奠定了重要的思想基础,其有关基本原则得到了国际公约与国内法律不同程度的贯彻。在所有国际文件中,最为

---

① 参见王星光、贾兵强:《国外历史文化遗产保护机制及其对我国的启示》,载《广西民族研究》2008年第1期。

重要的莫过于联合国教科文组织 1972 年通过的《保护世界文化和自然遗产公约》(简称《世界遗产公约》)和 2003 年通过的《保护非物质文化遗产国际公约》(简称《非遗公约》)。

作为具有里程碑意义的国际性法律文件,1972 年《世界遗产公约》开启了世界范围的文化遗产依法保护运动。序言指出,全世界文化和自然遗产正面临枯竭的威胁。在国家层面,用于遗产保护的经济、科学和技术力量不够充足,致使保护工作不够完善。为此,国际社会有必要以公约的形式,加强集体合作,建立一种长期可行的制度,以保护具有突出普遍价值的遗产。《世界遗产公约》于 1975 年生效。截至 2016 年,其成员达到 192 个。依据《世界遗产公约》,世界遗产委员会于 1976 年成立,"世界遗产基金"和"世界遗产名录"也于同时建立。

《非遗公约》于 2006 年生效。截至 2016 年,共有 171 个成员。依据《非遗公约》,保护非物质文化遗产政府间委员会于 2008 年成立,同时"人类非物质文化遗产代表名录"也开始设立。

另外,联合国教科文组织还就文化遗产的重点领域先后通过了一系列专门的法律文件。

1954 年,《武装冲突情况下保护文化财产公约》通过,目的是督促处于战争状态的各缔约国,尊重并保护对方的文化遗产。该公约将文化遗产视为全人类共享的财富,凸显了国际文化遗产保护所追求的普适性价值。

为防止国际间甚嚣尘上的文物偷窃、盗掘与走私,加强各国之间的合作机制,1970 年《禁止和防止非法进出口文化财产和转让其所有权之方法公约》通过。它要求缔约国实施文化财产出口许可制度;并采取措施,促进非法进口文化财产的追索与归还。

作为对上述 1970 年《禁止和防止非法进出口文化财产和转让其所有权之方法公约》的进一步完善,1995 年通过的《关于被盗或者非法出口文物返还的公约》试图为流失遗产的追索制定国际统一适用的规则。由于倾向于保护原始所有人的利益,与欧洲大陆法系国家坚持的法律理念有违,致使该《公约》还未能得到多数国家的认可。

2001 年《水下文物保护公约》通过,后于 2009 年 1 月正式生效。水下文化遗产被视为人类文化遗产的组成部分,缔约国均应负起保护之责;主张对水下文物实行优先选择原地保护,可批准对相关物品实施打捞。

联合国教科文组织还制定了一系列补充性文件,供国际社会参照遵行,主要包括:1956 年《考古发掘可适用国际原则建议书》;1962 年《关于保护景观与遗址之风貌与特征的建议》试图将城市发展背景下保护传统景观和遗址的理念纳入遗产保护的范围;1964 年《关于禁止和防止非法进出口文化财产和转让其所有权之方法的建议书》;1976 年《有关历史区域之保护与当代地位的建议》强调,历史区域是城市发展的一部分,保护不是对其做博物馆式的封闭;城市发展应确保历史区域不受破坏,并与当代生活保持和谐一致;1980 年《电影保护与保存建议书》;2001 年《世界文化多样性宣言》确立的基本原则已经得到《保护非物质文化遗产国际公约》的贯彻;2011 年《关于历史性城市景观建议书》是对城市景观保护的解释性说明。

此外,从事文化遗产事业的国际专业机构还制定了大量专业性文件,作为对《雅典宪章》与《威尼斯宪章》的重要发展,为文化遗产提供了重要的思想和技术支持。如针对城市建设与遗产保护的 1977 年《马丘比丘宪章》;1982 年有关历史园林的《佛罗伦萨宪章》;对历史城镇保护具有指导意义的 1987 年《华盛顿宪章》;1994 年《关于真实性的奈良文件》;1999 年《国际文化旅游宪章》即墨西哥宪章关注文化遗产在旅游与发展背景下面临的严峻挑战;2001 年《会安宪章》特别关注亚洲区域性遗产保护的范例;2005 年《西安宪章》第一次系统确定了古遗址周边环境的定义;2007 年《北京文件》突出了东方木结构建筑之保护与维修所涉及的一系列问题。①

进入 20 世纪之后,国内法与国际现代文化遗产保护运动基本保持同步发展。

几十年来,文化遗产保护制度历经多方面的演进,其中较为突出的是保护范围逐渐扩大:主要从动产文物到历史建筑,再逐渐延及各类有形文物,从单个建筑到群体建筑,乃至其周边环境,然后是历史性街区、城镇与村落,从人文景观到人文自然结合体,从物质性到非物质性遗产等等。

法国 1906 年颁布了有关景观地保护的法律,后经 1930 年修改,保护对象涵盖自然与人文景观地。1962 年,法国颁布《历史街区保护法》《马尔罗法》,将历史街区纳入法律保护的范围,1973 年又颁布《城市规划法》。

英国于 1931 年通过《古迹法》,开始控制古迹周边的环境规划;1932 年颁布《城乡规划法》;1983 年通过《国家遗产法》,1990 年制定了《规划法》。

美国 1966 年通过联邦立法《国家历史保护法》,主要对文化遗产进行综合性的保护,从宏观角度对文化遗产保护进行政策引导;建立了美国文化遗产保护方面的最高权力机构即历史保护联邦理事会。1976 年美国国会通过《民俗保护法案》(Folklore Protection Act),较早为非物质性文化遗产保护奠定了法律基石。

针对全国性的遗产事务,德国颁布了多部联邦特别法,如经修订实施至今的 1955 年《保护德国文化遗产以防海外流失法》、1998 年《文化遗产归还法》、2007 年关于实施联合国教科文组织发布的有关禁止和防止文化遗产的违法进口、出

---

① 参见郑育林:《国际文化遗产保护理念的发展与启示》,载《文博》2010 年第 1 期。

口和转让之措施的法规等①,规范目标主要是文化遗产的国际买卖。

意大利于2004年修订实施《遗址与景观法典》。

随着保护范围的逐渐扩大,立法形式也从各个领域的分散立法发展至综合立法。目前,各国大都颁行了内容全面、制度健全的文化遗产立法,如日本1950年颁布并经几度修订的《文化财保护法》、美国联邦1966年立法《国家历史保护法》、韩国历经多次修订的1962年《文化财保护法》、英国1980年颁布并经多次修改的《国家遗产法》、法国2004年《遗产法典》等。② 这表明,国内立法形式日益成熟,制度逐渐形成体系。

可以看出,最近一百年的时间里,国内与国际文化遗产保护先后面临、也克服了一系列的问题,从而逐渐走向深入、走向全面。但毋庸置疑的是:问题依旧。其中,最为核心、深层的问题是:城市化、工业化之扩张已势在必行,在此背景下,如何给人类后代留下多样性的文化生态,是人类永恒的纠结。

(三) 我国文化遗产立法概况

中国政府有意识地保护文化遗产,始于19世纪末。随着文化遗产保护理念与法律的传播,变法过程中的清廷拟定了《保存古物推广办法》。民国政府1923年制定的《中华民国宪法》包含"关于文化之古籍、古物,及古迹之保存"的规定。中国史上第一部专门的文化遗产保护法是南京国民政府1930年颁布的《古物保存法》。但因当时中国的社会政治状况,许多法律法规都没有得到切实的执行。

1949年之后,新中国政府非常重视文化遗产的保护工作。1950年5月,中央人民政府颁发《禁止珍贵文物图书出口暂行办法》,政务院还相继颁发了一系列文件,致力于珍贵文物与古建筑保护、古文化遗址发掘以及革命文物的征集等,中央到地方各级政府都建立了文物保护机构。此后由中央政府发布的规范性文件还有1953年《关于在基本建设工程中保护历史及革命文物的指示》、1960年《文物保护管理暂行条例》《关于进一步加强文物保护和管理工作的指示》等,"全国重点文物保护单位名单"也陆续得到公布。但是,文化遗产在"文化大革命"运动中被定为"破四旧"的对象,使我国文化遗产遭受史无先例的大破坏。

文化遗产法律制度的全面建立是最近30多年的事。1982年我国《文物保护法》颁布,至今,它在我国物质文化遗产保护中发挥着基本法的作用。国务院和相关部门还相继出台了一系列行政法规,如《文物保护法实施条例》(2003)、《长城保护条例》(2006)、《历史文化名城名镇名村保护条例》(2008)等,《文物藏

---

① 参见白瑞斯、王霄冰:《德国文化遗产保护的政策、理念与法规》,载《文化遗产》2013年第3期。
② 参见王云霞主编:《文化遗产法》,商务印书馆2012年版,第304页。

品定级标准》(2001)、《文物保护工程管理办法》(2003)、《文物行政处罚程序管理规定》(2005)、《博物馆管理办法》(2005)、《世界文化遗产保护管理办法》(2006)等多项规章。另外,2004年2月,国务院发布《关于加强我国世界文化遗产保护管理工作意见的通知》;2004年4月,文化部颁发《关于实施中国民族民间文化保护工程的通知》;2005年12月,国务院发布《国务院关于加强文化遗产保护的通知》,设立"文化遗产日"(每年6月的第二个星期六),文化遗产保护的制度体系渐趋完善。

我国还开展了与国际社会同步的非物质文化遗产的依法保护。2004年,《非遗公约》于2003年通过后的第二年,我国宣布加入。2005年3月,国务院办公厅提出《关于加强我国非物质文化遗产保护工作的意见》,2006年11月,文化部公布《国家级非物质文化遗产保护与管理办法》,2011年2月,我国《非物质文化遗产法》颁布实施。至此,我国建立起范围广泛的文化遗产法律制度。

另外,文化遗产法的渊源还保护其他类法律法规,尤其是,我国《刑法》中规定了对于"妨害文物管理罪"的惩治,涉及10多种违法行为。

我国参加和批准的国际规范文件包括世界遗产公约、非遗公约、《关于武装冲突情况下保护文化遗产的公约》以及《关于禁止和防止非法进口文化遗产和非法转让其所有权的方法的公约》等。

比较而言,在所有文化领域,我国文化遗产保护的立法是最为健全的:以两部法律涵盖绝大多数的文化遗产类型;针对特殊情形,制定必要的行政法规,以为补充;加入了国际上最重要的文化遗产公约。

二、界定文化遗产

单就字面而言,文化遗产(cultural heritage)既由"文化/cultural"与"遗产/heritage"两个词语构成,便可直接解释为具有文化属性或价值的遗产。但是,这种具有文化属性或价值的"遗产"是什么?这种遗产又何以具有什么样的"文化"属性或价值?仍需作进一步分析。

我们可沿着大致的历史轨迹,检索一下国际与国内有关文件对文化遗产的解释和界定。

较早尝试对文化遗产这一概念进行定义的国际性文件,当属1999年国际古迹遗址理事会的《国际文化旅游宪章》(International Cultural Tourism Charter)。它解释说,"文化遗产是由一个社群发展起来、并经世代相传的生活方式的表达(an expression of the ways of living),它包括习惯、惯例、场所、物品、艺术表达和价值。文化遗产常常表现为物质性或非物质性文化遗产"。我们可从以下几方面理解这一界定:

第一，将文化遗产解释为一种"表达/expression"，显然是高度概括而非常深刻的，它揭示的是文化的实质，也决定了文化遗产的属性、价值，以及法律保护的深刻动机之所在。

第二，文化遗产包括两个大类：即物质性或非物质性文化遗产。物质性文化遗产即有形、有体的遗产，包括物品、场所等。比较而言，物品主要是可移动之物，即动产；而场所应该是附着于地面的，如建筑等，属于不动产。非物质性即没有形体的文化遗产，具体是指习惯、惯例、艺术表现等。

在我国，对文化遗产这一术语进行全面界定的，是2005年12月国务院发布的《国务院关于加强文化遗产保护的通知》。这一界定可分解为如下几个方面：

（1）文化遗产包括物质文化遗产和非物质文化遗产；

（2）物质文化遗产是具有历史、艺术和科学价值的文物，包括古遗址、古墓葬、古建筑、石窟寺、石刻、壁画、近代现代史迹及代表性建筑等不可移动文物，历史上各时代的重要实物、艺术品、文献、手稿、图书资料等可移动文物；以及在建筑式样、分布均匀或与环境景色结合方面具有突出价值的历史文化名城（街区、村镇）；

（3）非物质文化遗产是指各种以非物质形态存在的与群众生活密切相关、世代相承的传统文化表现形式，包括口头传统、传统表演艺术、民俗活动和礼仪与节庆、有关自然界和宇宙的民间传统知识和实践、传统手工艺技能等以及与上述传统文化表现形式相关的文化空间。

在具有法律效力的规范文件中，有关文化遗产的界定与上述大致相同。

文化遗产（cultural heritage）一词于20世纪70年代正式出现在国际公约中。1972年，联合国教科文组织《世界遗产公约》第1条以分类的形式对文化遗产的范围作了界定。该《公约》规定文化遗产包括纪念物、建筑群和遗址。纪念物（monuments）是指"从历史、艺术或科学角度看具有突出的普遍价值的建筑物、碑雕和碑画、具有考古性质的成分或结构、铭文、洞窟以及联合体"；建筑群（groups of buildings）是指"从历史、艺术或科学角度看，在样式结构、均匀性或在环境中的位置上具有突出的普遍价值的单立或连接的建筑集合"；遗址（sites）是指"从历史、审美、民族或人类学角度看具有突出的普遍价值的人类工程或自然与人力结合工程以及包含考古地的场所"。可以看出，该《公约》所涵盖的三类保护对象都是人类制造的不可移动物；它们是历史遗留物，这是遗产的特征；它们具有历史、艺术、民族或人类学方面的价值，即所谓文化属性与价值；应予强调的是，这些价值具有普遍性、显著性，这应该是它们值得保护的理由。但是，该《公约》界定的遗产范围限于遗址类遗产，即不可移动的非动产，不包括作为可移动的物品和非物质遗产。

并且,《世界遗产公约》将文化遗产、自然遗产并列,正表明文化遗产之文化性所在:文化性遗产与自然性遗产相对,文化的就不是自然的。

我国1982年《宪法》多处提及"文化遗产"一词,但未作界定,涉及范围也比较窄。[①] 我国《文物保护法》所保护的文物即物质性文化遗产。其第2条解释,文物包括:古文化遗址、古墓葬、古建筑、石窟寺和石刻、壁画;近代现代重要史迹、实物、代表性建筑;珍贵的艺术品、工艺美术品;文献资料以及具有历史、艺术、科学价值的手稿和图书资料等;其他具有历史意义的代表性实物。显然,这里列举的文物范围正是各类物质性的文化遗产:包括动产与不动产。

联合国教科文组织于2003年颁布《保护非物质文化遗产公约》,首次对非物质文化遗产作出系统的界定,并得到全世界多数国家法律的遵行。我国于2011年颁布《非物质文化遗产法》,开始了非物质文化遗产的法律保护。在上述国务院通知和国际公约的基础上,该法第2条将非物质文化遗产解释为:世代相传并被视为文化遗产的各种传统文化表现形式,以及与传统文化表现形式相关的实物和场所——这一内涵解释揭示了非物质文化遗产的内在规定性:它是一种"传统文化表现形式",具有历史性、非物质性。同时,非物质文化遗产的外延范围包括:(1)传统口头文学以及作为其载体的语言;(2)传统美术、书法、音乐、舞蹈、戏剧、曲艺和杂技;(3)传统技艺、医药和历法;(4)传统礼仪、节庆等民俗;(5)传统体育和游艺等;有些与之紧密相关的实物和场所也归入其中。

另外,涉及文化遗产保护的国际性规范文件主要还有:1970年《禁止和防止非法进出口文化财产和转让其所有权之方法公约》、2001年《水下文化遗产保护公约》、2005年《保护和促进文化表达多样性公约》、2003《联合国教科文组织关于蓄意破坏文化遗产的宣言》等。

至此,我们可尝试从内涵的角度对文化遗产进行界定:文化遗产是人类过去创造或制作并传承至今的、具有历史性文化价值的稀有性物品、地上附着物,或生产技艺、生活方式以及其他有关生活的表达。其中,物品是动产文物,地上附着物是不动产文物,生活方式与表达是非物质文化遗产。

某种意义上,过去产生并传承至今的旧物有许许多多,也都可能具有一定的文化意义,但它们不可能都能获得法律的保护。就此而言,只有一部分,而且是很少一部分人类文化遗产成为文化遗产法的保护对象,这与它们自身的独特属性和价值密不可分。

---

① 《中华人民共和国宪法》(1982年)第22条第2款:"国家保护名胜古迹、珍贵文物和其他重要历史文化遗产。"第119条:"民族自治地方的自治机关自主地管理本地方的教育、科学、文化、卫生、体育事业,保护和整理民族的文化遗产,发展和繁荣民族文化。"

三、文化遗产的属性与文化遗产法的基本原则

(一) 文化遗产的属性与价值

上文对于文化遗产的定义显然是简练而模糊的,尚难以让人们准确而全面地认识、判断文化遗产,这就需要确定文化遗产的属性和特征。而文化遗产的属性关乎文化遗产的价值,进而决定着依法保护文化遗产的必要性。

1. 人为性

文化遗产之"文化性"应做广义性理解,文化即人化。文化遗产即人类遗产,是人类创造物、制作物的遗存。1972年联合国教科文组织《保护世界文化和自然遗产公约》的名称已经表明,世界遗产包括两类:自然遗产和文化遗产,前者属于自然产物,如地质公园里的山川地貌,它们的产生、变化与人类行为无关;后者则属于人类创造与制作的产物,从长城、故宫到昆曲、二十四节气等,均然。

2. 遗产性

文化遗产的遗产性在于它产生于过去的某一时期,这就是它的历史性。相反,刚刚、或当下正在产生的物品,通常不应该被归入文化遗产;并且,"遗"即遗留,遗产必须仍然存留、传承于今天,才为当代人所知晓并控制,才有予以法律保护的必要。

问题是,"过去"的时间长度有无标准?千年,甚至百年以上的产物都可以视为遗产,而50年、30年以前的产物能否被视为遗产?我们认为,时间是判定文化遗产的重要标准,但不应该是一个严格的标准。一般意义上,只要是过去的,就可成为遗产。我国《文物保护法》界定的文物属于"历史上各时代",这似乎意味着,即使10年前的产物也可以被视为遗产。该法强调,"与重大历史事件、革命运动或者著名人物有关的以及具有重要纪念意义、教育意义或者史料价值的近代现代重要史迹、实物、代表性建筑"就属于遗产,由此我们可以认为,30年或10年前的产物如果具有此等意义,且具有其他特征如稀有性等,也可以被归入文化遗产的范围。

3. 稀缺性或不可替代性

文化遗产之所以成为法律重点关注的对象,正在于它是稀缺的、不可替代的、甚至是濒危的。

纳入法律保护的文化遗产不能只是一般意义上的过去产物,而必须是稀缺品,即该遗产一定不能大量存在。比如,某名人作品的出版物随处可见,就不具稀缺性;但同一名人的手稿或有关手迹通常留存很少,甚至独此一份,则具有稀缺性、不可替代性。

所以说，判定某物能否被视为法律保护的文化遗产，应该从时间性与稀缺性结合的角度。历时不长但稀缺性高的物品可以归入文物；而时间虽长但稀缺性不高的，可能无法成为受法律保护的文化遗产。

有些遗产正濒临灭失的危险，就属于濒危性文化遗产。比如，某独一无二的遗产物因为其自身特性或因保存、使用不当而面临毁灭；某种文艺样式、口头传说因为知晓者稀少而面临失传，就属于濒危性文化遗产。

因为稀缺，物质遗产一旦遭毁，或非物质遗产一旦失传，便永久消失，不复存在。所以有论者称文化遗产具有不可再生性，这也是稀缺性的一种表现。

4. 价值上的历史性

从价值论的角度，文化遗产具有一种独特的历史意义。维护这种历史性价值，成为文化遗产法的基本宗旨。

关于文化遗产的意义和价值属性，我国法律和国际公约使用了大致相同或相似的用语。按照我国《文物保护法》第2条，该法保护的文物具有"历史、艺术、科学价值"或"与重大历史事件、革命运动或者著名人物有关的以及具有重要纪念意义、教育意义或者史料价值""历史上各时代珍贵的"。《非物质文化遗产法》也说明了这一点，其第3条显示，非物质文化遗产的价值在于，它"体现中华民族优秀传统文化，具有历史、文学、艺术、科学价值"。显然，从字面来看，文化遗产具有历史、文学、艺术、科学、纪念、教育乃至实用性等多方面的功能与价值。其中最为突出的，则是其历史性意义和价值。

外物之于人类，其价值基本可以区分为两大类：实用价值和精神—文化价值。各类规范文件所列举的文化遗产价值中，科学价值主要属于实用价值，如非物质文化遗产中的"传统技艺、医药"，其突出功用就是可促进当代科技与医药发展；某些功能性遗产物（如建筑）尚可发挥其本来的功用。并且，文化遗产也具有一定的经济性价值，销售文物可以获得交换价值，开发古建与景观可以发展旅游产业，非物质遗产的再利用可带来经济效益。但文化遗产之所以被纳入特别的法律规范，主要还是基于其精神—文化价值，其中最为核心的文化价值则是历史性价值，具体而言，是一种见证历史的价值。这是人类进行文化遗产立法的目的与宗旨所在。

前文已述，文化法律的规范对象是各类文化现象，它以表达（主要是文艺作品）或其他文化信息承载物（如文物）为核心。这就是说，文化法调整对象的核心至少包含两大类，文艺作品与文化遗产，但二者之属性与价值有着实质性差异：文艺作品是人类思想情感的表达，其核心价值是审美价值，而文化遗产显然与此不同。有一部分文化遗产原本属于文艺作品，如绘画等；同时，更有大量的文化遗产原本不是艺术作品，也不具有审美价值，如古代普通生活用品、历史性建筑等。传承至今，无论这些文化遗产原本是否属于文艺作品、是否具有审美价值，都因其历经时间变换、历史延续而被人类赋予了特殊的属性、另一种意义和价值,从而被视为文化遗产。这种属性在于,文化遗产是一种历史性符号和表达;其由此具有的独特价值在于,它是一种历史的见证。这构成了文化遗产法的法益基础。

一切符号都是对意义的表达。不同的是,对于作者和受众,一般文艺作品都属于意义的表达;而就文化遗产而言,无论其原本是为了表达意义还是为了生活实用,历经时间变迁之后,文化遗产对于后人而言,都成了一种历史性符号和表达。准确言之,后人将文化遗产想象为一种承载着历史意义的符号。通过文化遗产,人类寄托着对于历史的思考和想象。[①]

历史上曾经发生过有关文化遗产价值的争论。1903年,奥地利艺术史家阿洛伊斯·里格尔(Alois Riegl)在其名篇《纪念物的现代崇拜:它的性质和起源》中提出了古迹保护的价值理论问题。按照他的观点,纪念物的价值可分为记忆价值和现时价值。[②] 除了历史价值,规范性文件所列文化遗产的其他价值都属于里格尔所谓现时价值。虽然所有现时性价值都是文化遗产的价值所在,但毫无疑问的是,记忆价值而非现时价值,才是文化遗产法所关注的核心价值。

文化遗产的任何现时价值不足以作为其受到文化遗产法保护的理由。文化遗产的历史性意义远超它可以向今人提供的任何实用的、科学的或审美的价值。比较而言,如果只考虑现时价值(包括实用价值与审美价值等),现代物品不亚于、甚至远超老旧的遗产,尤其是提供生活空间的建筑。文化价值所具有的现时价值大都是可以替代、可以超越的。比如,长城、金字塔等具有审美性观赏价值,但我们可以在很多地方重建长城、再造金字塔,并成为旅游景点。建于1400年前的赵州桥,其工程技术特点等具有很高的科学价值,同时依然保持着交通效用。但有关的工程技术早已为后人所习得,人们不必再依赖赵州桥原物学习或研究这些技术。在今人看来,赵州桥作为国家重点文物的原因在于它承载着一种历史意义,即它是世界上现存最早、保存最完善的古代敞肩石拱桥。这是对中国,乃至世界桥梁史的历史见证。

即使不具有任何现时价值,某物也可以作为文化遗产受到保护;反之,任何物品,即使它具有很高的科学性或艺术性等价值,如果它没有承载历史信息,根本上就不属于文化遗产。许多非物质遗产对于今人而言已不再具有值得后人学习、掌握的价值,某些习俗甚至还可能被视为陈规陋习。有些遗产于今可能没有任何审美、科学或实用价值,甚至如日军慰安妇之类,一直被视为屈辱,给今人带

[①] 值得注意的是,传统技艺、医药等属于实用性遗产,文化遗产法对其实施保护的重要理由之一是继续发挥其实用性价值。但是,就像建筑物一样,这些遗产的实用属性一旦被当代人掌握,原初技艺可能就失去了现时性实用价值,其非实用的历史性价值便被凸显为主要价值。

[②] 参见曾纯净、罗佳明:《威尼斯宪章:回顾、评述与启示》,载《天府新论》2009年第4期。

来痛苦的回忆。但是,大批中韩人士近几年正加紧就慰安妇相关文献资料申报世界非遗。① 原因正在于,慰安妇相关资料以及相关物品或场所是对历史事件的见证,可警醒后人,不忘历史。

所以说,无论文化遗产曾经和现在具有何种重要价值,而其作为文化遗产的本质性价值只在于其存在本身作为历史符号的意义和价值。依法保护文化遗产,固然有利于发挥文化遗产的文艺价值、科学价值和教育价值,而文化遗产法的目的是保护并传承文化遗产所凝聚的历史性信息,让后人得以感受其历史意蕴。也可以说,文化遗产的文化价值来自它承载的历史信息,从而使文化遗产的价值是历史性与多元文化性的融合。

总之,文化遗产之本质属性与价值,在于它是一种传达着特定历史信息的历史符号,是对特定历史的见证。所以,我国文化遗产工作者曾经指出,"保护古建筑的最重要的目的应是作为研究历史科学的实物例证这一条,这就是习惯上所说的史证价值"。②

在开始以立法保护文化遗产的近代西方人的心目中,历史建筑等古迹曾被视为"民族身份"的证明,因为建筑的历史性使民族身份的历史性得到确证。所以,历史建筑等被称为纪念物(monument),纪念性意义正是一种历史性存在。

可以说,史证价值是对文化遗产保护之价值的最准确概括,这已经体现在世界文化遗产法律的实践与有关理论中。《威尼斯宪章》第一句就揭示了历史建筑作为文化遗产的核心价值:"世世代代人民的历史文物建筑,饱含着从过去的年月传下来的信息,是人民千百年传统生活的见证"。"创造与表达的见证"(evidence of human creativity and expression)得到大量有关文化遗产的文件与著述的援引。也就是说,文化遗产之价值的核心正在于,文化遗产本身作为一种客观存在、人类活动的遗留物,其跨越时间与空间的存在是对特定国家、地区或民族在特定历史时期之生活、创造、思想与情感的承载、象征,也是对全人类过去创造与生活的见证。比如,在加入人类非物质文化遗产代表作名录的中国文化遗产中,昆曲被称为中国传统戏剧的"活化石",是中国古代表演艺术的经典;古琴是中华民族最早的弹弦乐器,古琴曲是中国传统文化的瑰宝;新疆维吾尔木卡姆艺术流传于新疆各维吾尔族聚居区,集歌、舞、乐于一体,记录和印证了不同人群乐舞文化之间相互传播、交融的历史;蒙古族长调民歌是一种具有鲜明游牧文化和地域文化特征的演唱形式。

同时,对于今人和后人,文化遗产的历史性传承是一种跨越性的表达与沟

---

① 参见新闻报道《中韩学者联手抢救保护文献为"慰安妇"申遗》,载人民网 http://world.people.com.cn/n/2014/0211/c157278-24321646.html,最后访问时间:2016 年 10 月 25 日。
② 罗哲文主编:《中国古迹建筑》,上海古籍出版社 1990 年版,第 447 页。

通,是一种记忆和怀念,也是对人类文化的积淀和对继续创造的启发。放眼全世界、各民族,"在全球化时代,文化遗产帮助我们牢记我们的文化多样性;而对它的理解在不同文化之间发展相互尊重和不断的对话"①。

文化遗产的独特价值性与文化遗产的遗产性与稀缺性密不可分。没有遗产性与稀缺性,任何物或非物都不可能成其为文化遗产。某物历时越长、稀缺性越强,就越是具有不可替代的历史意义。假定某物稀有、属于某一重大历史事件的唯一标志性物品,即使时间不长,仍可被视为具有历史意义的重要历史文物。也有一种可能,某物属于稀有之物,但如果它不能说明、证明或标志什么,也就不具有独特的历史意义,也难以被归入保护文化遗产之列。那些被纳入遗产名录的物品或项目都是如此,如我国的万里长城、京杭大运河、昆曲等等,其所具有的文化价值是独特的,这些遗产本身是不可替代的,所以应受法律保护。而法律保护的高度总是以其历时意义为基础。

总之,产生于过去、传承于今天,稀缺罕有、濒临灭失属于文化遗产的存在属性;见证人类过去的生活与创造、启发后人的历史记忆与不断创造、沟通多民族的相互理解和尊重、促进多元文化之间的相互交流,属于文化遗产的价值属性,这些共同为文化遗产的法律保护提供了必要性基础。

(二) 文化遗产法的基本原则

作为设计文化遗产法律制度的指针,文化遗产法的基本原则是文化法治原则的体现,同时又体现了文化遗产的独特属性与价值。自从近代早期开始文化遗产的依法保护以来,如何处理各类文化遗产问题,各国、各时期曾围绕多种学说与观念展开争议,也经历了多方面的实践检验。我们认为,文化遗产法之规范对象的核心既然是一种不可再生的历史产物,其宗旨就应该专注于其历史性文化价值的充分实现,为此就需要遵循保护至上的原则;保护遗产的目标是使其原状得到真实而完整的存留并传至后代;人类生活丰富多样,世界各地区、各民族都有着自己独特的历史经历和生活方式,所以,全面而真实地保护过去的遗产,就应该尊重文化多样性,而不能以一管之见对多样的历史文化进行所谓现代裁夺。由此可谓,文化遗产法之基本原则的核心,是促进对人类的全部遗产进行记录、存留和传承。

1. 历史价值优先原则

文化遗产的历史价值指的是其见证历史的作用,故更准确的表述是史证价值。历史价值即史证价值优先原则意味着,在文化遗产可能具有的复杂多样的

---

① Elena Franchi, *What is Cultural Heritage*? @https://www.khanacademy.org, last visited Nov 20, 2016.

价值中,其作为历史见证的价值应该得到优先保障。如前文所述,精神文化价值优先原则是整个文化法治的基本原则,该原则同样适用于文化遗产法。但精神文化价值是多方面的,文化遗产的本质特征与价值在于它包含的历史意蕴,即见证历史的文化意蕴。当文化遗产的文化价值与经济价值发生冲突时,应优先保障其文化价值的实现;而在文化遗产的史证价值与其他文化价值(如审美价值)之间,应得到优先确保的是其历史意义,因为这是遗产作为历史传承物所具有的本质价值。

前文已述,文化遗产之文化价值的实质在于其作为历史见证的历史意蕴。文化遗产具有历史性、稀缺性。尤其是,物质类遗产具有濒危性,时刻有可能因某种原因而发生毁损,之后无法恢复、再生。正基于此,人类对文化遗产实施立法,目的不是为了开发、经营其经济价值,而是为了通过保存和留传,使其文化—精神价值得以延续和发扬。简单而言,文化遗产的继续存在就是人类之福。

我国《文物保护法》第 1 条规定,保护文物要达到的直接目的,是"继承中华民族优秀的历史文化遗产";《非物质文化遗产法》第 1 条规定,该法追求的最终目标是"继承和弘扬中华民族优秀传统文化"。显然,立法所倡,均旨在维护文化遗产以历史意义为核心的精神文化价值。

基于史证价值优先性原则,在实践中,当文化精神价值与经济性价值发生冲突时,应该优先考虑其文化精神价值的实现。这种冲突有多种情形,例如,文化遗产面临毁损与灭失风险时,应该不惜经济成本进行修复和挽救;文化遗产如建筑区域可以通过开发带来经济收益,但这种开发与经营可能对遗产造成破坏,就应该受到限制甚至禁止;为了保证本国本民族能够持有其遗产,应该不惜经济成本,阻止跨境销售,甚至从国外购回流失文物。

进而,在文化遗产的多元文化价值中,在史证价值与其他文化价值如审美价值之间,确保历史价值是文化遗产工作的核心任务。这就涉及下文论述的保护至上原则:面对屡遭损坏的文物,如断壁残垣,修复甚至重建虽然可以使之恢复成为"完全的"、看上去美好的物,却必然破坏其历史意蕴的完整性,损坏其历史价值。

现实中,二十多年来,我国一直存在着文化遗产申报热潮,而真正驱使人们重视遗产申报,尤其是世界级、国家级遗产认定工作的动力,常常是为了实现文化遗产在旅游经济中的经济价值。比如,在人们耳熟能详的文化遗产中,山西平遥古城被列入世界遗产名录的第二年,旅游门票收入从 18 万元增加到 500 多万元;黄山成为世界遗产后,旅游收入由数百万元猛增到 2 亿;苏州园林被列入世界遗产名录 5 年后,海外旅游者年均增长 18%,境内旅游者年均增长 12%。正是这些经济价值的示范效应,吸引着更多的地方把文化遗产"保护"放在了重要地位。我们不否定文化遗产的旅游价值,但是,如果经济价值被置于重要地位,文化遗产工作就必然走向歧路,进而造成对文化遗产工作基本原则的背离。

2. 保护至上原则

保护至上原则是对历史价值优先原则的具体体现和实践保障。文化遗产法的立法宗旨在于,围绕文化遗产的一切人类活动,都应该优先考虑并确保文化遗产得到完整的保护、存留和传承;对文化遗产的修复、利用,对文化遗产及周边环境的开发、建设或经营均不得损害遗产的保护和传承。文化遗产只要能得到完整保护,就可以得到代代传承;确保文化遗产的传承,是完整地保护文化遗产更进一步的目标。即使有些文化遗产允许利用或得到开发,也必须以其得到保护为前提条件。

历史上,早在19世纪中后期,欧洲曾为历史建筑的保护与修复发生观点冲突。法国建筑师奥维莱·勒·杜克主张,应通过修复,使一座建筑物复原到其最完整的状态,即使这种状态从来没有真正存在过。而英国评论家约翰·罗斯金则支持保存与保护,"建筑应当成为历史,并且作为历史加以保护",而"所谓修复其实是最糟糕的毁灭方式"。因为任何所谓修复,即使是恢复原状的修复,都会造成古物的损坏。[①] 意大利建筑家波依多提出了一种折中主张:修复是必要的,但它必须是在保存被证明不可行之后进行。[②] 可以说,这是一种保存优先、修复在后的观点。并且,他更重视建筑遗产的历史价值,而将艺术价值置于次要地位。波依多这种先保护、再修复的观点深刻影响了后来的文化遗产法律与实践。《威尼斯宪章》就规定,只有在必需的情况下才能对文化遗产实施修复;并且,修复不允许重建。

国际规范文件上,《保护世界文化和自然遗产公约》的名称明确显示了其宗旨所在。第4条明示:对遗产进行"确定、保护、保存、展出和遗传后代",是遗产所在国家义不容辞的责任。亦如其名称所示,《保护非物质文化遗产公约》第1条规定的公约宗旨第一项便是"保护非物质文化遗产"。而对于所谓保护(safeguarding),第2条将其解释为"确保非物质文化遗产生命力的各种措施,包括这种遗产各个方面的确认、立档、研究、保存、保护、宣传、弘扬、传承(特别是通过正规和非正规教育)和振兴",究其核心,还在于使这些遗产得以延续、传承,而不至于衰落、甚至消失。

各国国内文化遗产法上的一切规定也无不以保护、保存和传承为目的。在我国,《文物保护法》的名称即表明其目标在于保护。第1条明确宣示了这一目的是"加强对文物的保护";我国《非物质文化遗产法》第1条规定其目的是"加强非物质文化遗产保护、保存工作";第3条指出,国家对各类非物质文化遗产采取

---

① 参见郑育林:《国际文化遗产保护理念的发展与启示》,载《文博》2010年第1期。
② 参见曾纯净、罗佳明:《威尼斯宪章:回顾、评述与启示》,载《天府新论》2009年第4期。

各种措施,达到的目的包括保存、保护、传承、传播。第 4 条规定,保护非物质文化遗产,应当注重其……传承性;第 28 条规定,"国家鼓励和支持开展非物质文化遗产代表性项目的传承、传播"。

实践中,人们经常面临着这样一对矛盾:保护、传承还是修复、开发?具体问题包括,文化遗产是否可以、并如何进行再利用;是否可以进行开发、经营;当保护与开发之间发生冲突时,应如何去就。对此,法律有着明确的要求:保护、传承居于优先保证的地位,开发、再利用不得损害了文化遗产的保护与传承。

我国《文物保护法》第 4 条明确提出了解决冲突的方案:"文物工作贯彻保护为主、抢救第一、合理利用、加强管理的方针。"对于非物质文化遗产的利用,《非物质文化遗产法》第 37 条第 1 款指出,"国家鼓励和支持发挥非物质文化遗产资源的特殊优势,在有效保护的基础上,合理利用非物质文化遗产代表性项目开发具有地方、民族特色和市场潜力的文化产品和文化服务"。很显然,文化遗产的利用必须以有效保护为基础,开发、利用还得具有合理性。文物保护中还面临着保护与重建的关系问题。对此,《中国文物古迹保护准则》曾这样要求:"原址重建是保护工程中极特殊个别措施。核准在原址重建时,首先应保护现存遗址不受损伤。重建应有直接的证据,不允许违背原形式和原格局的主观设计"(第 33 条)。

我国文物保护实践中,广州城区建设曾提供了保护优先的案例。1990 年代,广州老城区两处建筑工地曾发现西汉南越国宫署御苑遗址,市政府决定对遗址实施原地保护,原计划的大楼易地兴建,偿还损失,冻结周边 4.8 万平方米内的建设和人口,并计划将遗址建设成为南越王宫大型遗址博物馆。①

作为保护至上原则的具体化,以及实现文化遗产保护之目的的标准性要求,国际文化遗产界又提出了真实、完整保护的原则。

3. 真实与完整保护原则

真实性(authenticity)与完整性(integrity)原则被业界和学界公认为文化遗产法最基本的原则。② 我们认为,真实与完整保护是文化遗产保护所应遵循的标准性要求,二者紧密相关、不可分开,要求文化遗产保护及其他针对遗产的一切行为应达到真实而完整地存留、传承文化遗产的历史原貌。遗产工作者应该获得、记录、收存或传承历史上曾经产生或现存的完整、原样的遗产,应该向今人展示、为后人留传完整的、原生态的遗产;必要的修复、可允许的再利用不得或尽量避免毁损遗产原样。

真实性和完整性是保护与传承优先原则的具体化、标准化,进而也是遵循历

---

① 陈淳、顾伊:《文化遗产保护的国际视野》,载《复旦学报》(社会科学版)2003 年第 4 期。
② 参见王云霞主编:《文化遗产法》,商务印书馆 2012 年版,第 49 页。

史价值优先原则的必然要求。重视文化遗产的历史价值,就必然需要存留文化遗产所承载的全部历史信息,进而就要求真实而完整地保护、传承而非任意修复甚至重建遗产。对此,我国遗产工作者指出,"只有它的原状才能具有真实的史证价值。对原状的任何改变,不论是好是坏,都是改变了这件文物的历史真实性,也就是它的史证价值"。①

国际规范实践中,1964 年的《威尼斯宪章》首先明确提出了文化遗产保护的真实性与完整性原则。比如它要求,文化遗产的保护须尊重结构和材料的真实性,添加物须区别于原物,尽可能使用传统技术。此后,它们一直在国际遗产保护文件中得到贯彻,1994 年《关于真实性奈良文件》还对其进行了进一步阐释。在世界遗产的认定实践中,世界遗产委员会将其作为一项重要原则,从设计、材料、工艺和环境四个方面考察申报项目是否具有真实性和完整性。

在我国《文物保护法》中,真实性与完整性保护原则被表达为不改变原状的原则,这体现在文物保护的各个方面。第 21 条第 4 款规定,"对不可移动文物进行修缮、保养、迁移,必须遵守不改变文物原状的原则";第 26 条第 1 款规定,"使用不可移动文物,必须遵守不改变文物原状的原则,负责保护建筑物及其附属文物的安全,不得损毁、改建、添建或者拆除不可移动文物";第 46 条第 1 款规定,"修复馆藏文物,不得改变馆藏文物的原状……"

非物质文化遗产有着与文物不同的特性,但其保护同样需要贯彻真实性与完整性原则。我国《非物质文化遗产法》第 4 条规定,保护非物质文化遗产,应当注重其真实性、整体性和传承性。其他规定也体现了这一原则,如第 5 条规定,"使用非物质文化遗产,应当尊重其形式和内涵。禁止以歪曲、贬损等方式使用非物质文化遗产"。

实践中,面对一项具体的文化遗产,如何理解真实性和完整性保护,有不少值得思考的问题。比如,有关文物已经受损,是真实完整地保存受损的文物,还是将其修复至原生物曾经有的完整状态?如何看待我国盛行的古城复建、旧城改造?如何看待今人对非物质文化遗产部分内容或其片段的再利用?如何准确理解我国法律所要求的"不改变原状"?

我们以为,文化遗产法所要存留并传至后代的,应该是今人所能获得的真实而完整的遗产原状,而不是当下已经不复存在的以往任何时代的原状。文化遗产的意义在于其历史价值。今人所见的遗产既蕴含着其最初产生时代的历史信息、也承载着历史各代的信息,这些都是其史证价值之所在。重建古城固然弥补了它的缺损,但它所恢复的并非古城真实而整体的历史信息,恰恰相反,古城所承载的历史各代的信息都因重建而被消除。比如,对于杭州雷峰塔,保留 1924

---

① 罗哲文主编:《中国古迹建筑》,上海古籍出版社 1990 年版,第 447 页。

年倒塌后的原样,其自始至今的全部历史信息便都可毕现;相反,依照宋代或明代的雷峰塔原样重建,重建的结果既非宋代的、也非明代的,而是今人的新建筑,该重建物便无法再被称为遗产。同样,旧时圆明园辉煌不再固然是一件遗憾,而重建如新的圆明园既非清代原样建筑,也失却了其历经战火的历史信息。崭新的圆明园也许是一件辉煌的艺术品,却没有了本有的历史价值,不再是文化遗产。所以说,按照我国的"不改变文物原状"原则,"原状"应该是历经历史风雨后呈现在今人面前的原状,而非该物初建时的原状。

我国法律法规严格限制违反真实性、完整性原则的行为,即使是所谓文物重建,也受到严格限制。根据《文物保护法实施细则》(1992年)第14条:"纪念建筑物、古建筑等文物已经全部毁坏的,不得重新修建;因特殊需要,必须在另地复建或者在原址重建的,应当根据文物保护单位的级别,报原核定公布机关批准。"

但在我国文化遗产保护实践中,不当做法比比皆是。杭州重建了早已倒塌的雷峰塔,曲阜孔庙重建已不复存在的城墙,山西平遥古城重建城门楼和开挖护城河,丽江进行了大研古镇内木府群体建筑的重建,乐山大佛保护区内新建仿造的东方佛都旅游景区,泰山建造登山观光游览缆车,古城苏州也曾提出要修复城墙和城楼以重现历史……所有这些无论是基于何种目的的修复、再现、增建,都以不同方式突破了文化遗产的真实性与完整性,同时也违反了文化遗产的保护与传承至上以及史证价值优先的原则。

4. 尊重文化多样性原则

文化多样性属于文化法治的基本原则之一,但仍然值得在文化遗产保护中得到特别强调。在文化遗产法中贯彻文化多样性原则,至少包括两个方面:

一方面,文化遗产体现了文化多样性的历史之维。即通过文化遗产的保护与传承,使世界各地区各族裔多样性的历史文化积淀不断传承、发扬,让今人、后代拥有多样性的文化选择。由此,现代与未来的人类文化生态趋于多样多元,而不至于趋同、变得单一。

另一方面,任何国家和地区,在依法规范文化活动时,尊重文化多样性,对本民族的所有历史遗产以及各个民族的历史遗产,都应一视同仁。并且,要贯彻文化平等的原则,杜绝文化歧视,如此才能真正实现文化的多样化生态。在此意义上,文化遗产法应该贯彻价值中立原则。

我国立法体现了文化多样性的原则。《文物保护法》列举的文物种类中,第2条特别强调了"反映历史上各时代、各民族社会制度、社会生产、社会生活的代表性实物";《非物质文化遗产法》第6条第2款专门强调,"国家扶持民族地区、边远地区、贫困地区的非物质文化遗产保护、保存工作"。

与此同时,我国文化遗产法上的有些说法也是值得商榷的。这就是,两部遗产法对立法目的的表述都强调保护"优秀传统文化",而"优秀"必然涉及对具体遗产进行价值评判。由于"优秀"一词明显包含了价值性区分与取舍,但因判断标准的主观与模糊,大量文化遗产难免因"不优秀"的理由被排除在保护与传承之外。

我们以为,以现代的眼光,尤其是从现代文化建设的角度对历史文化遗产的优劣进行评判和取舍,并非不可,也在所难免。但是,如果以此指导文化遗产法的规则制定,进而在实践中对文化遗产的保存与传承做出选择与放弃,其妥当性则值得斟酌。任何一个时代、一个地区的文化价值观都有其时代性,而从超越一时一地的全时空的角度来说,这种时代性必定具有单一性、片面性。一时一地的人们可以借其时代性价值观评判、选择历史,为其所用;但这一时一地的人无权决定后人文化选择的菜单。在文化遗产工作中,如果一时一地的人们仅仅保护、传承符合其时代性标准的所谓优秀遗产,同时视其他文化遗产为糟粕,并加以抛弃,这种选择性保护难免造成对文化遗产的损害。在这方面,清代乾隆朝编纂《四库全书》便是一个历史教训。编纂工作广征天下图书,但寓禁于征,借机对含有异议或清廷以为不妥的书籍进行篡改、删削、焚毁。试想,如果乾隆帝摒弃其片面的价值观,兼收并蓄一切旧时文献,其传至后代的定是一部更为丰富的文化大典。

文化遗产保护不同于文化宣传。文化遗产保护工作更妥当的做法应该是,一方面,基于尊重文化多样性的原则,对现存的文化遗产做全方位保护和留存;与此同时,那些不符合本代本地本国之价值标准的文化遗产可以被收藏起来,供小范围展示、专业性利用,同时传至后代。也就是说,对消极性文化遗产采取"两手"政策:收藏但不利用、保护但不宣扬。

另一方面,坚持文化多样性原则,并不意味着要允许、支持那些普遍认为有违现代道德、甚至法律的文化遗产,尤其是那些所谓的陈规陋俗。依据保护与宣扬区分的准则,这种陋俗相关的遗物、文献虽作为文化遗产得以保留,其在实践中却依法受到禁止。

实践中,消极文化现象的事例比比皆是。比如,中国古代女性小脚风俗应在实践中受到禁止,但其有关的物品、资料却可以得到真实而全面的收藏和留传。近年来,来自中国、韩国、日本的一批学者积极致力于日军慰安妇现象的调查与研究,并希望将慰安妇相关文献资料申报世界记忆遗产名录。这种做法的历史意义是显而易见的,但有不少人表示疑惑:慰安妇现象表现了日军的无耻、也是被害者及其国民的羞辱,将其申报文化遗产,并予以保护和传承,有何积极意义?也正是基于传承优秀文化的遗产理念,一些与慰安妇相关的物品和场所就一直没有被作为文物加以妥善保护,如上海浦东新区东沟路附近的慰安所。对于慰安妇相关文献申遗的意义,上海师范大学的苏智良教授指出,"如果联合国把它确定为'世界记忆遗产名录'的话,也就是肯定了这些文献的真实性,也就是进一步把日本政府和军队施行奴隶制度这样一个反人类罪行钉在耻辱柱上,使得未来的人们能够永久的记得、反省和批评这种暴行"①。

总的来说,今人虽可基于现代价值观对文化遗产作出美与丑、优与劣、有用与无益的价值评判与选择,但在文化遗产保护过程中,却不可在此基础上对之作出保护与舍弃的处理。这既是对文化多样性原则的贯彻,也是对史证价值优先、保护至上以及真实与完整保护原则的切实体现。

5. 国家责任原则

国家应该为文化遗产工作、尤其是文化遗产保护承担主要责任。《世界遗产公约》第4条明确规定了这一原则:"本公约缔约国均承认,保证……本国领土内的文化和自然遗产的确定、保护、保存、展出和遗传后代,责任(duty)主要属有关国家。"同样,《非遗公约》第5条规定,各缔约国应该采取必要措施,确保其领土上的非物质文化遗产受到保护。

为了切实贯彻国家责任原则,《世界遗产公约》第5条和《非遗公约》第13条都要求各缔约国为保护遗产采取各种必要的积极措施,它们包括:通过制定政策,把遗产保护工作纳入全面规划计划;建立负责遗产保护、保存和展出的机构;制定抵抗威胁危险的实际方法;采取为确定、保护、保存、展出和恢复这类遗产所需要的法律、科学、技术、行政和财政措施;促进建立有关文化遗产保护的培训中心,并鼓励相关科学研究;对于非物质文化遗产,要确保其享用,建立有关的文献机构,并创造条件促进对它的利用等。

我国法律贯彻了文化遗产保护的国家责任原则。《文物保护法》第2条明确了对各类文物的"国家保护"。为实现国家保护的责任,该法对大多数文物类型设计了国家所有、国家管制、国家资助等制度。

同样,我国《非物质文化遗产法》也规定了遗产保护的国家责任。该法规定,"国家对非物质文化遗产采取认定、记录、建档等措施予以保存"(第3条),"县级以上人民政府应当将非物质文化遗产保护、保存工作纳入本级国民经济和社会发展规划,并将保护、保存经费列入本级财政预算,国家扶持民族地区、边远地区、贫困地区的非物质文化遗产保护、保存工作"(第6条)。并且,对于公民个人、各类组织从事非物质文化遗产保护工作,国家给予鼓励、支持和奖励(第9、10条)。

历史上,近代欧洲国家从一开始就为文化遗产的法律保护确立了国家责任的原则。比如,按照1887年法国《历史纪念物法》,对建筑物实施保护是基于其具有的国家利益,自然应该由国家实施保护。可以说,国家责任原则在各国文化

---

① 见央广网2月9日消息《上海浦东旧地图标示慰安所 中韩拟推慰安妇文献申遗》,记者温飞,http://china.cnr.cn/xwwgf/201402/t20140209_514808804.shtml,最后访问时间:2016年10月25日。

遗产保护法律中都得到了不同程度的贯彻。即使在强调市场机制的美国,文化遗产保护也是其各级政府的重要责任。比如,美国《国家历史保护法》宣称,"对于联邦政府,促进其历史保护项目和活动,大力鼓励以私人途径从事保护的机构和个人,并帮助各州与地方政府以及美国国家历史保护信托组织扩大并加快其历史保护项目与活动,是必要而适当的"[①]。

文化遗产保护的国家责任的法理基础在于,文化遗产保护所带来的主要甚至全部属于社会公共利益,而保障公共利益不能依靠私人投入和市场机制,而应主要依赖国家的介入。经济学上的市场失灵原则可以对此做出解释。在市场环境下,以市场机制配置资源,往往是最有效的手段。但市场机制的前提是私人投资能够为投资者带来预期的效益,并实现效益大于成本。但是,对主要属于公共利益的国家防卫、环境保护等(即所谓公共品)实行市场化供应,无法实现效益大于成本,私人因此不愿意为公共领域进行市场投资。这就是市场失灵,即市场机制无力满足公共利益的需要。这就需要以政府介入弥补市场失灵。文化遗产法贯彻保护至上的原则,以优先保障历史性文化价值的实现为目标,所以说文化遗产保护主要或完全是一种公共利益,市场机制几乎无能为力。为此,文化遗产保护只能依靠政府的投入。

四、文化遗产法的主要内容

文化遗产法的具体制度以实现其基本价值目标、遵循其基本原则为前提。这就是说,文化遗产法的所有规则必须是通过真实而完整地保护并传承文化遗产,实现文化遗产之于人类社会的历史性文化价值。文化遗产法因此具有其独特的法律逻辑和制度架构。

表面上看,文化遗产与其他人类创造或制作并无明显的差别,为此法律首先就需要建立一种判断和认定制度,将文化遗产从纷纷众物中区分出来。也像一切社会现象一样,文化遗产可被区分为不同的类别:物质性与非物质性遗产,动产与不动产遗产等,不同类别适用不同的规则。同为文化遗产,其历史性价值有高低之别,法律因而就需要设计分级制度,为不同级别的文化遗产设计不同的规则。物质性遗产具有消耗性、不可再生性,濒危性尤为突出,因而最先受到法律的保护。对于这种特殊的物,法律设计了特殊的所有权规则与交易制度,进出口管制、非法流失物追索尤显重要。由于文物盗窃、因过失或故意毁坏文物等现象猖獗,给文化遗产保护造成最为严重的影响,法律有必要对此类行为进行刑事处

---

① Section 1 of the National Historic Preservation Act, Pub. L. No. 89-665, as amended by Pub. L. No. 96-515.

罚。非物质文化遗产不具有物的可损坏、可灭失性,具有无限共享性,所以非物质文化遗产法的宗旨是防止其失传,鼓励利用与传承、保护传承人制度就成为非物质文化遗产法的重点,而不必考虑所有权、交易、进出口等问题。

(一) 遗产认定与分级制度

资格认定与分类、分级,是文化遗产保护的首要措施。

文化遗产属于特殊物,而某物是否具有某种特殊性,从而被视为文化遗产,并受到特殊待遇,需要得到认定并登记。为此,统一的文化遗产注册名录制度就成为必需。国家并非对一切文化遗产给予同样待遇,而是要根据遗产的年代远近、稀有程度、价值高低等,对它们实施分级,级别不同,遗产受到的待遇即保护程度有别。认定与注册制度是实施文化遗产保护所必要的前提;分级则是为了对各类文化遗产进行区别对待,以便确定不同的保护措施和保护力度。

在法国,1887年《历史纪念物法》开始建立保护清单制度。1913年的法国《历史纪念物法》将受到保护的建筑分为两类,即列级保护的历史建筑和注册登录的历史建筑,前者受到高于后者的优先保护。如果某建筑符合公共利益标准,即使不经产权人同意,国家也可对其做列级保护。[①]

英国1882年颁布的《古代纪念物保护法》开始对古迹实行登记,1913年法律正式建立了实施至今的编册制度。编册(Scheduling)就是对具有全国重要性的考古遗址或历史建筑进行的遴选,从而形成在册古迹(Scheduled Monument),是国家重点保护的文化遗产。同时,英国实施文化遗产登录(Listing),其中包括登录建筑(Listed Building)、注册战场(Registered Battlefields)、保护沉船地(Protected Wreck Sites)等。除了全国性登录,英国还有地方名录(Local Listing)。[②]

意大利把文物保护分成四个等级:具有重大历史价值的建筑艺术精品被称为重要文化价值建筑,属于第一级,一切按原样保存,不得改变;具有特色的建筑属于第二级,结构可以改变,但可见部分不可改动;具有地方价值的建筑属于第三级,仅外观受到保存,室内可以改动,为便于使用可增加现代设施;第四级是指上述文物建筑周围环境中的一般建筑,其原样不可改变,但可以重建。[③]

日本很早就建立了文化遗产指定与登录制度。按照其《文化财保护法》,具有重要意义的物质文化遗产被指定为重点文化遗产,而在世界文化中具有重大

---

① 彭峰:《法国文化遗产法的历史与现实:兼论对中国的借鉴意义》,载《中国政法大学学报》2016年第1期。

② 参见 https://www.historicengland.org.uk/listing/what-is-designaticn/,最后访问时间:2016年12月10日。

③ 王景慧:《论历史文化遗产保护的层次》,载《规划师》2002年第6期。

价值的被指定为国宝;通过国家指定的其他遗产还有重要无形文化遗产、重要无形民俗文化遗产、重要有形民俗文化遗产、史迹与特别史迹、名胜与特别名胜等。除了指定遗产,日本还设立了登录遗产,被登录的文化遗产类型包括:登录有形文化遗产、登录有形民俗文化遗产、登录纪念物等。显然,与登录遗产相比,指定遗产获得国家更高程度的保护。

美国颁布实施的《国家历史保护法》(1966)第3021章创立了国家历史场所登录制度(National Register of Historic Places)。登录场所包括在美国历史、建筑、考古、工程技术和文化方面有重大意义的地区、遗迹、建筑和物件等。同时,那些具有重大价值的国家历史场所被确定为国家历史标志(National Historic Landmarks),与前者相比,历史标志的认定标准更高,具有更高的国家关联性和高度的完整性。同时,美国各州也有各自的文化遗产登录系统。比如,加利福尼亚州文化遗存保护体系设立了多个系统:加州历史资源登录、加州历史标志地和加州历史景点。①

按照我国《文物保护法》第3条,我国对可移动文物和不可移动文物实行分别认定并分级的制度。(1)根据其历史、艺术、科学价值,不可移动文物被区分为三个级别:全国重点文物、省级文物以及市、县级文物。(2)可移动文物被分为两个等级:珍贵文物和一般文物;其中,珍贵文物分为一级文物、二级文物、三级文物。

我国《非物质文化遗产法》第12条规定,有关部门进行非物质文化遗产调查,对非物质文化遗产予以认定、记录、建档,建立健全调查信息共享机制。

按照第18条,我国建立非物质文化遗产代表性项目名录;名录分为国家与地方两个级别:国务院建立国家级非物质文化遗产代表性项目名录,省级政府建立地方非物质文化遗产代表性项目名录。

在国际层面,依据《世界遗产公约》,世界遗产委员会设立了世界遗产名录,其中包括世界文化遗产名录。被列入遗产名录的地方被视为世界级名胜,可接受世界遗产基金提供的援助。截至2016年底,165个国家的814项文化遗产、35项文化与自然混合遗产登入世界遗产名录。中国加入名录的文化遗产35项、混合遗产4项。

联合国教科文组织对非物质文化遗产设立人类非物质文化遗产代表名录,同时还设立了急需保护的非物质文化遗产、保护实践范例名册。截至2016年底,已分别有366项、47项、17项遗产列入这三个名册。

---

① 张如彬:《美国的历史文化遗产保护及其与其他发达国家的发展比较》,载《中国名城》2011年第8期。

(二) 文物的所有权规则

基于公共利益考虑，为了保护物质性文化遗产，为其制定特殊的所有权规则具有合理性。西方早期即已对文物所有权制定了特殊规则。比如，1887 年的法国法律曾确立一项重要的原则，为了对具有国家利益的建筑实施保护，限制私有财产，将国家干预合法化。

在我国，文物所有权制度的特殊性表现于以国家所有为主。我国《文物保护法》从多方面规定了国有文物所有权。该法第 5 条规定，(1) 中华人民共和国境内地下、内水和领海中遗存的一切文物（包括可移动与不可移动），属于国家所有；(2) 古文化遗址、古墓葬、石窟寺属于国家所有——这些属于不可移动文物；(3) 中国境内出土的可移动文物属于国家，除非国家另有规定；(4) 国家指定保护的纪念建筑物、古建筑、石刻、壁画、近代现代代表性建筑等不可移动文物，除国家另有规定的以外，属于国家所有；(5) 任何国家机关、国有企事业单位收藏、保管的，或以其他方式依法获得的可移动文物，属于国家；(6) 法律规定属于国家所有的其他文物。

与此同时，按照我国《文物保护法》第 6 条的规定，集体和私人可以对纪念建筑物、古建筑和祖传文物以及依法取得的其他文物享有所有权。这就是说，某些文物可以归个人或集体所有。

综合来说，非国有文物所有权的适用范围是比较有限的，个人、组织或其他集体主要通过购买、继承等依法转移方式获得某些文物的所有权。而国家对任何"被发现"的文物享有绝对所有权；国家可以因法律规定、指定而拥有文物。而任何私人则不可因此享有文物。

为了充分保护文物，法律对文物所有权的行使制定了限制性规则。总的来看，在我国，文物的国家所有权受到较大程度的保护，而私人对文物的拥有、买卖则受到较大程度的限制。

我国法律对国有文物规定了国家所有权法定保留制度：《文物保护法》第 5 条第 3 款、第 5 款规定，国有不可移动文物的所有权不因其所依附的土地所有权或者使用权的改变而改变；属于国家所有的可移动文物的所有权不因其保管、收藏单位的终止或者变更而改变。

为保护国有文物，未经批准，任何单位或者个人不得调取馆藏文物（第 38 条）；禁止国有文物收藏单位将馆藏文物赠与、出租或者出售给其他单位、个人（第 44 条）。

私人买卖文物的行为受到严格限制；文物的善意取得受到限制。按照第 50 条，私人获得文物的方式受到限制；私人只能依法继承、获赠、受让文物，而来源渠道不合法的文物无法受到法律保护。按照第 51 条，一般情况下，对于国有文物、非国有馆藏珍贵文物,来源渠道非法的文物,私人不得任意买卖。

文物所有权的行使受到了各种限制:第6条规定,文物的所有者必须遵守国家有关文物保护的法律、法规的规定。第9条第2款规定,基本建设、旅游发展必须遵守文物保护工作的方针,其活动不得对文物造成损害。

(三) 文物出入境管制与跨国追索制度

限制文物非法进出境已经成为国际社会之共识。经各国努力,联合国教科文组织先后为此通过了多项公约,既防止国际间一直泛滥的文物非法买卖,也致力于国际间文物追索与返还。19世纪中期以来,我国文化遗产海外流失相当严重。为遏制文物非法进出境,并追索海外流失文物,《文物保护法》2007年修订时增设"文物出境入境"专章,规定了文物出入境管制制度;我国还先后加入了相关国际公约,积极参与国际间文物保护方面的规则制定与合作。

1. 我国文物出入境管制

我国对文物实行严格的出入境管制制度。现行《文物保护法》规定的文物出入境管制制度的主要内容包括:

(1) 文物出境严格禁止原则:除非特殊情况,国有文物、非国有的珍贵文物和国家规定的其他文物,不得出境;例外情形是依法参与境外展览、并经国务院批准。

(2) 出境许可证制:文物出境实行国家审核与许可制,即应当经过国家指定的文物进出境审核机构审核,并获得文物出境许可证,然后从指定的口岸出境。文物出境应向海关申报;海关凭许可证放行。

(3) 出境展览审批机制:文物出境展览,报国务院文物行政部门批准;一级文物超过国务院规定数量的,应当报国务院批准。一级文物中的孤品和易损品,禁止出境展览。

文物为展览出境的,由文物进出境审核机构审核、登记。海关凭批准文件放行。出境展览的文物复进境,由原文物进出境审核机构审核查验。

(4) 进境申报:文物临时进境的,应当向海关申报,并报文物进出境审核机构审核、登记。临时进境的文物复出境,必须经原审核、登记的机构审核查验;审核查验无误的,由国务院文物行政部门发给文物出境许可证,海关凭许可证放行。

(5) 文物进出境审核机构:国家文物局负责文物进出境审核管理工作。《文物进出境审核管理办法》规定,国家文物局负责文物进出境审核管理工作,指定文物进出境审核机构承担文物进出境审核工作。

(6) 文物出境的审核范围:《文物进出境审核管理办法》规定,出境应当经过审核的文物包括:1949年(含)以前的各类艺术品、工艺美术品;1949年(含)以前的手稿、文献资料和图书资料;1949年(含)以前的与各民族社会制度、社会生产、社会生活有关的实物;1949年以后的与重大事件或著名人物有关的代表性实物;1949年以后的反映各民族生产活动、生活习俗、文化艺术和宗教信仰的代表性实物;国家文物局公布限制出境的已故现代著名书画家、工艺美术家作品;古猿化石、古人类化石,以及与人类活动有关的第四纪古脊椎动物化石。

2. 文物跨国追索机制

文物跨国追索机制主要表现于一系列国际公约以及相关的双边条约。

(1) 经过半个多世纪的努力,联合国教科文组织制定了多项国际公约,为跨国文物追索建立起了基本的国际法框架。

1954年,联合国教科文组织通过了《关于发生武装冲突情况下保护文化财产的公约》及其议定书。如题,该《公约》之宗旨在于国际武装冲突背景下的文物保护。《公约》明确禁止在武装冲突过程中发生盗窃、抢劫、侵占、毁坏文化财产的行为;同时,《公约》还要求,在敌对行为终止时,各缔约国应向先前被占领领土主管当局返还处于其领土内的文化财产。对于防止跨国文物流失,该《公约》可谓开了制度先河。其基本原则也已得到世界各国的广泛认可。

1970年联合国教科文组织通过《禁止和防止非法进出口文化财产和转让其所有权之方法公约》,试图在文物走私泛滥的背景下,为防止国际间文物转让构建一般性制度框架。该《公约》要求缔约国实施文化财产出口许可制度;并采取措施,归还非法进口的文化财产。

为解决跨国文物追索中存在的私法规则漏洞,经联合国教科文组织委托,国际统一私法协会于1995年通过《关于被盗或者非法出口文物返还的公约》。该《公约》为文物返还确立了三项原则:文物非法挖掘属于被盗;被盗文物的持有者应予归还;被盗文物善意取得人归还文物,有权得到公平补偿。可见,该《公约》为被盗文物归还制定了可操作的私法规则,这不同于上述两公约的公法属性。[①]

另外,联合国教科文组织促进文化财产归还原属国或返还非法占有文化财产政府间委员会(ICPRCR)还于2010年制定了《调停与和解议事规则》。

作为国际流失文物的主要来源地,我国积极参与国际间的相关合作,已经加入了上述三部公约。中美两国历经十余年双边磋商,于2009年达成对旧石器时代到唐末的归类考古材料以及至少250年以上的古迹雕塑和壁上艺术实施进口限制的谅解备忘录。依此,美方承诺,其博物馆今后将不再购买或收藏中国有关文物,从而对中国文物非法流失美国构筑起一道防线。2014年,文化财产返还国际专家会议在中国敦煌召开会议,20多个国家的政府官员和专家参加,通过

---

① 参见阮振宇:《流失文物追索国际公约与中国追索海外流失文物困境评析》,载《文物世界》2001年第1期。

了旨在促进文物保护与归还的《关于保护和返还非法出境的被盗掘文化财产的敦煌宣言》。这标志着我国开始积极参与跨国文物返还领域的国际规则制定。

(2) 上述公约貌似建立了国际文物追索制度框架,但在具体的法律实践中,跨国文物追索的实效却难如人意。尤其是,对于几乎所有的文物流失国如中国、埃及等而言,公约建立的跨国文物追索法律机制几乎是徒有其表,原因是多方面的,尤为突出的是,这些公约尚缺乏普遍的拘束力,各国对于公约适用的文物范围、公约追溯力等存有较大争议。最为关键的是,各国在文物追索方面存有较大的利益冲突,因而在可以预见的未来,国际社会很难就有关问题达成共识,几乎不可能建立起令各方都能满意的文物追索法律机制。

首先,这些公约尚不具有很强的约束力。建立起一般性制度框架的1970年《公约》虽已拥有上百个成员国,但加入者主要是以中国为代表的文物流失国,而欧洲大量的文物进口国却没有加入,这使该《公约》很难发挥其应有的作用。另外,1954年《公约》也没能得到实际遵守。在这两个确立基本国际法框架的公约缺乏拘束力的情况下,文物追溯的实践效力难免大打折扣。

尤为重要的是,这些公约追溯力存有争议,使其无法溯及历史上发生的绝大多数被盗文物。按照1995年《公约》规定,该《公约》不适用于其在有关成员国生效的时间之前的被盗文物。1954年与1970年的两个公约不包括溯及力条款,西方国家通常依惯例认为其不能追溯至公约生效之前的有关文物。这样,虽然中国等国家已经加入有关公约,它们却只能就该公约在其国内生效之后的被窃文物实施追索。这样,对于鸦片战争以来一百多年间的失窃文物,我国不能依据公约向文物进口国主张追索。另外,联合国教科文组织也曾经确认一项原则:战争期间抢夺或丢失文物的归还没有时间限制;而且,欧洲国家早在19世纪便以将此确立为一项国际性习惯法,但它们如今不愿在世界范围内完全适用这一原则。①

(3) 上述国际规则背后,是两种截然对立的国际法理念:国际主义与民族主义。

基于国际社会围绕文物追索所展开的争论,美国学者梅利曼(J. H. Merryman)总结得出两种基本立场的对立:中国等文物流失国坚持文化民族主义,认同文物是特定地域文化的产物,应该回归至原有的文化背景,以充分展现其所承载的历史信息;英美等文物流入国则坚持文化国际主义,主张文物属于全人类共同的文化遗产,而非任何国家或个人私有,并应收藏于使其免遭破坏的场所,

---

① 参见阮振宇:《流失文物追索国际公约与中国追索海外流失文物困境评析》,载《文物世界》2001年第1期。

并发挥其最大价值。① 表面看来,国际公约的文本话语对这两种观念都有不同程度的体现。2002 年,西方十八家国际博物馆联合发表《关于普世性博物馆重要性及价值的宣言》,以其作为普世性博物馆的"特殊使命"为其永久拥有流失文物的合理性进行辩护。

在目前形势下,文物流失国与流入国之间的博弈还会继续下去。欧美国家既已占有了流失文物,就不肯轻易放弃。对于中国等大多数文物流失国而言,要想依据国际公约进行追索并成功返还文物,可谓任重而道远。但有意义的是,文物流失本身,已经成为一项见证西方国家侵略、抢掠的历史遗产。

(四)文物犯罪的刑罚制度

鉴于文化遗产的重要性,以及有关违法行为的危害严重性,以刑法制裁严重危害文化遗产的行为,必要而合理。我国 1979 年颁行的《刑法》开始惩治文物犯罪,但规定粗略,罪名较少,对逐渐猖獗的文物犯罪行为打击力度不够。1997 年即现行《刑法》则大量增加了文物犯罪罪名,其惩治力度明显加大。总的来看,现行《刑法》规定的文物犯罪行为被归为三大类:破坏市场经济秩序、侵犯财产和妨害社会管理秩序,罪名分别被归入走私罪、盗窃罪和妨害文物管理罪,具体包括了 12 项罪名。

我国《刑法》显示,危害文化遗产的犯罪仅仅涉及物质性文化遗产,其原因主要在于,非物质文化遗产属于非物质性的存在,任何人无法独占、垄断,任何违法行为都不会对非物质文化遗产造成不可挽回的严重损失。而破坏、买卖文物的行为则可能造成非常严重的后果,故需要以刑法进行严厉惩治,或予以震慑。

1. 走私类犯罪:走私文物的行为违反了国家实行的文物出境管制制度,将对我国的文物保护造成不可弥补的重大损失。

走私文物罪:走私国家禁止出口的文物,根据情节严重性,予以处罚(第 151 条第 2 款)。

2. 侵犯财产类犯罪:侵犯财产罪的犯罪客体是财产权。但是,文物不是普通物,盗窃文物也不应归入普通的盗窃罪,而应设立专门的罪名。

盗窃珍贵文物罪:盗窃珍贵文物,且情节严重的(第 264 条)。

3. 损毁文物类犯罪:任何故意损毁重要文物的行为,因为具有主观恶意,无论是否造成后果,均应受到惩罚;同时,只是因为过时损毁重要文物的,因为没有主观恶意,只在有恶果发生时,才予以治罪。另外,被损毁文物必须是省级保护以上的文物,所以我们可称之为重要文物。法律规定的罪名有三项:

---

① 参见张建:《我国追索流失海外文物的路径选择与新发展》,载《海峡法学》2015 年第 3 期。

故意损毁文物罪：故意损毁国家保护的珍贵文物或者被确定为全国重点文物保护单位、省级文物保护单位的文物（第 324 条第 1 款）。

故意损毁名胜古迹罪：故意损毁国家保护的名胜古迹，且情节严重（第 324 条第 2 款）。比较来说，名胜古迹比之于上述文物，范围广泛，不是每个部分都具有重要的文物价值，所以，情节严重者才被治罪。

过失损毁文物罪：过失损毁国家保护的珍贵文物或者被确定为全国重点文物保护单位、省级文物保护单位的文物，并造成严重后果（第 324 条第 3 款）。

4. 非法转让文物类犯罪：《文物保护法》为文物所有权设计了特殊规则，旨在有利于保护文物。因而，对于违反规定的转让行为，符合特定条件的，应予治罪。

非法向外国人出售、赠送珍贵文物罪：违反文物法规，将收藏的国家禁止出口的珍贵文物私自出售、或者私自赠送给外国人。犯罪主体包括个人与单位（第 325 条）。

倒卖文物罪：以牟利为目的，倒卖国家禁止经营的文物，情节严重。犯罪主体可能是个人或单位（第 326 条）。

非法出售、私赠文物藏品罪：违反文物保护法规，国有博物馆、图书馆等单位将国家保护的文物藏品出售或者私自送给非国有单位或者个人，犯罪主体可能是个人或单位（第 327 条）。

5. 盗掘文物类犯罪：古文化遗址、古墓葬、古人类化石、古脊椎动物化石等都是相当重要的文化遗产，依法均归国家所有。盗掘行为是对国家所有权的侵犯，也必然对文物保护造成严重损害，理当受到刑事制裁。

盗掘古文化遗址、古墓葬罪：盗掘具有历史、艺术、科学价值的古文化遗址、古墓葬，构成此罪。有下列情形之一的，从重处罚：盗掘确定为全国重点文物保护单位和省级文物保护单位的古文化遗址、古墓葬的；盗掘古文化遗址、古墓葬集团的首要分子；多次盗掘古文化遗址、古墓葬的；盗掘古文化遗址、古墓葬，并盗窃珍贵文物或者造成珍贵文物严重破坏的（第 328 条第 1 款）。

盗掘古人类化石、古脊椎动物化石罪：盗掘国家保护的具有科学价值的古人类化石和古脊椎动物化石（第 328 条第 2 款）。

6. 侵犯国有档案类犯罪：档案均具有历史意义，而国有档案更具有见证国家与公众事件的重大意义，故应受到特别保护。

抢夺、窃取国有档案罪：抢夺、窃取国家所有的档案（第 329 条第 1 款）

擅自出卖、转让国有档案罪：违反档案法的规定，擅自出卖、转让国家所有的档案，情节严重的行为（第 329 条第 2 款）。

我国《刑法》将文物犯罪区分为三大类型的做法是值得商榷的。

一方面，在类罪名"妨害社会管理秩序罪"下专门设立"妨害文物管理罪"，表明这些犯罪行为的犯罪客体是社会管理秩序——具体而言，是国家实施的文物保护与管理的秩序。这些罪名与扰乱公共秩序罪、妨害司法罪、危害公共卫生罪、破坏环境资源保护罪等相并列，表明了它们是对公共秩序与公共利益的侵犯。可以说，这是一种合乎法理的制度设计。另一方面，《刑法》同时又在"破坏社会主义市场经济秩序罪"之"走私罪"下设立"走私文物罪"，在"侵犯财产罪"下设"盗窃珍贵文物罪"，其合理性不无问题。需要强调的是，国家对文物实施专门的管理，目的仅在于保护文物。文物保护的前提是将文物视为特殊的物——一种具有特殊价值的物，进而，通过保护文物，目的是为了确保文物得到世代相传，从而维护多元性的文化价值。所以说，走私和盗窃文物的行为不能与走私与盗窃其他物的犯罪行为相提并论，因为这些行为侵犯的利益客体与其他物有着实质性差异。这就是说，走私文物所侵犯的不是普通的经济秩序，而盗窃文物所侵犯的也不是普通的财产权，因而不宜被归入破坏市场经济秩序罪和侵犯财产罪。我们认为，《刑法》应该将有关文物保护领域的一切犯罪行为都归入妨害文物管理罪，以突显文物价值的特殊性以及破坏文物保护之行为的特殊性。

（五）非物质文化遗产传承人制度

非物质文化遗产传承人是指通过任何途径习得、通晓或掌握一项非物质文化遗产项目，并从事或参与该遗产项目的表演、展示、实施、传授或传播的人。根据特定非物质文化遗产项目的性质、特点和功能，传承人可能是口头文学的记诵者、歌舞的表演者、技艺的实施者、民俗与知识的掌握或持有者等。可以说，传承人制度是保护和传承非物质文化遗产的关键。为此，我国《非物质文化遗产法》第四章即"非物质文化遗产的传承与传播"一章规定了传承人制度。

1. 我国法律上的传承人制度包含下列内容和特点

第一，我国法律上的传承人制度是非物质文化遗产"代表性项目的代表性传承人"制度，而不是普通的传承人制度。第29条规定，国务院和省级文化主管部门"对本级人民政府批准公布的非物质文化遗产代表性项目，可以认定代表性传承人"。

第二，政府指定制：代表传承人需经政府部门指定。代表性传承人应当符合下列条件：熟练掌握其传承的非物质文化遗产；在特定领域内具有代表性，并在一定区域内具有较大影响；积极开展传承活动。

第三，政府支持代表性传承人开展活动。政府为此采取的措施包括：提供必要的传承场所；提供必要的经费，资助其开展授徒、传艺、交流等活动；支持其参与社会公益性活动等。但法律没有明确规定政府负有支持代表性传承人的义务。

第四,代表性传承人的传承义务:开展传承活动,培养后继人才;妥善保存相关的实物、资料;配合文化主管部门和其他有关部门进行非物质文化遗产调查;参与非物质文化遗产公益性宣传。

第五,代表性传承人的取消与更新:代表性传承人无正当理由不履行法律规定义务的,主管部门可以取消其代表性传承人资格,并重新认定他人;丧失传承能力的,主管部门可以重新认定传承人。

2. 代表性传承人制度之不足

我国法律规定的代表性传承人制度总体上有助于我国非遗保护,但依然存在有待改善的地方。

(1) 代表性传承人的权利与义务失衡。依照《非物质文化遗产法》第30条,政府对于传承人的支持措施主要是政府的一种任意性选择,而非法定义务。在此背景下,《非物质文化遗产法》第31条又为代表性传承人规定了法定性义务,如其无正当理由未履行其义务,代表性传承人资格将被取消;同时,法律却没有赋予代表性传承人任何权利。综合而言,代表性传承人仅仅负有传承非遗的义务,却无权获得任何利益,也无权要求主管部门采取给付性措施。这种制度设计明显不符合权利与义务对等的法律原则,也不符合文化遗产保护国家责任原则,不利于实现本法所规定的立法宗旨。

所以,在未来的修订过程中,该法应该将政府支持传承人活动明确规定为政府的一项法定责任,尤其是,各级政府应当在财政预算中为此列出专项资金,为传承人提供税收方面的优惠待遇、有关非遗方面的教育与培训,甚至为传承人提供必要的社会保障措施。① 同时,在维持传承人之传承义务的同时,他们也应该被赋予获得政府支持等权利。

(2) 代表性传承人撤销制度不利于非遗保护与传承。传承人之传承能力是一种客观存在,"代表性传承人"称号是对这种客观存在的发现与肯定,而不是政府依据职权授予的利益或福利。所以,政府撤销代表性传承人称号的做法并不能改变其传承能力的客观存在,甚至还不利于非遗的保护与传承,尤其是在某传承人客观上属于独家绝传的情况下。所以,政府以撤销"代表性传承人"称号的方式惩罚传承人的做法,有弊而无利。法理上而言,保护非遗、促进其传承,激励才是上策。②

(3) 我国非遗代表性项目与代表性传承人制度应采取重点保护与普遍保护相结合的体制。我国《非物质文化遗产法》采行的"代表性项目的代表性传承人"

---

① 参见苏晓红、胡晓东:《代表性传承人保护与培养机制的多元构建》,载《贵州师范大学学报》(社会科学版)2010年第4期。

② 参见李华成:《论非物质文化遗产传承人制度之完善》,载《贵州师范大学学报》(社会科学版)2011年第4期。

制度不同于普遍性保护，其适用范围局限于少数的代表性项目，经认定的代表性传承人数量也非常有限。其结果必然是排除了绝大多数非遗项目及其普通传承人获得政府支持的可能性，并不利于我国非遗获得更大程度与大范围的保护。所以，我们以为，我国立法应考虑通过必要的修改，采取、至少有必要部分吸收"普遍性保护"机制，比如，在认定代表性项目的代表性传承人的同时，对数量更多的普通非遗项目的传承人提供普通性、甚至动态性扶持。

并且，我国非遗保护与传承人认定应该采取政府评定与传承人自愿备案相结合的体制。一方面，现行的代表性传承人机制可继续保留；另一方面，实行传承人自愿备案制度，任何自以为符合法定条件的传承人，都可以主动向有关部门申请备案；备案资料应该公示，并接受公众评议和监督；并且，备案传承人数据库应该成为政府部门评定代表性传承人的重要依据。这样一种体制类似于文物保护中的分类与分级制度，使珍贵性不同的非遗项目都能得到程度不同的保护。国际上，日本等国家在评定传承人时，就采取了这种两条腿走路的方式，即将政府组织申报体制与传承人直接登记体制相结合。对此我国可以借鉴。

附录　我国文化领域主要法律法规

1. 立法机关通过的文化领域成文法
(1)《文物保护法》(1982)
(2)《非物质文化遗产法》(2011)
(3)《电影产业促进法》(2016)
(4)《公共文化服务保障法》(2016)
2. 我国国务院颁布或批准的文化法规
(1)《出版管理条例》
(2)《印刷业管理条例》
(3)《音像制品管理条例》
(4)《法规汇编编辑出版管理规定》
(5)《地图编制出版管理条例》
(6)《广播电视管理条例》
(7)《电信条例》
(8)《广播电视设施保护条例》
(9)《卫星电视广播地面接收设施管理规定》
(10)《卫星地面接收设施接收外国卫星传送电视节目管理办法》(国务院批准)
(11)《有线电视管理暂行办法》(国务院批准)
(12)《电影管理条例》
(13)《进口影片管理办法》(国务院批准)
(14)《互联网信息服务管理办法》
(15)《互联网上网服务营业场所管理条例》
(16)《公共文化体育设施条例》
(17)《营业性演出管理条例》
(18)《娱乐场所管理条例》
(19)《大型群众性活动安全管理条例》
(20)《文物保护法实施条例》
(21)《水下文物保护管理条例》
(22)《长城保护条例》

(23)《历史文化名城名镇名村保护条例》
(24)《传统工艺美术保护条例》
(25)《博物馆条例》
(26)《文物特许出口管理试行办法》(国务院批准)
(27)《考古涉外工作管理办法》(国务院批准)

21 世纪法学系列教材书目

"21世纪法学系列教材"是北京大学出版社继"面向21世纪课程教材"(即"大红皮"系列)之后,出版的又一精品法学系列教科书。本系列丛书以白色为封面底色,并冠以"未名·法律"的图标,因此也被称为"大白皮"系列教材。"大白皮"系列是法学全系列教材,目前有15个子系列。本系列教材延续"大红皮"图书的精良品质,皆由国内各大法学院优秀学者撰写,既有理论深度又贴合教学实践,是国内法学专业开展全系列课程教学的最佳选择。

- **法学基础理论系列**

英美法概论	彭 勃
法律方法论	陈金钊
法社会学	何珊君

- **法律史系列**

中国法制史		赵昆坡
中国法制史		朱苏人
中国法制史讲义		聂 鑫
中国法律思想史(第二版)	李贵连	李启成
外国法制史(第三版)		由 嵘
西方法律思想史(第三版)	徐爱国	李桂林
外国法制史		李秀清

- **民商法系列**

民法学	申卫星
民法总论(第三版)	刘凯湘
债法总论	刘凯湘
物权法论	郑云瑞
担保法	杨 会
侵权责任法	李显冬
英美侵权行为法学	徐爱国
商法学——原理·图解·实例(第四版)	朱羿锟
商法学	郭 瑜
保险法(第三版)	陈 欣
保险法	樊启荣
海商法教程(第二版)	郭 瑜
票据法教程(第二版)	王小能

票据法学 　　　　　　　　　　　　　　　　吕来明
物权法原理与案例研究(第二版) 　　　　　　王连合
破产法(待出) 　　　　　　　　　　　　　　许德风

● 知识产权法系列

知识产权法学(第六版) 　　　　　　　　　　吴汉东
知识产权法学 　　　　　　　　　　　　　　杜　颖
知识产权法 　　　　　　　　　　　　　　　张　平
商标法(第三版) 　　　　　　　　　　　　　杜　颖
著作权法(待出) 　　　　　　　　　　　　　刘春田
专利法(待出) 　　　　　　　　　　　　　　郭　禾
电子商务法 　　　　　　　　　　　李双元　王海浪

● 宪法行政法系列

宪法学(第三版) 　　　　　　　甘超英　傅思明　魏定仁
行政法学(第四版) 　　　　　　　　　　罗豪才　湛中乐
国家赔偿法学(第二版) 　　　　　　　　房绍坤　毕可志
国家赔偿法:原理与案例(第二版) 　　　　　　沈　岿

● 刑事法系列

刑法学 　　　　　　　　　　　　　　　　　张小虎
刑法学(上、下)(第二版) 　　　　　　　　　刘艳红
刑法总论 　　　　　　　　　　　　　　　　黄明儒
刑法分论 　　　　　　　　　　　　　　　　黄明儒
中国刑法论(第六版) 　　　　　杨春洗　杨敦先　郭自力
现代刑法学(总论) 　　　　　　　　　　　　王世洲
外国刑法学概论 　　　　　　　　　　　李春雷　张鸿巍
犯罪学(第四版) 　　　　　　　　　　　康树华　张小虎
犯罪预防理论与实务 　　　　　　　　　李春雷　靳高风
犯罪被害人学教程 　　　　　　　　　　　　　李　伟
监狱法学(第二版) 　　　　　　　　　　　　杨殿升
刑事执行法学 　　　　　　　　　　　　　　赵国玲
刑事侦查学 　　　　　　　　　　　　　　　张玉镶
刑事政策学 　　　　　　　　　　　　　　　李卫红
国际刑事实体法原论 　　　　　　　　　　　王　新
美国刑法(第四版) 　　　　　　　　　　储槐植　江　溯

- **经济法系列**

经济法学(第七版)	杨紫烜 徐 杰
经济法学原理(第四版)	刘瑞复
经济法概论(第七版)	刘隆亨
经济法理论与实务(第四版)	於向平等
企业法学通论	刘瑞复
商事组织法	董学立
反垄断法	孟雁北
金融法概论(第五版)	吴志攀
金融监管学原理	丁邦开 周仲飞
银行金融法学(第六版)	刘隆亨
证券法学(第三版)	朱锦清
中国证券法精要:原理与案例	刘新民
会计法(第二版)	刘 燕
劳动法学(第二版)	贾俊玲
消费者权益保护法	王兴运
房地产法(第二版)	程信和
环境法学(第四版)	金瑞林
环境法基础知识与能力训练	钭晓东

- **财税法系列**

财政法学	刘剑文
税法学(第四版)	刘剑文
国际税法学(第三版)	刘剑文
财税法专题研究(第三版)	刘剑文
财税法成案研究	刘剑文 等

- **国际法系列**

国际法(第三版)	白桂梅
国际私法学(第三版)	李双元 欧福永
国际贸易法	冯大同
国际贸易法	郭 瑜
国际贸易法原理	王 慧
国际金融法:跨境融资和法律规制	唐应茂

- **诉讼法系列**

民事诉讼法(第二版)	汤维建

刑事诉讼法学(第五版)	王国枢
外国刑事诉讼法教程(新编本) 王以真	宋英辉
民事执行法学(第二版)	谭秋桂
仲裁法学(第二版)	蔡　虹
外国刑事诉讼法　　　宋英辉　孙长永	朴宗根
律师法学	马宏俊
公证法学	马宏俊
司法鉴定学	霍宪丹
仲裁法学(第二版)	蔡　虹

● 特色课系列

世界遗产法	刘红婴
法律语言学(第二版)	刘红婴
模拟审判：原理、剧本与技巧(第三版)　廖永安	唐东楚
医事法学　　　　　　　　　　　　古津贤	强美英
民族法学(第二版)	熊文钊
文化法学导论　　　　　　　　　　周艳敏	宋慧献

● 双语系列

普通法系合同法与侵权法导论	张新娟
Learning Anglo-American Law: A Thematic Introduction(英美法导论)(第二版)	李国利

● 专业通选课系列

法律英语(第二版)	郭义贵
法律文献检索(第三版)	于丽英
英美法入门——法学资料与研究方法	杨　桢
法律文书学	马宏俊

● 通选课系列

法学概论(第三版)	张云秀
法律基础教程(第三版)	夏利民
法学通识九讲(第二版)	吕忠梅
人权法学(第二版)	白桂梅
卫生法学	丁朝刚

2017 年 8 月更新

教师反馈及教材、课件申请表

尊敬的老师：

您好！感谢您一直以来对北大出版社图书的关爱。北京大学出版社以"教材优先、学术为本"为宗旨，主要为广大高等院校师生服务。为了更有针对性地为广大教师服务，满足教师的教学需要、提升教学质量，在您确认将本书作为教学用书后，请您填好以下表格并经系主任签字盖章后寄回，我们将免费向您提供相关的教材、思考练习题答案及教学课件。在您教学过程中，若有任何建议也都可以和我们联系。

书号/书名	
所需要的教材及教学课件	
您的姓名	
系	
院校	
您所主授课程的名称	
每学期学生人数	学时
您目前采用的教材	书名_____ 作者_____ 出版社_____
您的联系地址	
联系电话	
E-mail	
您对北大出版社及本书的建议：	系主任签字 盖章

我们的联系方式：

北京大学出版社法律事业部

地　　址：北京市海淀区成府路 205 号　　联系人：孙嘉阳
电　　话：010-62757961　　　　　　　　传　真：010-62556201
电子邮件：bjdxcbs1979@163.com
网　　址：http://www.pup.cn
北大出版社市场营销中心网站：www.pupbook.com